Initial Public Offering
IPO 実践ケーススタディ

第2版

IPO実務検定 上級レベル試験　記述式問題　公式テキスト

編
- 日本IPO実務検定協会
- EY新日本有限責任監査法人
- フォーサイト総合法律事務所
- あいわ税理士法人
- 宝印刷株式会社
- M'sGAパートナーズ事務所

中央経済社

執筆にあたって

　本書は，現在すでにIPO準備実務に携わっている方，そしてこれからIPO業界に進もうとしている方に対し，実践的なIPO準備の専門知識を伝えるため，IPO業界で数多くの経験を積んできた専門家を結集して執筆されました。

　本書の執筆にあたっては，専門的な知識をいかに興味深く，かつ，わかりやすく読者の皆様にお伝えするかを執筆メンバー全員で徹底的にディスカッションしました。その結果，教科書的な網羅性にいたずらに拘泥するよりも，IPO準備実務でしばしば論点となるものの専門家の見解を待たなければ解決できないような課題をピックアップしてケーススタディ形式などにしたほうが，より効率的に，またリアリティを感じていただきながらIPO準備実務への理解を深めることができるとともに，実務にも活かせるのではないかとの結論に至り，本書全体の構成を検討しました。

　本書では，IPO準備実務全体を，「概説」「コーポレートガバナンス」「コンプライアンス」「ディスクロージャー」「内部管理体制」「資本政策」の6つの章に区分しています。そのうえで，各章の論点ごとに「サマリー説明」を設け，各章で取り上げる論点に関連する知識を整理することで，その次の「ケーススタディ」「応用Q&A」「確認テスト」にスムーズに進めるようにしてあります。

　ケーススタディで取り上げている内容は，IPO準備実務上知っておくべきであるにもかかわらず従来の実務書には説明がない，あるいは説明があっても掘り下げられていない論点を意識的に多く取り上げています。各ケーススタディでは，会社の置かれた状況，登場人物の属性や役割を明確にすることで，まずは論点を適切に把握していただきます。そのうえで，読者の皆様に現実の実務で遭遇した課題の解決に取り組むかのようなリアリティを持っていただけるよう，「問題の所在」を明らかにし，ケーススタディで示された課題を実務上ど

のように考え，解決していくべきか，「改善ポイント」をわかりやすく解説しています。

　特に，ケーススタディごとに問題の所在をしっかり把握することは極めて重要となります。なぜなら，IPO準備のプロセスで生じる課題について，「何が問題なのか」を課題発生時点で的確に把握しておかなければ，対応が後手後手に回り，場合によっては，対応策自体を誤ってしまうことにもなりかねないからです。IPO準備において生じる課題は，早期に問題の所在を把握するほど解決できる可能性が高まります。本書を学習することで，IPO実務において「問題の所在」を把握する能力が飛躍的に向上することを期待しています。

　さらに本書では，ケーススタディで説明しきれなかった論点や踏み込んだ論点を「応用Q&A」として記載してあります。したがって，ケーススタディと応用Q&Aの両方を理解していただくことで，各項目の主要論点を網羅的に把握することができます。加えて，各項目の最後には「確認テスト」が設けてあり，実務知識の定着を図ることができるように工夫しています。

　また，本書は，読者の方の実務経験等に応じて読み方を変えていただくことが可能になっています。すでにIPO準備の知識・経験をある程度有する方は，ケーススタディから読み進めてください。最初から結論部分（問題の所在や改善ポイント）を読むのではなく，まずは自分自身の実務経験に照らして解決策を考えていただいてから結論部分を読むことで，知識を再確認することができると共に定着しやすくなるはずです。一方，これからIPO実務知識を習得しようという方は，最初にサマリー説明を読み，サマリー説明の内容を意識しながら確認テストを解くことで知識のベースを作ってからケーススタディに戻るとよいでしょう。ただし，やはり最初から結論部分（問題の所在や改善ポイント）を読むのではなく，まずは自分なりに結論を一度考えていただいたうえで，結論部分をじっくり読み込むことにより，論点の主旨を理解して知識を一気に高めることができるはずです。併せて，知識のさらなるアップのため，応用Q&Aにも必ずあたるようにしてみてください。

以上のとおり，IPO準備実務においてしばしば直面する難解でなかなか答えが見つからないような課題に豊富なケーススタディを通してぶつかることで，IPO実務検定の上級レベル試験における記述式問題に対応できるようになることはもちろん，実際のIPO準備実務でも使える知識が自然に習得できるはずです。本書を学習した方がIPO準備の実践力を短期間で身につけ，IPO実務検定の上級レベル試験に少しでも早く合格するとともに，IPO準備の現場でも活躍されることを願ってやみません。

　最後に，本書の発刊にあたりお世話になりました一般社団法人日本IPO実務検定協会・事務局長の原田清吾氏および株式会社中央経済社・学術書編集部の飯田宣彦氏に心から御礼申し上げます。

監修・執筆代表　三浦　太

はじめに

　IPO準備においては，さまざまな実務上の課題に遭遇します。それには，財務報告体制の整備，社内規程や販売・購買・在庫管理等の各業務プロセスの整備・運用などのほか，上場会社となれば許されない創業者をはじめとする経営支配権を持つ者と会社との取引の解消，株主構成の是正，反社会的勢力との関係遮断，労働法規（未払残業代の解消など）・個人情報保護法・下請代金支払遅延等防止法の遵守などに関して，もし対応を誤れば，IPOそのものが危うくなるような重大な課題も含まれます。こうした課題が起こる度にIPO準備担当者や経営陣はその解決に頭を悩ませることになります。

　実は，この「課題発生→解決」というプロセスの繰り返しこそがIPO準備そのものであり，そして，このプロセスをどれだけ体験してきたかが，その人の持つIPO準備実務の"経験値"ということになります。
　ただ，実際にそのような体験を積むには，IPOを目指す会社でIPO準備を担当するか，証券会社の公開引受部や引受審査部における主幹事証券業務，または監査法人でIPO準備会社の監査実務を数多く経験してIPOの専門家になるしかないのが現状です。そこで，このような体験を積む環境にない方にも，実際のIPO準備において遭遇し得る課題を「疑似体験」していただこうという一貫したコンセプトのもと，企画・執筆されているのが本書です。また，上記のIPOの専門家も関与できる社数には自ずと限界があるので本書で知識の幅を広げることができるはずです。

　本書は，IPO準備に長年携わってきたプロフェッショナルが豊富な実務経験に基づき，IPO準備に携わる方々であればぜひ知っておいていただきたい，かつ，IPO準備においてしばしば発生する課題とその解決方法をテーマ別に整理し，50項目以上に及ぶ「ケーススタディ」としてまとめています。また，それぞれのケースについて，「問題の所在」と「改善ポイント」を１つひとつ明らかにしていきます。さらに発展ケースとして，「応用Q&A」を設けて，各ケー

VI　はじめに

　ススタディの事例に関連・派生して生じ得る課題とその解決策を示し，課題対応への"応用力"が養われるよう工夫しています。

　本書を読破していただくことで，IPO実務検定上級レベル試験の記述式問題対策になることはもちろん，現実の実務にも十分に役に立つ知識が身につき，応用力もアップするはずです。さらに，リアリティのあるケーススタディは，現在関与している会社の社内体制を整えるための「経営書」として読んでいただいても参考になることが多いでしょう。

　また，IPO準備実務や関連法令等の知識が浅い方，もしくは，一定の知識はあるがそれを体系的に整理しておきたい方のために，「確認テスト」と題したコーナーを設け，本ケーススタディを理解するのに必要な知識をコンパクトかつ平易にまとめてあり，「○×問題」の形式で解説も付けており，スムーズに知識の定着を図っていただけるように工夫しています。こちらは，IPO実務検定標準レベル試験対策としても非常に有効です。

　このように，本書は，これまでは実際に経験してみなければ知り得なかったIPO準備実務を疑似体験できるかつてない画期的な唯一無二の書籍といっても過言ではありません。本書を通じ，多くの方が効率的にIPO準備の知識を身につけ，IPOの世界で現実に活躍していただけるのではないかと考えています。

　最後に，本書の執筆にご尽力いただいた，わが国有数のIPO実績を誇るEY新日本有限責任監査法人，長年IPOのトータルなサポートを手掛けてきた宝印刷株式会社，IPO準備会社へのリーガルサービスで法曹界トップのシェアを有するフォーサイト総合法律事務所，税務面にも徹底的に配慮した緻密な資本政策の立案で名高いあいわ税理士法人の各社に所属するIPOの専門家の皆様，監修・執筆代表の三浦公認会計士，また，本書出版の機会を与えていただくとともに編集をご担当いただいた中央経済社・学術書編集部の飯田宣彦氏に感謝の意を表します。

　　　　　　　　　　　　　　　一般社団法人日本IPO実務検定協会　事務局

目　次

執筆にあたって・I
はじめに・V

第Ⅰ章　概　説 …………………………………………………… 1

IPOの目的
1　IPOのメリット・デメリット・2

上場審査基準
2　形式基準・6
3　実質基準・11

監査法人対応
4　ショートレビュー・18
5　監査法人による監査・22

証券会社対応
6　主幹事証券会社，引受審査・25

証券取引所対応
7　証券取引所による上場審査・29

第Ⅱ章　コーポレートガバナンス ……………………… 35

機関設計
1　機関設計と設置時期・36

役員構成
2　取締役会の構成と社外役員の関与・42

取締役会
3　取締役会の運営・52

監査役等
4　監査役会，監査等委員会・64

三様監査
5　三様監査・75

内部統制
6　内部統制システムの構築・81

組織的経営
7　社内規程の整備・86

関連当事者取引
8　関連当事者取引・92

その他
9　定款変更等・101

第Ⅲ章　コンプライアンス …………………………………… 109

人事労務
1　人事労務管理・110
2　労働時間管理・116
3　固定残業代と年俸制・122
4　管理監督者・130
5　社会保険未加入・137
6　ハラスメント・140

反社会的勢力
7　反社会的勢力の排除・145

その他
8　景品表示法・150

9　下請法・158
　　　10　個人情報保護法・167
　　　11　商標・175
　　　12　インサイダー取引・180

第Ⅳ章　ディスクロージャー …… 191

金融商品取引法
　　　1　事業等のリスクの記載について・192
　　　2　ブックビルディング方式による公開価格の決定・203

適時開示
　　　3　適時開示・207

収益認識
　　　4　収益認識に関する会計基準・214

固定資産関連
　　　5　固定資産の計上基準・225
　　　6　減損会計の適用・232
　　　7　資産除去債務の適用・239

引当金
　　　8　退職給付引当金の計上・246
　　　9　税効果会計の適用・251

連結会計
　　　10　企業結合及び連結決算・255

キャッシュ・フロー
　　　11　連結キャッシュ・フロー計算書・265

純資産
　　　12　ストック・オプション・274

第V章　内部管理体制 …… 281

全社統制
1　内部統制における全社的な内部統制・282

事業計画
2　中期経営計画・290
3　予算統制・296

業務処理統制
4　販売業務に関する内部管理体制・302
5　購買業務に関する内部管理体制・309
6　在庫に関する内部管理体制・315

IT統制
7　内部統制におけるIT統制・321

第VI章　資本政策 …… 327

資本政策
1　資本政策の策定手順・328

資金調達
2　ベンチャー・キャピタルからの資金調達・335
3　資金調達手段の多様化・344

インセンティブプラン
4　ストック・オプション・352
5　従業員持株会制度・365

種類株式の活用
6　種類株式・369

財産保全会社
7　資産管理会社の活用・377

その他
8　特殊な資本政策・384

第 I 章 概 説

IPOの目的
1　IPOのメリット・デメリット

上場審査基準
2　形式基準
3　実質基準

監査法人対応
4　ショートレビュー
5　監査法人による監査

証券会社対応
6　主幹事証券会社，引受審査

証券取引所対応
7　証券取引所による上場審査

1 【IPOの目的】
IPOのメリット・デメリット

サマリー説明

◇ IPOのメリット・デメリット

　IPOには，会社としてはもちろん，株主や従業員としてのメリットもある。
＜IPOのメリット＞
- 会社として
  ① 資金調達の多様化と財務内容の強化
  ② 知名度・信用力の向上
  ③ 管理体制の充実
  ④ ガバナンス，コンプライアンス等の体制充実
- 株主として
  ① 創業者利潤の実現と資産価値の明確化
  ② 流動性の向上
- 従業員として
  ① 上場会社従業員としての信用力
  ② インセンティブ制度の多様化

　一方で，これらのメリットを得るために，以下の留意点が存在する。
＜IPOのデメリット＞
  ① 株主総会対策を含め株式関係の事務量等が増加
  ② ディスクロージャーへの対応
  ③ 買い占めへの対応
  ④ 体制強化の結果として経営の自由度は低下
  ⑤ その他事務量および経費の増加

◇ IPO準備実務でのよくあるケース

　IPO準備には手間と時間がかかる。そもそもIPOに何を期待するのか，留意事項は何かを整理しておかないと，準備が頓挫する要因となる場合がある。

▶▶ ケーススタディ

　飲食店チェーンA社は，テイクアウトを中心としたビジネスモデルに転換後，順調に事業を拡大している。オーナー社長のB氏は，最近になって証券会社からIPOの誘いを受けることが多くなっているが，IPOのことにはあまり詳しくない。
　以下は，証券会社の営業社員CとB氏との会話の一部であるが，このやり取りから問題を抽出し解決策を提示しなさい。

C：IPO時に資金調達を行えば，A社はさらなる出店も可能になりますし，創業者としてキャピタルゲインを得ることができます。
B：魅力的な話だとは思うが，事業に専念したいし，なるべくバックオフィスにお金をかけたくないと考えているのだが。
C：上場会社にふさわしい管理体制を構築する必要がありますし，監査法人による監査を受けることも必要です。確かにそのために一定のコストもかかりますが，会社の体質を強くすることにもつながります。
B：なるほど。事業の急拡大で社内体制の整備が追いついていないという自覚はある。従業員のみんなも喜んでくれるなら，前向きに考えてみたい。
C：良かったです。社長が従業員を大切にしていらっしゃることに敬意を表します。IPO時には社長に大金が入りますから，うちの金融商品を買ってくださいね。

問題の所在

　本ケースは，IPOの検討を始めたばかりで，IPOのメリットとデメリットの両面を十分に理解する前のやり取りとなっている。IPO準備を通じた社内体制の整備が会社の体質強化につながるという点について理解されたことは評価できるが，IPOを達成するためにはどのような準備が必要なのか，上場後はどのような事務作業やコスト負担があるのか，従業員にとっての具体的なメリットは何か等，意思決定の前に認識すべきことが多く残っている点には留意が必要である。

改善ポイント

　A社にとってIPOするメリットは何か，きちんと整理する必要がある。

（例：資金調達だけが目的であれば他の方法もあるので，比較する。）

　具体的に検討を進めるということになれば，IPO準備に必要な事項を抽出し，作業スケジュールに落とし込む。監査法人等の関係機関とコミュニケーションを行うことで，これらが明確化されるという側面もある。

　IPOした後には，どのような義務が発生するかもよく確認しておかないと，後悔することになりかねない。

　また，従業員にとってのIPOのメリットも把握するべきで，場合によっては，従業員持株会の組成やインセンティブプランの策定も必要になる。

　証券会社の収益の観点では，IPOファイナンス（公募増資および売出し）の規模が大きいことが望ましいが，オーナーが多くの持株を売却すると持株比率が下がる等の検討課題があるため，事前に資本政策を慎重に検討することも重要である。

▶▶ 応用Q&A

Q1　上場後にはさまざまなディスクロージャーが必要となるが，法定開示と任意開示の概要を整理せよ。

A1　金融商品取引法，会社法，取引所規則等で定められた定例開示としては，以下のとおり。この他に取引所の定める適時開示（タイムリーディスクロージャー）が必要となる。

- 金融商品取引法：有価証券報告書，半期報告書，内部統制報告書 等
- 会社法：株主総会関係書類（招集通知，決議通知等） 等
- 取引所規則：決算短信，コーポレートガバナンス報告書　等

　上場会社等が行う任意の開示としては，IR活動によって作成するさまざまな資料がある。また，非財務情報として，「アニュアルレポート（年次報告書）」「CSRレポート（サスティナビリティポリシー）」「環境報告書」「知的財産報告書」等を作成することがあり，近年ではこれらをまとめた「統合報告書」を開示する企業も増加している。

▶▶ 確認テスト

問1：IPOによってIPO前には必要でなかった手続や経費が発生することになるので，その具体的な内容を認識してIPOの意思決定をする必要がある。

問2：IPOのために必要となるさまざまな準備は，すべて資金調達と創業者利潤のためである。

解答1：○　IPOのプロジェクトを推進するためにメリットを認識するというだけでなく，IPO後に必要となるさまざまな義務やコストを認識することも重要である。

解答2：×　IPOファイナンスによって獲得できる資金に目を奪われがちだが，IPO準備は企業の体制強化につながることや，IPOによる信用力の向上等，他にもさまざまなメリットがある。

2 【上場審査基準】形式基準

サマリー説明

◇ わが国の株式市場

取引所名	市　場
東京証券取引所※	プライム，スタンダード，グロース
名古屋証券取引所	プレミア，メイン，ネクスト
福岡証券取引所	本則市場，新興企業向け市場（Q-Board）
札幌証券取引所	本則市場，新興企業向け市場（アンビシャス）

※ 他にプロ投資家向け市場「TOKYO PRO Market」がある。

　数値基準は下表のとおりである。

[プライム市場]

(1)株主数 （上場時見込み）	800人以上
(2)流通株式 （上場時見込み）	a．流通株式数　　　　２万単位以上 b．流通株式時価総額　100億円以上 c．流通株式数（比率）上場株券等の35％以上
(3)時価総額 （上場時見込み）	250億円以上
(4)事業継続年数	新規上場申請日から起算して３年前より前から株式会社として継続的に事業活動をしていること
(5)純資産の額 （上場時見込み）	連結純資産の額が50億円以上 （かつ，単体純資産の額が負でない）
(6)利益の額又は売上高（利益の額については，連結経常利益金額に少数株主損益を加減）	次のa又はbに適合すること a．最近２年間における利益の額の総額が25億円以上 b．最近１年間の売上高が100億円以上かつ時価総額が1,000億円以上

[スタンダード市場]

(1)株主数 （上場時見込み）	400人以上
(2)流通株式 （上場時見込み）	a．流通株式数　　　　　2,000単位以上 b．流通株式時価総額　　10億円以上 c．流通株式数（比率）　上場株券等の25％以上
(3)時価総額	なし
(4)事業継続年数	新規上場申請日から起算して3年前より前から株式会社として継続的に事業活動をしていること
(5)純資産の額 （上場時見込み）	連結純資産の額が正
(6)利益の額（連結経常利益金額に少数株主損益を加減）	最近1年間の利益の額の総額が1億円以上

[グロース市場]

(1)株主数 （上場時見込み）	150人以上 （上場時までに500単位以上の公募を行うこと［時価総額250億円以上の場合を除く］）
(2)流通株式 （上場時見込み）	a．流通株式数　　　　　1,000単位以上 b．流通株式時価総額　　5億円以上 c．流通株式数（比率）　上場株券等の25％以上
(3)時価総額	なし
(4)事業継続年数	新規上場申請日から起算して1年前より前から株式会社として継続的に事業活動をしていること
(5)純資産の額	なし
(6)利益の額	なし

◇　IPO準備実務でのよくあるケース

　市場ごとに求められている株主構成やガバナンスが異なるため，各市場区分のコンセプトや必要事項を理解せずに安易に目標市場を定めて準備を進めてしまうと，あてがはずれた場合には手戻りが発生することになる。

▶▶ ケーススタディ

　A氏は学生時代から起業を志していたこともあり，多くの起業家の友人がいる。自らの経営するZ社は，急成長とはいえないものの順調に業績を伸ばし，IPOを視野に入れることになった。
　以下は，A氏と株式投資に詳しい大学の先輩B氏との会話の一部であるが，このやり取りから問題を抽出し解決策を提示しなさい。

　A：Z社も黒字が定着し，売上も少しずつ増えています。本格的にIPOを検討することになったのですが，市場はグロースが良いと思うのです。友人たちの会社もグロース市場に上場するケースが多いですし。
　B：そうだな。グロース市場に上場する会社は成長イメージがあるし，株価が高くなる傾向があるように見受けられる。
　A：証券会社からは「高い成長可能性」が必要と言われたのですが，どのくらいの成長が求められているのかがよくわからないのです。
　B：高く評価してもらえる事業計画を作らないとダメなのではないかな。頑張れよ。

問題の所在

　グロース市場は，利益の額に関する基準が存在しないなど形式要件が緩やかな市場だが，高い成長性を実現するための事業計画を有し，投資者の適切な投資判断が可能となる必要がある。成長性の高さに明確な基準はないが，上場申請時には主幹事証券会社から，高い成長可能性を有しているとの判断根拠に関する見解を示す書面の提出が義務付けられている。IPOを目指すからには事業が順調に進捗しているのであろうが，適切なKPI（重要業績評価指標）が設定された事業計画であること等，外部から見ても高い成長可能性があると評価されなければならない。会社としても「事業計画及び成長可能性に関する事項」の開示が必須となっている。

改善ポイント

　実現可能性が高いと思われる合理的な事業計画を策定し，主幹事となる予定

の証券会社から，グロース市場への上場にふさわしい成長性があるかどうかの評価を受ける必要がある。それが難しい場合は，スタンダード市場に上場できるくらいの企業規模（流通株式時価総額が10億円以上見込めること等）に成長するまで待つか，東京証券取引所以外の市場でのIPOを検討する必要がある。また，数値上の形式基準がないプロマーケット（TOKYO PRO Market, Fukuoka PRO Market）への上場も1つの選択肢である。

▶▶ 応用 Q&A

Q1 プロマーケットへの上場基準はいかなるものか。

A1 TOKYO PRO Marketは東京証券取引所が，Fukuoka PRO Marketは福岡証券取引所が開設している特定投資家等（いわゆる「プロ投資家」）のみが参加できる株式市場である。IPOに際し，株主数・時価総額・利益の額等の数値基準はなく，一般市場と同様の実質審査基準が設けられている。監査法人による最近1年間の監査は必要で，証券取引所が求める資格要件を満たしたアドバイザーとの契約が求められている。アドバイザーは，上場適格性の確認や上場後の開示の助言・指導などを行う。

Q2 上場している市場を変更する場合の手続きについて説明せよ。

A2 上場会社が他の市場区分への変更を申請する場合，改めて当該市場区分の新規上場基準と同様の基準による審査を受ける必要がある。

▶▶ 確認テスト

問1：形式基準に定められた「株主数」「流通株式数」は，上場申請の時点で満たしておく必要はなく，IPOファイナンスによって増加する数を加算することができる。

問2：形式基準に定められた時価総額は，上場時の株価で算定される。

解答1：〇　上場の時までに充足すればよいこととなっている。上場申請時に申請会社および引受証券会社は「公募又は売出予定書」を証券取

引所に提出し、ファイナンス実施後は主幹事証券会社から「公募又は売出実施通知書」が提出される。なお、「流通株式」の定義については、東京証券取引所の市場区分の見直しに伴う上場制度の整備において変更が行われ、金融機関および金融商品取引業者以外の法人が所有する株式については、流通株式から除かれること（所有目的が「純投資」であることが明らかな場合を除く）に留意が必要である。

解答2：× 「上場時見込み」とされている。具体的には有価証券届出書に記載される株券の発行価額の総額または売出価額の総額の見込額の算定のもととなった価格によって算定される。上場承認時の有価証券届出書に記載される想定価格（想定発行価格もしくは想定売出価格）及び公募・売出しの価格で基準を満たす必要がある。

3 【上場審査基準】実質基準

サマリー説明

　実質審査基準は，上場会社として必要とされる5つの適格要件で構成されており，各々の適格要件に適合するか否かを判断する具体的な観点が「上場審査等に関するガイドライン」において定められている。

　新興市場であるグロース市場の場合は，「企業の継続性及び収益性」ではなく「事業計画の合理性」という要件となっているが，例えば「企業経営の健全性」が求められているといった基本的な点ではプライム市場やスタンダード市場と変わらない。

　実際の審査においては，申請会社が提出する「新規上場申請のための有価証券報告書（Ⅰの部）」および「新規上場申請のための有価証券報告書（Ⅱの部）」（グロース市場の場合は「新規上場申請者に係る各種説明資料」および「事業計画及び成長可能性に関する事項」の開示ドラフト）に記載された内容を主な審査対象項目として，申請会社へのヒアリング等を通じて基準への適合状況が確認される。

　なお，申請会社の企業グループが当該基準に適合していると判断される場合であっても，上場会社としてより望ましい姿となるよう取引所から改善を要請される場合もある。

◇　実質基準一覧（東京証券取引所）

[プライム市場，スタンダード市場]

有価証券上場規程	上場審査等に関するガイドライン
1．企業の継続性及び収益性（継続的に事業を営み，かつ，安定的な収益基盤を有していること）	(1)事業計画が，そのビジネスモデル，事業環境，リスク要因等を踏まえて，適切に策定されていると認められること
	(2)今後において安定的に利益を計上することができる合理的な見込みがあること
	(3)経営活動が，安定かつ継続的に遂行することができる状況にあること

2．企業経営の健全性 （事業を公正かつ忠実に遂行していること）	(1) 関連当事者その他の特定の者との間で，取引行為その他の経営活動を通じて不当に利益を供与又は享受していないこと
	(2) 役員の相互の親族関係，その構成，勤務実態又は他の会社等の役職員等との兼職の状況が，公正，忠実かつ十分な業務の執行又は有効な監査の実施を損なう状況でないこと
	(3) （申請会社が親会社等を有している場合）親会社等からの独立性を有する状況にあること
3．企業のコーポレート・ガバナンス及び内部管理体制の有効性 （コーポレート・ガバナンス及び内部管理体制が適切に整備され，機能していること）	(1) 役員の適正な職務の執行を確保するための体制が，適切に整備，運用されている状況にあること
	(2) 内部管理体制が適切に整備，運用されている状況にあること
	(3) 経営活動の安定かつ継続的な遂行及び適切な内部管理体制の維持のために必要な人員が確保されている状況にあること
	(4) 実態に即した会計処理基準を採用し，必要な会計組織が，適切に整備，運用されている状況にあること
	(5) 法令遵守の体制が適切に整備，運用され，重大な法令違反となるおそれのある行為を行っていない状況にあること
4．企業内容等の開示の適正性 （企業内容等の開示を適正に行うことができる状況にあること）	(1) 経営に重大な影響を与える事実等の会社情報を管理し，当該会社情報を適時，適切に開示することができる状況にあること及び内部者取引等の未然防止体制が適切に整備，運用されていること
	(2) 企業内容の開示に係る書類が法令等に準じて作成されており，かつ，投資者の投資判断に重要な影響を及ぼす可能性のある事項や，主要な事業活動の前提となる事項について適切に記載されていること
	(3) 関連当事者その他の特定の者との間の取引行為又は株式の所有割合の調整等により，企業グループの実態の開示を歪めていないこと
	(4) （申請会社が親会社等を有している場合）当該親会社等に関する事実等の会社情報を，投資者に対して適時，適切に開示できる状況にあること
5．その他公益又は投資者保護の観点から当取引所が必要と認める事項	(1) 株主の権利内容及びその行使の状況が公益又は投資者保護の観点で適当と認められること
	(2) 経営活動や業績に重大な影響を与える係争又は紛争等を抱えていないこと
	(3) 反社会的勢力による経営活動への関与を防止するための社内体制を整備し，当該関与の防止に努めていること及びその実態が公益又は投資者保護の観点から適当と認められること
	(4) 新規上場申請に係る内国株券等が，無議決権株式（当該内国株券等以外に新規上場申請を行う銘柄がない場合に限る。）又は議決権の少ない株式である場合は，ガイドラインⅡ6(4)に掲げる項目のいずれにも適合すること
	(5) 新規上場申請に係る内国株券等が，無議決権株式である場合（当該内国株券等以外に新規上場申請を行う銘柄がある場合に限る。）は，ガイドラインⅡ6(5)に掲げる項目のいずれにも適合すること
	(6) その他公益又は投資者保護の観点から適当と認められること

※ プライム市場については，以下の点に留意が必要である。
　① 企業の継続性及び収益性の審査において，「継続的に事業を営み，かつ，安定的かつ優れた収益基盤を有していること」が確認される。
　② 他の市場区分と比較して一段高いガバナンスが求められる。

[グロース市場]

有価証券上場規程	上場審査等に関するガイドライン
1．企業内容，リスク情報等の開示の適切性 （企業内容，リスク情報等の開示を適切に行うことができる状況にあること。）	(1)経営に重大な影響を与える事実等の会社情報を管理し，当該会社情報を適時，適切に開示することができる状況にあること。また，内部者取引等の未然防止に向けた体制が適切に整備，運用されていること。
	(2)企業内容の開示に係る書類が法令等に準じて作成されており，かつ，投資者の投資判断に重要な影響を及ぼす可能性のある事項，リスク要因として考慮されるべき事項，事業計画及び成長可能性に関する事項について投資者の投資判断上有用な事項，主要な事業活動の前提となる事項について分かりやすく記載されていること。
	(3)関連当事者その他の特定の者との間の取引行為又は株式の所有割合の調整等により，企業グループの実態の開示を歪めていないこと。
	(4)親会社等を有している場合，申請会社の経営に重要な影響を与える親会社等に関する事実等の会社情報を申請会社が適切に把握することができ，かつ，投資者に対して適時，適切に開示できる状況にあること。
2．企業経営の健全性 （事業を公正かつ忠実に遂行していること）	(1)特定の者に対し，取引行為その他の経営活動を通じて不当に利益を供与又は享受していないこと。
	(2)親族関係，他の会社等の役職員等との兼職の状況が，役員としての公正，忠実かつ十分な職務の執行又は有効な監査の実施を損なう状況でないこと。
	(3)親会社等を有している場合，申請会社の経営活動が親会社等からの独立性を有する状況にあること。
3．企業のコーポレート・ガバナンス及び内部管理体制の有効性 （コーポレート・ガバナンス及び内部管理体制が，企業の規模や成熟度等に応じて整備され，適切に機能していること。）	(1)役員の適正な職務の執行を確保するための体制が相応に整備され，適切に運用されている状況にあること。
	(2)経営活動を有効に行うため，その内部管理体制が相応に整備され，適切に運用されている状況にあること。
	(3)経営活動の安定かつ継続的な遂行，内部管理体制の維持のために必要な人員が確保されている状況にあること。
	(4)実態に即した会計処理基準を採用し，かつ会計組織が適切に整備，運用されている状況にあること。
	(5)法令等を遵守するための有効な体制が適切に整備，運用され，また最近において重大な法令違反を犯しておらず，今後においても重大な法令違反となる恐れのある行為を行っていないこと。
4．事業計画の合理性 （相応に合理的な事業計画を策定しており，当該事業計画を遂行するために必要な事業基盤を整備していること又は整備する合理的な見込みのあること。）	(1)事業計画が，そのビジネスモデル，事業環境，リスク要因等を踏まえ，適切に策定されていると認められること。
	(2)事業計画を遂行するために必要な事業基盤が整備されていると認められること又は整備される合理的な見込みがあると認められること。

5．その他公益又は投資者保護の観点から当取引所が必要と認める事項	(1)株主の権利内容及びその行使の状況が公益又は投資者保護の観点で適当と認められること。
	(2)経営活動や業績に重大な影響を与える係争又は紛争等を抱えていないこと。
	(3)主要な事業活動の前提となる事項について，その継続に支障を来す要因が発生していないこと。
	(4)反社会的勢力による経営活動への関与を防止するための社内体制を整備し，当該関与の防止に努めていること及びその実態が公益又は投資者保護の観点から適当と認められること。
	(5)新規上場申請に係る内国株券等が，無議決権株式（当該内国株券等以外に新規上場申請を行う銘柄がない場合に限る。）又は議決権の少ない株式である場合は，ガイドラインⅡ6(4)に掲げる項目のいずれにも適合すること。
	(6)新規上場申請に係る内国株券等が，無議決権株式である場合（当該内国株券等以外に新規上場申請を行う銘柄がある場合に限る。）は，ガイドラインⅡ6(5)に掲げる項目のいずれにも適合すること。
	(7)その他公益又は投資者保護の観点から適当と認められること。

◇ IPO準備実務でのよくあるケース

　グロース市場はベンチャー企業向けの市場ということで，形式基準を満たせば簡単に上場できると勘違いしてしまうことがある。実質基準を十分に理解して，IPOに向けての課題を解決していかなければならない。

▶▶ **ケーススタディ**

　　A社長は若い頃からの趣味として絵画等の美術品を愛好しており，その「目利き」については自信を持っている。A社長の経営するX社は業績が好調でありIPOを目指しているが，将来的に価値が高まることが期待される資産として多くの絵画を会社で購入するのがよいと考え，A氏は取締役会に提案した。
　　手続には問題がないようにも思えるが，上場審査基準の観点で問題を抽出し，解決策を提示しなさい。

問題の所在

実質基準の中で掲げられている「企業経営の健全性（事業を公正かつ忠実に遂行していること）」において，関連当事者等との取引（申請会社グループと特別な関係を有する相手との取引）は，本来不要な取引を強要されたり取引条件が歪められたりする懸念があり，申請会社にとって注意する必要性が高い取引とされている。

また，取引行為には該当しない場合であっても，その他の経営活動を通じて不当に利益を供与していると認められるおそれが高い事項は上場審査上の問題となる。東京証券取引所「新規上場ガイドブック（グロース市場編）」のQ&A中で例示されているものには以下の2ケースがあり，本ケースは①に該当する危険性が高い。

① 役員など関連当事者等の個人的な趣味や嗜好に基づき，会社が絵画等の美術品などを多額に購入しているとみなされるケース
② 会社で購入した資産（例：不動産・社用車・船舶・航空機・ゴルフ会員権など）が，専ら特定の役員など関連当事者等の個人的な用途に利用されているとみなされるケース

改善ポイント

関連当事者との取引そのものではないものの，経営者の趣味の一環としての行為ととられても仕方がないため，IPOを目指す場合は，絵画を多く取得することは行わないようにするべきである。

会社として意識を高め管理体制を充実させるため，「関連当事者取引管理規程」等の制定を検討することも効果的である。

▶▶ 応用Q&A

Q1　実質基準に対応するために必要な内部管理体制の代表的項目を列挙せよ。

A1　下図のとおり。

内部管理体制の構築	取締役会の運営	定期的な開催，十分な出席状況，バランスの取れた人員構成，決議・報告事項の明文化，議事録の整備
	監査役監査	取締役会への出席・意見，取締役との面談，決裁書類・会計帳簿の閲覧，重要な会議体への出席，監査報告書，議事録等の作成
	内部監査	内部監査の実施，監査報告書等の作成，公認会計士・監査役との連携
	内部牽制組織	業務分掌・職務権限の明確化，稟議制度の構築，適切な人員配置
	社内規程の整備	基本・組織・業務・経理・総務・人事規程の整備・運用，定期的な見直し，細則・マニュアルの整備
	法令遵守体制	業務に関連する法令の遵守，社員への教育・啓蒙，コンプライアンス委員会等の運営
	予算統制	予算策定手続きの整備，合理的な計画の策定，月次での予実差異分析，予算修正
	経理・会計制度，決算体制	財務会計への移行，監査に向けた体制整備，開示体制の構築
	業務管理（仕入・生産・販売）	与信・債権管理，反社チェック，受注・販売・発注・納品プロセスの明確化，売上・仕入証憑の明確化，原価計算，棚卸管理
	関係会社管理	兼任役員，承認事項または報告事項の明確化，監査役監査，内部監査など関係会社に対するモニタリングの実施

▶▶ 確認テスト

問1：グロース市場に上場する場合でも，企業の継続性の観点から増収増益の事業計画が必須となっている。

問2：親会社からの出向者が多数存在している場合は，転籍あるいは独自の採用活動により状況を改善しなければならない。

解答1：✕ グロース市場の実質審査基準には「企業の継続性及び収益性」はなく，「事業計画の合理性」が定められている。上場審査においては，「事業計画及び成長可能性に関する事項」の開示を適切に行うことができる状況にあることが確認される。

解答2：○ 「企業経営の健全性」の観点で，親会社等を有する場合（いわゆる子会社上場），出向者の受入れ状況が，親会社等に過度に依存しておらず，継続的な経営活動を阻害するものでないと認められることが必要である。

4 【監査法人対応】ショートレビュー

サマリー説明

◇ ショートレビューとは何か

　監査法人と監査契約を締結する前に，監査法人がIPOに向けて短期間の調査を行い，その内容の報告を行うことをショートレビュー（予備調査，短期調査，制度調査，クイックレビュー等）と呼ぶ。

　IPOを目指すことを前提として，金融商品取引法の規定に基づき監査を行うための調査を行い，抽出された課題が報告書にまとめられる。抽出された課題はIPO準備において重要なものであり，項目も多岐にわたることから，さまざまな専門家や主幹事証券会社のアドバイスを受けながら解決を目指すことになる。

　その課題の状況によっては，ショートレビューを受けたからといって速やかに監査契約を締結できるとは限らない。日本公認会計士協会が作成している「株式新規上場（IPO）のための事前準備ガイドブック」[1]では，監査を受けようとしたときの事前準備のポイントとして以下の13項目を例示している。

① 会計データ・裏付け証憑の整理
② 発生主義会計及び収益認識会計基準への対応
③ 棚卸資産管理
④ 原価計算体制
⑤ 資産・負債の管理
⑥ 連結決算（連結の範囲，子会社の体制）
⑦ 関連当事者取引の把握・整理
⑧ （決算書を作成するための）内部管理体制の構築
⑨ 労務管理
⑩ 情報システムの内部統制

---

1 https://jicpa.or.jp/news/information/IPO-Guidebook.pdf

⑪　不正への対応（不正の防止体制，特に資金の出納と記帳の分離）
⑫　会計上の見積り（固定資産の減損や引当金の計上など）
⑬　会計基準の選択

◇　IPO準備実務でのよくあるケース

　なるべく早くIPOを達成したいと思うがあまり，事前準備不足のまま監査法人と監査契約を締結しようとするケースがある。監査法人サイドも何の調査もせず契約する判断を行うわけではない。

▶▶　**ケーススタディ**

　これまで健康食品などを製造販売していたY社は，事業活動の中で発見した画期的な新薬候補の成分を用いた抗がん剤の開発も行っている。臨床試験（ヒトを対象として薬や医療機器などの有効性や安全性などを確認するために行われる試験）も順調に進んでいる。研究開発には多額の資金が必要であるため，ベンチャー・キャピタル（以下「VC」という）から投資を受け入れているが，株主であるVCからは早期のIPOが求められている。
　臨床試験の進捗状況を鑑みると，現在の進行期をIPOの直前々期とすることが最速ではないかというVCからのアドバイスを受けて，IPOに向けて本格的に動き出すために，監査法人にショートレビューを依頼した。これまでは内部管理体制の整備を含めこれといった準備はしてこなかった。
　この状況の問題を抽出し，解決策を提示しなさい。

問題の所在

　監査対象期間に入るまで監査法人の会計監査やアドバイザーの指導を受けていなかったケースといえる。IPOでは監査対象期間に入る前までに一定の準備が必要になり，IPOの重要な課題を整理しないまま監査契約を締結することは現実的でなく，現在の進行期をIPOの直前々期とすることは一般的には難しい。

改善ポイント

ショートレビューで明確になるIPOに向けての課題について確認し，研究開発の進捗状況を踏まえて，IPOスケジュールを策定する。VC等の株主とも調整が必要である。本来はVCから出資を受ける時点で，IPOに関する準備について検討し，直前々期の期首在庫の実地棚卸について監査法人が立会を実施するなど，監査契約をスムーズに行うための準備を開始しておく必要があった。

▶▶ 応用Q&A

Q1 監査法人による監査報告書の監査意見には，どのような種類があるか説明しなさい。また，上場審査基準との関係はどのようなものか。

A1 監査意見には，以下の4種類があり，監査人はこのいずれかの意見を表明する責任がある。

無限定適正意見	一般に公正妥当と認められる企業会計の基準に従って，会社の財務状況を「すべての重要な点において適正に表示している」旨を監査報告書に記載する。
限定付適正意見	一部に不適切な事項はあるが，それが財務諸表等全体に対してそれほど重要性がないと考えられる場合に，その不適切な事項を記載して，会社の財務状況は「その事項を除き，すべての重要な点において適正に表示している」と監査報告書に記載する。
不適正意見	不適切な事項が発見され，それが財務諸表等全体に重要な影響を与える場合に，不適正である理由を記載して，会社の財務状況を「適正に表示していない」と監査報告書に記載する。
意見不表明	重要な監査手続が実施できず，結果として十分な監査証拠が入手できない場合で，その影響が財務諸表等に対する意見表明ができないほどに重要と判断した場合には，会社の財務状況を「適正に表示しているかどうかについての意見を表明しない」旨及びその理由を監査報告書に記載する。

上場審査基準では原則として以下の監査意見が求められている。
※プライム市場，スタンダード市場：利益の額の基準の対象期間に相当する期間
- 直前々期：「無限定適正意見」または「除外事項を付した限定付適正意見」
- 直前期：「無限定適正意見」

※グロース市場
- 直前期：「無限定適正意見」または「除外事項を付した限定付適正意見」

▶▶ 確認テスト

問1：監査法人はショートレビューによってIPOに向けての課題をすべて抽出することができる。

問2：ショートレビューが完了したため，次年度から監査契約を締結し，IPO準備が始められる。

解答1：× ショートレビューは，IPOに向けての主要課題を指摘するものであるため，IPO準備に向けて非常に有用であるが，限られた手続（提出された資料，インタビュー等）による短期間のものであり，限定的な調査であることには留意が必要である。あくまでも監査の事前準備作業と認識するべきである。

解答2：× ショートレビューは単独の契約であり，同じ監査法人であっても監査契約は別途依頼することが必要となる。また，監査法人内部における新規の監査受入の審査を通過しなければならない。

5 【監査法人対応】監査法人による監査

サマリー説明

◇ 金融商品取引法監査

投資家保護を目的に金融商品取引法に基づいて実施される監査であり，財務諸表監査（会社が作成した財務諸表が，会計基準に準拠しているかどうか，重要な誤りや偽りがないかをチェックして，その適正性について公認会計士または監査法人が保証を与える）と内部統制監査（会社が作成した内部統制報告書の適正性について公認会計士または監査法人が保証を与える）がある。上場会社はこれらの監査を受けることが義務付けられている。

なお，会社の開示されている財務報告の中で，公認会計士または監査法人が監査を行う際に特に重要と考えた事項について，監査上の主要な検討事項，つまりKAM（Key Audit Matters）として監査報告書に該当する内容と監査手続が記載される。

◇ 会社法監査

株主や債権者の保護のために，決算書類が会計基準に準拠して適正かどうかについてチェックし，会計処理の妥当性も同一の基準で判断される。上場会社は通常，会社法監査の対象条件を満たしているため，金融商品取引法監査と会社法監査の2つの監査を受けることとなる。

◇ 上場会社監査事務所登録制度

日本公認会計士協会は，上場会社の監査を行う監査事務所について，上場会社監査事務所名簿への登録を求めている。登録した監査法人は上場会社の監査を実施するに相応しいかどうかについて同協会の定期的な品質管理レビューを受けなければならない。当該情報は日本公認会計士協会のホームページで確認できる。

証券取引所の規則では，上場会社の会計監査人は上場会社監査事務所名簿

（または準登録事務所名簿）に登録されている監査事務所でなければならないとされている。またIPOに際しては，上場会社監査事務所名簿に登録されている監査事務所（または準登録事務所名簿に登録されている監査事務所のうち品質管理レビューを受けた監査事務所）でなければならないとされている。

◇　**上場審査における公認会計士ヒアリング**

上場審査の過程では，申請会社の監査を行っている公認会計士に対して，監査契約締結の経緯，経営者・監査役等とのコミュニケーションの状況，内部管理体制の状況，経理および開示体制等についてヒアリングが行われる。

◇　**IPO準備実務でのよくあるケース**

監査の過程で，会社側と監査法人の意見が対立する場合もある。IPO準備においては監査手続や内容についてお互いが十分にコミュニケーションをとることが有効である。

▶▶　**ケーススタディ**

> IPO準備を行っているA社は，大手のY監査法人に監査を依頼している。Y監査法人の担当者からさまざまな資料の提出を求められ，通常業務に支障をきたすことも発生しているため，経理部門の責任者は不満を持っている。主幹事証券会社の引受担当者との打ち合わせが開始されたが，引受担当者のヒアリングに対して，Y監査法人の担当者からは「A社の監査対応は非協力的」とのコメントがあった。
> この状況の問題を抽出し，解決策を提示しなさい。

問題の所在

上場会社となるためには，監査法人監査に対応する体制の構築が必要不可欠である。主幹事証券会社の引受審査，証券取引所による上場審査，いずれの場面でも監査法人の協力が欠かせない。本ケースにおいては，監査法人とのコ

ミュニケーションに問題が残ったままとなっている。

改善ポイント

　監査が行われる前に監査法人側と協議を行い，必要となる資料の一覧表を作成しておくなど，監査対応についてのさらなる工夫が必要である。また，会計処理に関する論点を確認しておくことや，内部管理体制に対する評価を確認することも重要となる。監査対応についての見直しの際には，主幹事証券会社の引受担当者からのアドバイスも期待される。

▶▶　応用 Q&A

Q1　上場企業として有価証券報告書（通期）と半期報告書（半期）については金融商品取引法監査が必要であるが，四半期開示（第1，第3四半期）についての取扱いについて説明せよ。

A1　証券取引所の規則等に従い四半期決算短信を開示するが，監査人によるレビューは任意となっている。但し，会計不正等により，財務諸表の信頼性確保が必要と考えられる場合は，監査人によるレビューが義務付けられることがある。

▶▶　確認テスト

問1：監査法人の監査には必要以上の情報を出す必要はなく，警戒して対応しなければ上場審査において会社の秘密が暴露されかねない。

解答1：✕　監査法人には上場審査に協力してもらわなければならない。また，IPO時だけでなく，上場後も監査法人監査は継続する。監査を受ける体制を整備し，良い関係を構築することがIPOの早道である。

6 【証券会社対応】
主幹事証券会社，引受審査

サマリー説明

◇ 主幹事証券会社とは
　主幹事と呼ばれる証券会社の機能として，具体的には次の3つが挙げられる。
① IPO準備のアドバイザー
　IPOが達成されるよう，主幹事証券はさまざまな助言（準備作業のスケジュール作成，工程管理，関係機関との調整等）を行う。IPO準備会社は，主幹事証券会社との間でアドバイザリー契約を締結することが一般的。
② 証券取引所への推薦人
　上場申請には証券会社の推薦が必須となっている。証券取引所の上場審査は比較的短期間で行われるため，上場適格性については事前に主幹事証券が十分に確認していることを前提にしており，上場申請時には主幹事証券会社から上場適格性調査に関する報告書が提出される。上場申請前に主幹事証券会社の専門部署（引受審査部等）による審査を受けなければならない。審査の内容は，内部統制の状況，事業計画等，多岐にわたる。
③ 株式の引受け（ファイナンス）
　株式の新規発行による増資（公募）や，既存株主からの株式売出しによって，新規上場会社は資金調達と株主作りを行う。証券会社は株式を買い取り，投資家に販売する（買取引受）。

◇ 証券会社による引受審査
　IPOにおける主幹事証券会社の引受審査には以下の2つの側面がある。
　① 上場適格性の確認（証券取引所への推薦の可否）
　② 狭義の引受審査（ファイナンス株式引受の可否）
　引受審査は，日本証券業協会の規則によって確認すべき事項が定められている。（有価証券の引受け等に関する規則：およびその細則）
　また，主幹事証券会社以外でIPO時に引受けを行う証券会社（いわゆるシ

ンジケート団）には，IPO予定会社が作成する「引受審査資料」が主幹事証券会社経由で配布され，シンジケート団各社にて引受審査が行われる。「引受審査資料」には，Ⅱの部の概略的な内容と，月次ベースの経営成績など直近の業績動向の記載が必要である。

◇ **IPO準備実務でのよくあるケース**

IPO準備において，主幹事証券会社とのコミュニケーションは最も重要な要素の1つである。証券会社には，法人営業部門，公開引受部門，引受審査部門などがあり，各部門でIPOにおけるミッションが異なるため，それぞれの立場を理解していないと，適切なコミュニケーションがとれなくなる。

▶▶ **ケーススタディ**

L氏はベンチャー企業M社の社長である。IPOを目指すにあたって，主幹事証券会社を選定することになった。
以下は，L氏とM社の大株主N氏との会話の一部であるが，このやり取りから問題を抽出し解決策を提示しなさい。

L：M社の先進的なサービスを高く評価してくれる証券会社を選びたいと思います。
N：そうだな。事業内容に対する理解は重要だ。それに加えて，IPOに向けてのアドバイス体制を十分に確認したほうがよいと思う。
L：上場審査を通過させてくれるノウハウを持っているところ，ということですね。
N：証券会社も引受審査を行うわけだから，安易に考えてはいけないよ。
L：そうなんですか。引受審査は甘いところがいいなあ。

問題の所在

証券取引所に上場申請を行う前提として，主幹事証券会社が申請会社の上場適格性について十分に確認することが必要である。その点がおろそかになり，

仮に証券取引所の上場審査において大きな問題点が指摘されるようなことになると，申請会社自体がダメージを受けることになる。

改善ポイント

　主幹事証券会社のアドバイスを受け，真摯に引受審査に対応する姿勢が必要である。IPO 準備会社は，IPO というプロジェクトの重要なパートナーとして，上場のかなり前から主幹事証券会社とコミュニケーションをとる。IPO を円滑に進めるためには，主幹事証券会社から適時適切なアドバイスを受ける必要があり，そのためにも要望をしっかりと伝えなければならない。IPO 準備に際しては，主幹事証券会社との間で緊張感のある良い関係を構築することが望まれる。

▶▶ 応用 Q&A

Q1　主幹事証券会社を変更する場合は，どのような点に留意が必要か。

A1　主幹事証券会社による推薦が上場申請の前提になっているため，引受審査に必要な期間が IPO のスケジュールに影響を与える可能性がある。IPO に際しての引受審査は通常 6 か月以上を要す。

　また，主幹事証券会社による企業評価（および事業内容への理解）については，営業担当だけではなく，アナリスト等を含めた証券会社全体によるものであることを確認することが望ましい。

　なお，主幹事契約をした時期，主幹事証券会社の変更があった場合は，上場申請書類（Ⅱの部等）にその理由を記載しなければならない。

▶▶ 確認テスト

問 1：引受審査といっても，所詮はアドバイスの延長であるから，営業担当の指示に従っていれば特に問題はない。

問 2：引受審査における質問に対する回答と，実務上の実態との間に乖離があってはならない。

解答 1：✕　証券会社の引受審査部門には，営業部門等からは独立して適切な

審査を行う義務がある。営業部門や引受部門からのアドバイスを受けていても，引受審査によってIPOに向けての課題が抽出される場合がある。IPO準備会社には，自らが「審査対象」であることを忘れない姿勢が求められる。

解答2：○ そもそも運用の実態を問う質問であろうから，実態のとおり回答しなければならない。仮に改善が必要な事項が抽出された場合は，それに対応して前に進むことになる。回答提出時には，実際に使用している帳票等のサンプルについて提示を求められることが多い。

7 【証券取引所対応】
証券取引所による上場審査

サマリー説明 ……………………………………………………

◇ 上場審査の流れ
証券取引所の上場審査は，おおむね以下の段取りで行われる（東京証券取引所の場合）。

1．エントリー

主幹事証券会社は，上場申請の2週間前までに上場申請のエントリーを行う。

申請会社名，主幹事証券会社の連絡先，希望する上場スケジュール等を記載した「エントリーシート」を取引所に提出する。

2．上場申請に係る事前確認

上場申請の1週間以上前に，主幹事証券会社の担当者と取引所の審査担当者の間で，「公開指導・引受審査の内容に関する事項」「反社会的勢力との関係」「審査日程」等について確認が行われる。グロース市場の場合は，主幹事証券会社が申請会社に高い成長可能性があると判断した内容についても確認される。

① 公開指導・引受審査の内容に関する事項

主幹事証券会社は「上場適格性調査に関する報告書」を証券取引所に提出する。

具体的には，業種・業態，会社の成長ステージ等，申請会社独自の要素を勘案して特に留意した事項，重点的に確認した事項（例：重要な内部管理体制の整備・運用，特殊な会計処理の採用，重大な法令違反の存在，特徴的な事業上のリスクの存在等）が主幹事証券会社から説明されることになる。

また，主幹事証券会社が申請会社の公開指導を開始した経緯・時期（接触開始の経緯・時期）等についても質問されることがある。

② 反社会的勢力との関係

「上場適格性調査に関する報告書」および申請会社作成の「反社会的勢力との関係がないことを示す確認書（ドラフト）」に基づいて，次の点が確認される。

a．履歴・属性を調査した申請会社の関係者（役員，株主，取引先等）の範

囲。また範囲の決定にあたり，申請会社の設立経緯や取引関係，業界慣行や取引慣行等を考慮している場合は，その内容
　　b．反社会的勢力との関係を確認するために実施した調査の内容（取引先等からの評価を調査している場合はその内容を含む）
③　審査日程
　取引所はエントリーシートに記載された希望スケジュールを踏まえて，上場申請日やヒアリング実施日等の審査スケジュール案を提示する。
　標準的な審査期間は，プライム市場，スタンダード市場については3か月，グロース市場は2か月とされているが，申請会社の規模が大きい（事業内容が広範である等）場合や，審査上の論点が多岐にわたる場合等はそれ以上の期間が設定される場合がある。

3．上場申請

　上場申請に係る責任者，窓口となる事務担当者，主幹事証券会社の担当者などが出席して上場申請を行う（申請書類は電子ファイル化して指定されたフォルダに入れる形式）。
　取引所の審査担当者からは，審査スケジュールおよび審査内容の概略，具体的な進め方などについて説明がある。続いて申請会社から「上場申請理由」「事業内容」「業界環境及び役員・株主の状況」等について説明し，その内容に基づいて審査担当者から質問を受ける。特に事業内容等の説明に際しては，審査担当者の理解を促す意味で，製商品・サービスを紹介する際に使用するプレゼンテーション用資料，IRのために準備している資料などを用いる。
　なお，グロース市場の場合は，上場申請時に「事業計画及び成長可能性に関する事項」の開示ドラフトを提出しなければならないが，事業内容・事業計画の説明に用いることができる。

4．上場審査

①　ヒアリング
　申請書類だけでは審査担当者が理解しづらい点，詳細に確認する必要があると判断された点について質問が提示され，回答書を提出する。これに基づいてヒアリングが行われる。ヒアリングは3回が標準とされているが，より詳細な内容の確認が必要と判断される場合には，追加でヒアリングが行われる。

② 実地調査（実査）

　審査担当者が申請会社の本社，工場，店舗，研究所，事業所等を訪問し，事業内容および事業運営の理解を深める。実査時には，帳票等を閲覧する等により，会計手続きの確認，業務フローとの整合性確認，さらには労務管理の実態把握などを行う。

③ 監査法人へのヒアリング

　「監査契約締結の経緯」「経営者・監査役等とのコミュニケーションの状況」「内部管理体制の状況」「経理及び開示体制」等についてヒアリングが行われる。

④ 社長（CEO）ヒアリング

　申請会社への審査質問に関するヒアリングは，基本的にその内容に詳しい担当者が回答すれば良いが，経営トップに対するヒアリングもある。具体的には「経営者としてのビジョン」「上場会社となった際の投資家・株主対応（IR活動等）」「コーポレート・ガバナンス及びコンプライアンスに対する方針・現状の体制及び運用状況」「適時開示に関する体制及び内部情報管理に関する体制」等について質問がある。

⑤ 監査役面談

　原則として常勤監査役に対して，「監査の実施状況」「申請会社の抱える課題」等についてヒアリングが行われる。

⑥ 独立役員面談

　独立役員の予定者に対してもヒアリングが行われる場合が多くなっている。

　具体的には「コーポレート・ガバナンスに対する方針・現状の体制及び運用状況」「経営者のコンプライアンス意識」「独立役員の職務遂行のための環境整備の状況（情報提供，十分な検討時間の確保など）」「経営者が関与する取引の有無や当該取引への牽制状況等についての評価」「独立役員として果たすことが期待される役割・機能等についての認識」等について質問がある。

⑦ 社長説明会

　おおむね審査の最終局面で，社長が取引所を訪問し，取引所の役員に対して会社の特徴，経営方針および事業計画等について説明を行う。それらに対する質疑応答等を通じて，上場の可否の判断に進むかどうかの検討が行われる。

　取引所の役員からは，上場会社になった際の留意事項・要請事項が説明され

るため，社長説明会には情報取扱責任者となる者と常勤監査役が同席することが多い。

5．上場承認

取引所からホームページ等で上場承認が発表される。その後，IPOファイナンス（公募・売出し等）が行われ，上場承認から約1か月後に上場する。

ファイナンスの中止などにより上場審査基準に抵触することとなった場合，上場承認は取り消される。

◇ IPO準備実務でのよくあるケース

主幹事証券会社による引受審査は「引受するための審査」であるが，証券取引所による上場審査は「上場を認めるか認めないかを判断するための審査」である。一連の審査手続に真摯に取り組む覚悟を持たないと，最初からやり直すことになりかねない。上場審査に「落ちる」ことは，残念ながら稀ではない。

▶▶ ケーススタディ

> A社のIPOに係る引受審査の過程で，主幹事証券会社と意見の相違が発生し，上場申請の日程が決まらない状況が発生している。A社としては，少しでも早くIPOするために，議論となっている事項を除いた部分だけでも取引所の審査を始めて欲しいと考えている。
> この状況の問題を抽出し，解決策を提示しなさい。

問題の所在

上場申請するためには，主幹事証券会社からの推薦（「上場適格性調査に関する報告書」の提出）が必要で，申請手続の前に主幹事証券会社から取引所に対してさまざまな説明が必要となる。証券取引所としては，実質基準に照らして重要な論点となり得ることが残ったままでは申請を受け付けることはできない。少なくとも申請前の段階でその解決の方向性を整理できていることが必要

である。

改善ポイント

上場申請前に，審査基準などに係る疑問点について，証券取引所の見解を確認したい場合などは，直接もしくは主幹事証券会社を通じて，証券取引所（上場推進部等）に相談することが可能となっている。円滑なIPOのためには，このような事前相談機能を活用して取引所の見解を確認することも有用である。

▶▶ 応用Q&A

Q1 「予備申請」について説明しなさい。

A1 IPOの時期の集中に伴う弊害を緩和するために導入されている制度である。申請直前期の末日から遡って3か月前の日以後に行うことが可能で，審査は通常の上場申請に必要な資料のドラフトをベースに進められる。その後，直前期についての定時株主総会終了後に直前期に係る決算書類などが整った段階で改めて上場申請（本申請）を行う。なお予備申請に際しては，主幹事証券会社の引受審査の過程で審査上の大きな課題（業績面を含む）がおおむね残っていない状態であることが求められる。

▶▶ 確認テスト

問1：主幹事証券会社の引受審査で質問された事項は，証券取引所の上場審査では確認されない。

問2：申請会社の役員は，IPOするにあたっての必要な知識を身につけなければならないため，上場承認までに勉強しておかなければならない。

解答1：× 証券取引所の審査担当者は，上場申請書類の確認，上場申請時の説明等で理解が難しかった部分，または念を押して確認したい部分に関して質問を行うので，主幹事証券会社の引受審査で確認された事項とは重複する部分もある。上場申請に先立ち主幹事証券からは「上場適格性調査に関する報告書」等により説明が行われているので，証券取引所の上場審査においても，主幹事証券会社

の引受審査の内容を生かしていくことが期待されている。

解答2：○ 申請会社の役員は，「上場に伴う責務や心構え」「上場会社にふさわしいコーポレート・ガバナンス並びに経営管理体制の整備及び適切な運用の必要性」「内部者取引及び情報伝達・取引推奨行為の未然防止（いわゆるインサイダー取引規制）」等について，理解をより深めることを目的として証券取引所が用意しているeラーニングを，上場審査期間中に受講完了しなければならない。

第 II 章 コーポレートガバナンス

機関設計

1　機関設計と設置時期

役員構成

2　取締役会の構成と社外役員の関与

取締役会

3　取締役会の運営

監査役等

4　監査役会，監査等委員会

三様監査

5　三様監査

内部統制

6　内部統制システムの構築

組織的経営

7　社内規程の整備

関連当事者取引

8　関連当事者取引

その他

9　定款変更等

1 【機関設計】
機関設計と設置時期

サマリー説明

◇ 機関設計と設置時期

　IPO準備会社については，有価証券上場規程上，取締役会，監査役会等，会計監査人の機関設置が求められる。

　上場審査に際しては，上場会社にふさわしい企業統治（コーポレートガバナンス）体制を確立するだけでなく，それが適正に機能しているかという点も重要となる。東京証券取引所が定める審査基準においても，コーポレートガバナンスおよび内部管理体制が，会社の規模や成熟度等に応じて整備され，適切に機能していることが挙げられている（有価証券上場規程214条等）。そのため各機関の設置時期については，一定の運用期間を設けるために，取締役会については遅くとも直前々期中には設置していることが必要である（同時に監査役1名以上の選任も必要）。

　監査役会についても遅くとも上記のとおり直前々期中に少なくとも監査役1名を選任することが必要であり，直前期の早い時期に監査役会を設置したうえで監査役監査を実際に実行していくことが審査上も重要である[1]。

　一方，会計監査人については上場申請直前の設置でよい（ただし，会計監査人候補である監査法人とは直前々期から金融商品取引法に準ずる監査契約を締結する必要がある）。

◇ IPO準備実務でのよくあるケース

　IPO準備会社の中には，適切な人材がいない，役員数の増加は人件費負担が重い等の理由から，機関設置が遅れる例が少なくない。上場審査上は上記の各時期までに設置すれば一応問題はないが，内部管理体制の不備等を早期に発見して是正することは，コーポレートガバナンス体制の早期確立のためには有益

1　直前期に関する定時株主総会で監査役会を設置して，上場した会社もあるが，監査の実効性という観点から必ずしも望ましいとはいえない。

である。また，内部管理体制は整備するだけでなく，運用結果を審査上示す必要がある。そのため，上記の機関設置についても早期に整えることが望ましい。

▶▶ ケーススタディ

> 未上場会社であるA社は，現在IPOに向けて準備中である。会社設立から最短でのIPOを目指しているが，まだ会社規模はそれ程大きくはなく，現在の役員構成は取締役2名のみであり，取締役会は設置されておらず，監査役も選任されていない。上場申請時には取締役会と監査役会等の機関設置が必要であることは認識しているが，資金繰りの関係上，上場申請の直前期までは現在の機関構成のまま進めたいと考えており，申請期に入ってから取締役会を設置したいと考えている。ただ取締役会設置には監査役か会計参与の選任も必要であるため，監査役1名のみを取締役会設置タイミングに併せて選任予定である。

問題の所在

上場審査に際しては，上場会社にふさわしいコーポレートガバナンスの体制として取締役会の設置は必須である。その設置時期についても，遅くとも直前々期中には設置をし，その運用実績を築くことが必要である。然るにA社の場合，取締役会の設置予定はあるもののその時期が申請期に入ってからを予定しているが，それでは十分な運用実績を残すことができず，ガバナンス体制として適正に機能しているとの評価を得るには不十分である。

また，会社法上，監査役1名が選任されていれば取締役会設置は一応可能であるが（会社法327条2項），上場審査上，遅くとも直前期の早い時期には監査役会を設置し，その運用実績を残しておくことが必要となる。然るにA社の場合，監査役1名しか予定されておらず，ガバナンス体制として不十分である。

改善ポイント

(1) ケーススタディへの対応

取締役会については，A社が予定する申請期ではなく遅くとも直前々期中の

設置が望ましい。なお，取締役会設置には取締役3名以上が必要であるが，A社には現在2名の取締役しかいないため，取締役1名の追加選任が必須である。

また，監査役についても，A社が予定する1名の選任ではなく，監査役3名以上を選任の上，監査役会を設置する必要がある。その設置時期についても，申請期ではなく，遅くとも直前期の早い時期には設置する必要がある。

(2) IPO準備会社の機関設計

株式会社の機関については，会社法上，株主総会，取締役，取締役会，会計参与，監査役，監査役会，会計監査人，監査等委員会，指名委員会等が規定されている（会社法326条）。

そして，会社がIPOし，パブリック・カンパニーとなるにあたっては，投資家を中心とした多くのステークホルダーに対する責任を果たすとともに，会社の持続的な成長と，中長期的な企業価値の向上を図るためのコーポレートガバナンスを確立することが求められる。

そのため上場会社には，上場会社としてのコーポレートガバナンスにふさわしい体制とするために株主総会の他，①取締役会，②監査役会（または監査等委員会や指名委員会等設置会社における指名委員会，監査委員会および報酬委員会），③会計監査人の機関設置が必要とされている（有価証券上場規程437条）。上場会社（公開会社）については，会社法上も取締役会の設置が義務付けられている（会社法327条1項1号）。

① 取締役会

業務執行に関する最高意思決定機関であり，また業務執行を担う取締役を中心に構成される機関であるため，上記のステークホルダーに対する責任，会社の持続的な成長，中長期的な企業価値の向上について正に投資家からの負託を受ける立場にあり，コーポレートガバナンスの中核をなす機関である。

② 監査役会

取締役会による業務執行の意思決定や取締役による業務執行を適法・適正あらしめるべく，それらの活動に対する監査を担う機関であり，コーポレートガバナンスの確立に不可欠である。なお，監査役会は監査役3名以

上で構成され（会社法335条3項），監査役1人による監査に比べて，組織的かつ効率的な監査が期待される。

また，監査役会に代わる監査機関として，監査等委員会や指名委員会等の機関設計を会社が選択した場合には監査等委員会や監査委員会がある。

③　会計監査人

財務諸表等の監査を通じて，財務情報に係る内部統制システムの適切な整備という重要な職責を担う機関であり，一般的には当該職責を担うに足る知見と組織を備えた監査法人が選任される。

これら①取締役会，②監査役会（監査等委員会等），③会計監査人がそれぞれ各自の職責を果たし，また相互に連携することにより，会社全体として上場会社にふさわしいコーポレートガバナンスが担保される。そのためIPO準備会社においても，上場を目指す会社として，同等のガバナンス体制の確立がIPO前に求められている。

(3)　機関設置の時期

各機関の設置時期も検討を要する。上場会社にふさわしいコーポレートガバナンス体制は，単に確立されているだけでは意味がない。それが現に適正に機能していることが必要であり，上場審査においてもその点が重視される。そのためIPO準備の実務として，各機関の設置後に一定の運用期間を設け，ガバナンスが問題なく機能していたとの実績を積むことが重要となる。さらに，その実績内容はコーポレートガバナンス・コードと整合しているかも審査されることに留意する。

具体的には，取締役会については最低1年間の運用実績が求められるため，遅くとも直前々期中には設置していることが必要である。同時に，監査役1名以上の選任も必要である（会社法327条2項）。

監査役会についても同様，一定の運用実績を残すことで，上場審査上，ガバナンス体制が適正に機能しているとの評価を得るためには，遅くとも直前期中には設置が必要である（なお，監査役の設置時期については後記「応用Q&A」参照）。

以上の期間までに各機関を設置すれば上場審査上は一応問題ないが，実際には各機関を設置後に運用する過程で，内部管理体制の不備等が判明するということが往々にしてある。内部管理体制の不備を早期に発見し，これを是正することは，コーポレートガバナンス体制の早期確立のためには有益である。前述したガバナンス体制の運用実績も，誤った体制の上に実績を積み上げても意味がなく，然るべき内部管理体制が整ったうえでの正しい運用実績の積み上げが必要である。そのため，上記の各機関設置はなるべく早期に整えて，一定期間運用してみることが望ましい。

▶▶ 応用 Q&A

Q1　監査役会については直前期中に設置するとして，監査役会を構成する監査役3名全員についても，直前期中に全員を同時に選任すべきか。

A1　監査役会について直前期中に設置する場合でも，コーポレートガバナンスの観点からは，監査役会設置に先立ち，直前々期中には取締役会設置に伴い，監査役1名（常勤が可能な者。可能であればさらに社外監査役1名の計2名）について選任しておくのが通例である（会社法上，取締役会設置のためには監査役または会計監査人の設置が必要であるため（会社法327条2項），直前々期に取締役会を設置する場合はそのタイミングでの監査役等の設置は必須となる）。なお，監査役会設置前の監査役複数名の状態での合議体は，「監査役協議会」等と称するのが一般的である。

Q2　取締役会については直前々期中，監査役会については直前期中に設置するとして，上場会社に必要とされる会計監査人についてはいつ設置すればよいか。

A2　会社法上の会計監査人については，監査等委員会設置会社および指名委員会等設置会社の場合を除き，上場申請直前の設置で問題ない（申請直前に株主総会においてIPOに向けた定款変更等を行う際，併せて選任決議をするのが通例である）。ただし，会計監査人には通常，監査法人が就任するところ，上場申請に際して2事業年度の財務諸表等につい

て監査法人(上場会社監査事務所)による監査証明が原則必要となり,通常は会計監査人候補の監査法人と同一であるため,当該監査法人とは直前々期から金融商品取引法に準ずる監査契約を締結する必要がある。なお,直前々期の期末近くからの監査契約で期首に遡った遡及監査については原則として監査法人は対応しない。

▶▶ 確認テスト

問1:IPO準備会社の機関設計として,取締役会設置は必要であるが,その設置時期については上場申請の直前期中に設置すればよい。

問2:IPO準備会社の機関設計として,監査役会については遅くとも直前期中に設置すれば足りるが,それに先立ち,直前々期中に監査役を1,2名選任しておくことが望ましい。

問3:監査役会は直前期までに必ず設置すべきである。

解答1:× 取締役会については少なくとも運用実績は1年以上必要となるため,直前期中の設置では不足とされる可能性が高い。遅くとも直前々期中には設置されていることが必要である。

解答2:○ コーポレートガバナンスの観点からは早期に監査機能を整備することは望ましい。直前々期に監査役会がまだ設置されていなくても監査役が選任され,監査役監査の運用実績をあげることが重要といえる。なお会社法上,取締役会設置会社には監査役等の設置が義務的であるため(会社法327条2項),直前々期中に取締役会を設置する際には,併せて1名以上の監査役の設置も必須である)。

解答3:× 遅くとも,上場申請前までに定時株主総会または臨時株主総会で決議して設置する必要がある。実務対応としては,直前期中には3名体制となって監査役会に移行すべきである。もちろん,前倒しして直前期中に監査役会を設置することを妨げるものではない。

2 【役員構成】取締役会の構成と社外役員の関与

サマリー説明……………………………………………………………

◇ 取締役会の構成

IPO準備会社においては、上場会社の役員として公正、忠実かつ十分な業務の執行かつ有効な監査の実施を損なう状況でないと認められる必要がある。業務執行取締役については、非常勤や名目取締役等であると、上場審査上ネガティブに評価される可能性が高い。

◇ 社外取締役の関与

IPO準備会社においては、上場会社としてのコーポレートガバナンスの実効性を高めるために、会社の業務執行に従事せず、社内の利害関係やしがらみにとらわれない社外取締役の存在が重要であるため、IPOまでに社外取締役の選任を審査上求められる。

会社法上も、上場会社については、社外取締役を置くことが義務付けられている。

◇ 独立役員（独立社外取締役）

東京証券取引所では、社外要件に加えて、一般株主と利益相反が生じる恐れのない社外役員を「独立役員」として選任するよう求めている。コーポレートガバナンス・コード上も、独立社外取締役を少なくとも2名以上選任すべきとしている（原則4-8）。さらに、プライム市場においては独立社外取締役を3分の1以上選任すべきとしている。

◇ IPO準備実務でのよくあるケース

IPO準備会社の中には、会社設立当初からの流れで取締役に一応就任したものの、他に本業を持っており勤務実態が乏しかったり、その他能力的な問題等で、ガバナンスの観点から取締役として有効に機能していない例が時折ある。

また，社外取締役を招聘するにあたっても，全くの部外者よりもすでに関係がある人物（社長仲間，意見を言わない無難な知り合い，友達の友達，実務を知らないが知名度は高い知り合いなど）を好み，社外性や独立性が微妙な人物を社外取締役として選任する例も少なくない。

健全なコーポレートガバナンス確保の観点から，前者については稼働形態の見直しか，そうでなければ交代を検討するべきである。後者についても社内の利害関係やしがらみにとらわれることなく監督機能を果たしてくれる人材を招聘すべきであり，個人的な人脈ではなく，第三者から候補者の紹介を客観的に受けること等して選任することが望ましい。なお，最近の上場審査ではコーポレートガバナンス・コードとの関連で役員報酬が適切かどうか，その決定プロセスについて審査される例も増えているので，会社として明確な方針を策定しておく必要がある。

▶▶ ケーススタディ

未上場会社であるA社は，共同創業者2名で設立した，クラウドサービスを中核事業とするIT企業である。まだ設立後2年目ながら最短スケジュールでのIPOを目指し，目下IPOに向けて準備を進めている。ただ，共同創業者のうち1名は現在，他にも本業を有しており，業務執行取締役の名目ではあるが稼働実態はほとんどない状態になっている。

A社は，IPOに向けての準備を本格化するにあたり，主幹事を引き受けている証券会社の担当者から，上場申請には取締役会設置が必要であり，そのためには取締役1名の増員が必要であること，昨今は社外取締役による監督機能が重視される傾向にあるため，この機会に会社経営者としての経験豊富な人材を社外取締役として招聘してはどうかとの助言を受けた。

ただA社としては，何の関係性もない人材を社外取締役として招聘することに心理的に抵抗があった。そこで，前年にA社を退職していた元従業員であるBであれば信頼でき，またA社の実情にも精通しているので業務も進めやすいだろうと考え，Bに頼み込み，社外取締役に就任してもらうことにした。そして，共同創業者2名にBを加えた取締役3名にて取締役会を組織し，引き続きIPO準備を進めることにした。

44　第Ⅱ章　コーポレートガバナンス

問題の所在

　A社の場合，共同創業者2名のうち1名が他にも本業を有しており，業務執行取締役としての実態がほとんどないという点は，IPO準備会社として問題である。上場会社としてのコーポレートガバナンスにふさわしい体制として，役員には公正，忠実かつ十分な職務の執行を損なう状況でないと認められる必要があり，取締役としての稼働実態がない，いわゆる名目取締役については，上場審査上，ネガティブに評価される可能性が高い。これを補うに足る取締役人員が他にも選任されていれば別論だが，A社の場合，取締役会に必要な員数3名しかいないため，ガバナンス体制として不十分といわざるを得ない。

　また，A社が社外取締役として招聘したBは，前年にA社を退職した元従業員とのことである。前記のとおり，社外取締役には社内の利害関係やしがらみにとらわれない立場にあることが求められるのであり，その資格要件も法定されている。Bについては前年にA社を退職したばかりとのことであるから，就任前10年間に業務執行取締役等でないこと（会社法2条15号イ）との要件に抵触するため，社外取締役として不適格である。当然ながら東京証券取引所の独立性基準も満たさないし，コーポレートガバナンス・コードが独立社外取締役に対して求める役割・責務（原則4-7）を担うのにも適合しない。

改善ポイント

(1) ケーススタディへの対応

　名目取締役となっている共同創業者については，早急に常勤可能な他の取締役に交代するか，実態に即して非常勤取締役であることを明確にしたうえで，会社の事業規模や業種業態に照らして常勤1名体制ではコーポレートガバナンス上不十分と判断される場合には，常勤可能な取締役を新たに選任すべきである。

　社外取締役としてもBは不適格であるから，早急に社外要件を満たす（東京証券取引所が定める独立性基準にも適合する）人材を新たに社外取締役として選任すべきである。IPO実務では，東京証券取引所規則やコーポレートガバナンス・コードでも独立社外取締役の選任が要請されていることを踏まえ，主幹

事証券会社から上場申請前に社外取締役の2名選任を求められる。

(2) 取締役の構成

　一般に株式会社の取締役は，会社法において一定の欠格事由が定められている以外には（会社法331条1項各号），特段の資格要件は設けられていない。

　一方，IPO準備会社の役員（取締役，監査役等）については，会社が株式を公開し，パブリック・カンパニーとなることで，投資家を中心とした多くのステークホルダーに対する責任を果たすとともに，会社の持続的な成長と，中長期的な企業価値の向上を図るという職責を担うことになるため，その負託を担うに適当な人材であるかも重要となる。

　そのためIPO準備会社については，その役員が上記の欠格事由に該当しない場合であっても，上場会社としてのコーポレートガバナンスにふさわしい体制として，相互の親族関係，その構成，勤務実態または他の会社等の役職員との兼職の状況が，上場会社の役員としての公正，忠実かつ十分な職務の執行または有効な監査の実施を損なう状況でないと認められる必要がある（東京証券取引所が定める「上場審査等に関するガイドライン」Ⅱ3(2)，Ⅲ3(2)）。

　具体的には，業務執行取締役でありながら本業が別にあり，会社にはほとんど出社していない状況であったり（非常勤），そもそも取締役としての稼働実態が無い（名目取締役）ような場合には，上場審査上，ネガティブに評価される可能性が高く，取締役として適任とはいえない。

　これら不適当と認められる役員については，そもそも役員に就任させるべきではないし，すでに就任済みの場合には，早期の役員交代を検討すべきである。

(3) 社外取締役の関与

　会社のコーポレートガバナンスの実効性を高めるために，会社法では，会社の業務執行に従事せず，社内の利害関係やしがらみにもとらわれない「社外取締役」に，経営全般の監督機能や，会社と経営者その他の取締役との間の利益相反を監督する機能が期待されている。

　そのため会社法では，上場会社（正確には公開会社かつ大会社である監査役会設置会社であり，有価証券報告書等の提出義務のある会社）については，社

外取締役を置く義務が課されている（会社法327条の2）。

ここで「社外取締役」とは，株式会社の取締役であって，以下の要件のいずれにも該当する者をいう（会社法2条15号）。

属　性	要　件
当該株式会社	① 業務執行取締役等（※）でない（同号イ） ② 就任前10年間，業務執行取締役等でない（同上） ③ 就任前10年間に非業務執行取締役，監査役，会計参与になったことがある場合は，その就任前10年間，当該株式会社又は子会社の業務執行取締役等であったことがない（同号ロ） ④ 取締役・執行役・支配人その他の重要な使用人等の配偶者又は二親等内の親族でない（同号ホ）
子会社	① 業務執行取締役等（※）でない（同号イ） ② 就任前10年間，業務執行取締役等でない（同上） ③ 就任前10年間に非業務執行取締役，監査役，会計参与になったことがある場合は，その就任前10年間，当該株式会社又は子会社の業務執行取締役等であったことがない（同号ロ）
親会社等	① 会社の経営を支配している者（自然人に限る）（同号ハ） ② 取締役，執行役，支配人その他の使用人でない（同号ハ）
兄弟会社	業務執行取締役等でない（同号ニ）

（※）業務執行取締役，執行役，支配人その他の使用人（会社法2条15号イ）

(4) 独立役員（独立社外取締役）

東京証券取引所においては，上場会社に対し，1名以上の「独立役員」を選任するよう求めている（有価証券上場規程436条の2）。

ここで「独立役員」とは，一般株主と利益相反が生じるおそれのない社外取締役または社外監査役を意味する。会社法で定める社外役員以上に高度の独立性が認められる社外役員（下表に該当しない者）を置くことにより，一般株主保護の観点からの，上場会社にふさわしいコーポレートガバナンス体制の一層の強化を求めたものである。併せて東京証券取引所は，取締役である独立役員の1名以上の確保や，独立役員が期待される役割を果たすための環境整備，社外役員の独立性に関する情報の株主総会における株主への提供等を，会社の努力義務として定めている（有価証券上場規程445条の4～445条の6）。

東京証券取引所が定める独立性基準は，以下のとおりである。社外役員の社外性要件よりも広範であり，いずれかに該当すると独立役員として届け出ることができない（「上場管理等に関するガイドライン」Ⅲ5.(3)の2）。

> A．上場会社を主要な取引先とする者又はその業務執行者
> B．上場会社の主要な取引先又はその業務執行者
> C．上場会社から役員報酬以外に多額の金銭その他の財産を得ているコンサルタント，会計専門家又は法律専門家（当該財産を得ている者が法人，組合等の団体の場合には当該団体に所属する者）
> D．最近においてA～Cに掲げる者に該当していた者
> E．就任前10年以内のいずれかの時において，次のいずれかに該当していた者
>   (A) 上場会社の親会社の業務執行者又は業務執行者でない取締役
>   (B) 上場会社の親会社の監査役（社外監査役を独立役員として指定する場合）
>   (C) 上場会社の兄弟会社の業務執行者
> F．次のいずれかに掲げる者（重要でない者を除く。）の近親者
>   (A) 前Aから前Eまでに掲げる者
>   (B) 上場会社の会計参与（当該会計参与が法人である場合は，その職務を行うべき社員を含む。以下同じ。）（社外監査役を独立役員として指定する場合）
>   (C) 上場会社の子会社の業務執行者
>   (D) 上場会社の子会社の業務執行者でない取締役又は会計参与（社外監査役を独立役員として指定する場合）
>   (E) 上場会社の親会社の業務執行者又は業務執行者でない取締役
>   (F) 上場会社の親会社の監査役（社外監査役を独立役員として指定する場合）
>   (G) 上場会社の兄弟会社の業務執行者
>   (H) 最近において前(B)～(D)又は上場会社の業務執行者（社外監査役を独立役員として指定する場合にあっては，業務執行者でない取締役を含む）に該当していた者

　そして上場会社は，独立役員を確保し次第，独立役員の確保状況を記載した「独立役員届出書」を東京証券取引所に提出することが義務付けられている。

(5) コーポレートガバナンス・コードについて

　独立社外取締役については，コーポレートガバナンス・コードにおいても，具体的に以下の役割・責務を果たすことが期待されている（原則4－7）。
　① 経営の方針や経営改善について，自らの知見に基づき，会社の持続的な成長を促し中長期的な企業価値の向上を図る，との観点からの助言を行うこと

②　経営陣幹部の選解任その他の取締役会の重要な意思決定を通じ，経営の監督を行うこと
③　会社と経営陣・支配株主等との間の利益相反を監督すること
④　経営陣・支配株主から独立した立場で，少数株主をはじめとするステークホルダーの意見を取締役会に適切に反映させること

そして上場会社では，そのような資質を十分に備えた独立社外取締役を，少なくとも2名以上（プライム市場は取締役の3分の1以上）選任すべきとしている（原則4－8）。

(6) 今後も増していく社外取締役の重要性

このように今日では，上場会社において独立社外役員（取締役）の重要性は否応にも増しつつある。このような趨勢もあり，現在，東京証券取引所上場会社のうち，独立社外取締役を選任している会社は98.6％，独立社外取締役を2名以上選任している会社は実に85.4％に達している（東京証券取引所「コーポレート・ガバナンス白書2023」参照）。

2020年7月31日，経済産業省から「社外取締役の在り方に関する実務指針（社外取締役ガイドライン）」が公表された。これは，コーポレートガバナンスの実効性をより高めるうえで重要な役割が期待されている社外取締役について，その機能を発揮することができるよう，社外取締役としての役割や具体的な行動の在り方の他，会社側が構築すべきサポート体制や環境についての指針を示したものである。IPO準備会社においてもこのガイドラインを参照し，社外取締役によるガバナンス強化をより実質のあるものとするための環境整備に努めるべきである。

なお，プライム市場においては，取締役会の構成として3分の1以上の独立社外取締役の選任をコーポレートガバナンス・コードで求めている。すでに，東京証券取引所上場会社のうち，独立社外取締役が取締役会の3分の1以上を占めている会社は，69.2％に達している（東京証券取引所「コーポレート・ガバナンス白書2023」）。今後も一層，独立社外役員の選任が重要となっていく見込みである。

そのためIPO準備会社においても，役員の選定にあたっては，以上の会社法，

東京証券取引所規則、コーポレートガバナンス・コードの各内容を踏まえ、東京証券取引所の独立性基準を満たした、社外取締役および社外監査役の積極的な選任を検討する必要がある。また、選任後はそれに実質を伴わせるためのサポート体制や環境整備に努める必要がある。

▶▶ 応用Q&A

Q1　社外取締役については他社と兼任している人材も少なくないが、社外取締役の人選にあたりその点は考慮する必要があるのか。

A1　上場会社における取締役会には、コーポレートガバナンスの一環として、機動的な開催と迅速な意思決定を可能とする体制構築が求められる。社外取締役に他社との兼任により時間的制約が生じることは、その円滑な業務執行を阻害し、延いては取締役会の機動的な開催や迅速な意思決定の支障となる可能性がある。

　この点、コーポレートガバナンス・コードにおいても「取締役・監査役が他の上場会社の役員を兼任する場合には、その数は合理的な範囲にとどめるべきであり、上場会社は、その兼任状況を毎年開示すべきである」とされている（補充原則4-11②）。

　また、一部の議決権行使助言会社では、取締役の過剰な兼任については再任議案に反対推奨している[1]。

　そのため、兼任が直ちに支障となるものではないが、兼任数が過剰とならないよう人選時には留意すべきである。

Q2　社外取締役候補者から、就任にあたり責任限定契約の締結と、会社負担での役員賠償責任保険（D&O保険）を求められているが、これに応じても問題はないか。

1　議決権行使助言会社のグラス・ルイスは、その「2024 Benchmark Policy Guidelines」において、業務執行者については3社以上、非業務執行者については6社以上の上場会社にて、取締役または監査役を兼務する場合、基本的に当該役員の選任議案に反対助言するとしている。

A2 　　会社法上，会社は非業務執行取締役との間で，当該取締役が任務を怠った場合の会社に対する損害賠償責任について，その懈怠について善意かつ重過失がない場合には法定額に責任を限定する旨の契約（責任限定契約）を締結することが認められている（会社法427条）。これは，事前に役員責任の限度額を設定することにより，賠償責任に関する不安を除去することで，主として社外役員の人材確保をしやすくするためである。対象となる取締役については，社外取締役および非業務執行取締役である。具体的な法定限度額は，非業務執行取締役については役員報酬額等の2年分である。

　　このように責任限定契約は，社外役員の人材確保をしやすくするための制度であり，現に上場会社中，社外役員との間で責任限定契約を締結している会社の割合は実に9割超に上るとみられている。したがって，社外取締役を招聘するにあたり，責任限定契約を締結することには問題はない。

　　また，D&O保険についても，旧来より上場会社の多くが加入している。その保険料を会社が負担することについて，対象役員に対する経済的利益となり，給与課税の対象にならないかという点については国税庁が一定の条件下に給与課税を行わない旨を明らかにしており，また会社法改正においてD&O保険の定義や手続が明確化されているため，保険料全額の会社負担が適法に行える（会社法430条の3）。

　　したがって，この点の要請についても応じることは法的にも上場審査上も問題はない。ただし，モラルハザード回避の観点から，法定の取締役会決議に際しては社外役員の同意（賛成）も得るのが望ましい。一部保険会社においてもそれを契約条件とする場合がある点に留意が必要である。

▶▶ 確認テスト

問1：独立役員として東京証券取引所に届け出る取締役については，過去に会社の業務執行取締役等になったことが一切なければ，会社の主要な取引先の社長であっても問題はない。

問2：社外取締役については，他社の社外取締役の兼任は認められているが，他社の業務執行取締役を兼任することは一切認められていない。

解答1：× 過去に会社の業務執行取締役等になったことが一切ないことは社外要件を満たすが，会社の主要な取引先の業務執行者については東京証券取引所が定める独立性基準に抵触するため，独立役員として届け出ることはできない。

解答2：× 社外取締役については，兼任が認められていないわけではない。この点は，他社での立場（社外取締役か否か，業務執行取締役か否か）によって直ちに結論が異なるわけではない。ただ，他社の社外取締役を兼任することにより時間的制約が生じ，その円滑な業務執行が阻害され，取締役会の機動的な開催や迅速な意思決定に支障があってはならない。そのため，他社の業務執行取締役を兼任している場合には，社外取締役としての円滑な業務執行に支障ないか，慎重な見極めが必要である。

3 【取締役会】取締役会の運営

サマリー説明

◇ **取締役会の役割**

取締役会は，コーポレートガバナンス体制の中核をなす重要な機関であり，十分な資料に基づいた議論・検討と，業務運営上の重要な報告が適切に行われること，その過程を経た組織的な意思決定と業務執行の監督が求められる。

◇ **開催の頻度**

IPO準備会社における取締役会は上場会社と同様で月次で定例開催し，これに加えて必要に応じて臨時で開催するのが通例である。定例取締役会は，次の取組みに活かすため毎月できるだけ早く開催することが望ましいので，月次決算報告（予算比前月比，前年同月比など）の早期化が審査上も求められる。

◇ **議事の内容**

定例取締役会では，前月の月次決算と事業の状況について報告を行う。そのため，IPO準備会社においても予実管理は極めて重要であり，予算と実績との乖離が認められる場合には，その原因分析と適時かつ速やかな対応（業務執行の見直し，予算修正等）が重要となる。

その他の決議・報告事項については，会社法や主幹事証券会社の助言を参考にして内容を決めて，取締役会規程や職務権限規程等の諸規程において定めておくのが一般的である。

◇ **開催方法**

取締役会は実開催が原則であるが，出席役員についてはWeb会議システム等を利用した遠隔地からの参加も，一定の条件下で認められている。

また，取締役会についてはいわゆる書面決議・書面報告も認められている。ただ，議論が十分なされないまま重要事項が決議される可能性等があるため，

上場審査上好ましくなく，IPO準備会社においては極力控えるべきである。

◇　議事録

　取締役会を開催した場合，都度，議事録を作成しなければならない。上場審査のためにも，取締役の善管注意義務を果たしたことの証憑という観点からは，できるだけ詳細かつ正確に記録されることが必要である。少なくとも審議当日の状況について，①前提情報の適切な収集がなされ，②それによる事実認識に基づく意思決定の過程が合理的であることを把握できる程度には，具体的な記載と資料添付がなされるべきである。

◇　IPO準備実務でのよくあるケース

　IPO準備会社においても，直前々期よりも以前の時期では，ガバナンスが未整備で，取締役会も月次で開催できていない場合が少なくない。取締役会の決議・報告事項についても社内規程が未整備で，付議基準等も定まっておらず不安定で，網羅的にチェック・確認がなされていないため，場合によっては法定の決議・報告事項さえ漏らしている場合も少なくない。

　また，社外取締役が未選任であり取締役が社内だけの場合，スピードを優先して書面決議を多用している例も散見される。さらに取締役会議事録についても，適時に作成せず，開催からかなりの時間を経過してからまとめて作成するといった例も少なくない。中には，実際には開催をしていないにもかかわらず，開催をした"体"で議事録が作成されているケースもある。

　いずれもIPO準備会社としては不適当である。上場審査においては，少なくとも直前期および直前々期の取締役会議事録については審査対象となるので，改めて取締役会の開催スケジュールや付議基準等を見直すとともに，後日になって慌てて各議事録に不備がないか見直すといった事態とならないよう，日頃から適時適切な議事録作成を心掛けるべきである。

▶▶ ケーススタディ

　未上場会社であるA社は，大手メーカーの営業本部長と研究所プロジェクトリーダーが脱サラをして2名が取締役となって設立した自動運転を中核技術とするソフトウェア会社である。IPOに向けての準備を本格化するにあたり，主幹事を引き受けている証券会社から，上場申請には取締役会設置が必要との助言を受けたので，新たに取締役1名を選任して取締役会を設置した。
　A社としては今期を直前々期としたIPOスケジュールを想定していたが，まだ会社規模はそこまで大きくなく，各取締役は，事業の状況について不定期で開催される経営会議（部長以上で構成される合議体）でおおむね把握できていたので，取締役会は，会社法で取締役会決議が必要と定められた事項が発生した時にだけ，不定期で開催していた。
　ある時，A社が取締役会を開催しようとした際，取締役Bが急用で出社できなくなり，遠隔地から携帯電話で参加することになった。A社の会議室に置かれた固定電話にはスピーカー機能がなかったため，議長が受話器を耳に当て，携帯電話でBと通話しながらの状態で議事を進行した。Bは議長以外の出席者の声がよく聞き取れなかったが，議長の発言からやり取り内容を推測しながら議決権を行使した。

問題の所在

　上場会社においては，流動的な事業環境の変化等に即応できるように，取締役会を月次で定例開催するのが通例であり，IPO準備会社においても同様に月次開催が望ましい。A社はすでに直前々期に入っているとのことであり，そこでの取締役会の開催状況やその内容は審査対象となる。それにもかかわらず開催が不定期で，しかも法定決議事項が発生した時だけ開催するというのでは，月次の予実管理も十分行うことができず，上場審査上，不適当である。
　また，取締役会に取締役Bが遠隔地から参加すること自体は禁じられていないが，出席者が一堂に会したのと同等に適時的確な意見表明が互いにできる状態が確保されていることが必要である。本件では，取締役Bは固定電話を介して議長としかつながっておらず，議長以外の出席者の声がよく聞き取れなかったとのことであるため，出席者が一堂に会したのと同等に適時的確な意見表明

が互いにできる状態が確保されているとは評価し難い。

改善ポイント

(1) ケーススタディへの対応

A社は，IPO準備会社として（特に審査対象となる直前々期以降においては），取締役会は月次で定例開催する必要がある。

議事の内容についても，会社法が定める取締役会の決議事項はあくまで最低限の事項を列挙したものである。上場会社にふさわしいコーポレートガバナンス体制として，少なくとも月次決算の報告が行われて然るべきであるし，それ以外にも，各社の規模や業種・業態に応じて決議すべき事項について検討の上，取締役会や職務権限規程等の諸規程において定めるべきである。

取締役Bのように，取締役会に出席者が遠隔地から参加するに際しては，一堂に会したのと同等に適時的確な意見表明が互いにできるよう，スピーカー機能が付いた携帯電話等でのやり取りに切り替えるか，インタラクティブ性が確保されたWeb会議システムに切り替える等の対応をすべきである。

(2) 取締役会の役割

取締役会は業務執行に関する最高意思決定機関であり，取締役による業務執行の監督も担う（会社法362条2項参照），まさにコーポレートガバナンス体制の中核をなす重要な機関である。

また，欧米で主流のモニタリング・モデルを採用した監査等委員会設置会社を選択することもでき，その場合，執行と監督が分離されており，取締役会においては経営の基本方針の決定や業績評価，業務執行者の選解任しか行わず，日々の業務執行については業務執行者たる取締役に委ね，取締役会はその監督に徹することになる。

このようなコーポレートガバナンスの中核を担う取締役会においては，十分な資料に基づいた議論・検討と，業務運営上の重要な報告が適切に行われること，その過程を経た組織的な意思決定・監督が求められる。それらの十分な議論・検討がなされず，その運営が形骸化しているようでは，取締役会に求められる取締役の業務執行に対する監督機能も十分働かず，ガバナンスとして不適

当である。

(3) 開催の頻度

　会社法上，業務執行取締役は自己の職務執行の状況について，取締役会に対して3か月に1回以上の報告が義務付けられている（会社法363条2項）。そのため，取締役会についても最低3か月に1回の開催が必要と理解されている。

　ただ，上場会社にふさわしいコーポレートガバナンス体制の在り方としては，流動的な事業環境の変化等に即応できるよう，取締役会の機動的な開催と迅速な意思決定が求められる。そのため上場会社においては，取締役会は月次で定例開催されるのが一般的である。IPO準備会社においてもこれに準じ，毎月の開催を定例とし，必要に応じて臨時取締役会を開催する形をとるべきである。なお定例取締役会については，期首が始まる前に当該事業年度中の開催日を役員間で事前調整の上，確定しておくことが望ましい。

　開催時期については，毎月の月次決算の報告がまとまり次第，速やかに開催するのが通例である。その際，月次決算については遅くとも翌月10日頃までに確定させ，同15日までに定例取締役会を開催して月次決算の報告等を行うというのが通常の流れである。そのため，IPO準備会社においてもこのような月次決算スケジュールに対応可能な体制を整えるべく，上場会社に準じて定例取締役会は毎月10営業日までに開催することを目標にするのが望ましい。

(4) 議事の内容

　① 毎月開催される定例取締役会においては，前月における月次の業績と事業の状況についての報告を行う。

　　会社経営において予実管理が重要であることは論を俟たないが，とりわけ多くのステークホルダーを擁する上場会社においては，予実管理は極めて重要となる。上場会社においては，通期の業績見通しを毎年の決算発表時には継続的に公表する例が多いが，その後の進捗状況や事業環境の変化等に応じて業績予想の修正が必要となった場合，適時かつ正確にこれを行わなければならない。そのためには日頃から少なくとも月次単位で予算と実績の状況と，それに基づく将来見込みとを適切に毎月把握管理している

ことが必須となる。

　東京証券取引所の実質審査基準においても，予実管理の方法，業績予想等の修正の要否や修正が必要な場合にどのように修正するかが把握できる体制を構築していることが求められるとされている（東京証券取引所「2024新規上場ガイドブック（グロース市場編）」参照）。

　そのためIPO準備会社においては，毎月の月次決算報告を通じて，月次予算と実績の状況を把握し，また乖離がある場合はその原因分析と分析結果を踏まえた適時かつ速やかな対応（業務執行の見直し，予算修正等）を行うことが，非常に重要となる。

② 決議事項については，会社法上，取締役会での決議をする事項として以下が定められている（会社法362条4項）。

> - 重要な財産の処分及び譲受け
> - 多額の借財
> - 支配人その他の重要な使用人の選任及び解任
> - 支店その他の重要な組織の設置，変更及び廃止
> - 676条（募集社債に関する事項の決定）1号に掲げる事項その他の社債を引き受ける者の募集に関する重要な事項として法務省令で定める事項
> - 取締役の職務の執行が法令及び定款に適合することを確保するための体制その他株式会社の業務並びに当該株式会社及びその子会社から成る企業集団の業務の適正を確保するために必要なものとして法務省令で定める体制の整備
> - 426条（取締役等による免除に関する定款の定め）1項の規定による定款の定めに基づく423条（役員等の株式会社に対する損害賠償責任）1項の責任の免除

　報告事項についても，会社法上，利益相反取引や競業取引等をした取締役について，当該取引後遅滞なく当該取引についての重要な事実を取締役会に報告することを義務付ける（会社法365条2項）等，一定の事項について取締役会への報告義務が定められている。

　また，厳密には利益相反取引や競業取引等に該当しない場合でも，取締役会の承認を得て決定した重要な職務執行については，その後の執行状況等について取締役会に報告するのが一般的である。

③　各社共通の決議・報告事項以外について，その他の決議・報告事項は，各社の規模や業種・業態によってさまざまである。そのため，各社において自社の規模や業種・業態に応じて，必要と考える取締役会の決議・報告事項を検討の上，取締役会や職務権限規程等の諸規程において定めておくのが一般的である。

(5)　開催方法

①　会社法上，取締役会については実開催を原則として想定されている。会社法施行規則101条3項1号でも取締役会議事録の記載事項として「場所」の記載が求められている。そのため現行法下では，完全バーチャルでの開催は認められていないと解されている[1]。

　　ただ，取締役や監査役の全員が現実に出席することが必須というわけではない（上記同号でも「当該場所に存しない取締役…監査役…が取締役会に出席した場合における当該出席の方法を含む」と，異なる場所からの出席を想定した記載振りとなっている）。具体的には，電話会議システム，Web会議システム等を利用した遠隔地からの参加が可能とされている。とりわけ新型コロナウイルスその他感染症の流行等，多人数が一堂に会することが適切ではない特殊事情下においては，Web会議システム等を利用した遠隔地からの参加は有用である。

　　ただし，遠隔地からの参加については，それが形式的なものとならないよう，その利用するWeb会議システム等を通じて，出席者が一堂に会したのと同等に適時的確な意見表明が互いにできる状態（インタラクティブ性）が確保されていることが大前提である。

　　また，Web会議システム等の利用は非常に有用ではあるとしても，本来は例外的であることに留意が必要である。昨今の通信技術が目覚ましい進歩を遂げているとはいえ，万能ではなく，実出席に比べて役員間のコミュニケーションにはどうしても限界がある（例えば，通信環境が不安定

1　株主総会については，経済産業大臣及び法務大臣の確認を受けた上場会社については，その旨を定款に定めることにより，完全バーチャルで開催することができる（産業競争力強化法66条）。

な場合には，他者の発言や表情の把握に支障が生じかねないし，通信機器（パソコンやタブレット等）の狭い液晶画面を介したやり取りのみでは，大量の資料を確認しきれないといったことが考えられる）。そのため，やむを得ない理由がある場合を除いて，本来的には実出席が望まれるところであり，IPO準備会社においてもそのように心掛けるべきである。

② 取締役会については，会社法上，実開催をせず書面だけで行うことも認められている。

すなわち，取締役会設置会社では，その旨を定款で定めておくことで，取締役が取締役会の決議の目的である事項について提案をし，当該提案について取締役全員が書面等により同意し，監査役も当該提案について異議を述べなかった場合には，当該提案を可決する旨の取締役会の決議があったものとみなすことができる（書面決議。会社法370条）。

また，取締役等が，取締役および監査役の全員に対して取締役会に報告すべき事項を通知した場合には，当該事項を取締役会へ報告することを要しないとされている（書面報告。会社法372条1項。ただし，取締役の職務執行状況の3か月に1回の報告は省略できないので留意が必要である（会社法372条2項））。

これら書面決議や書面報告は，迅速な意思決定や状況把握という点ではメリットがある。ただ一方で，役員が一堂に会さないため，実質的な議論が十分なされないまま重要事項が決議されてしまったり，質疑応答の機会が十分なく重要報告の内容を把握しきれないとなる可能性があるため，コーポレートガバナンスの有効性確保の観点からは望ましい対応とはいえない。そのためIPO準備会社においては，書面決議，書面方法の利用については極力控えるべきで，やむを得ない理由がある場合のみの利用に限られるべきである。

(6) **取締役会議事録**

① 取締役会を開催した場合，そこでの議事について議事録を作成しなければならない（会社法369条3項）。議事録の具体的な記載事項については会社法施行規則101条各項に規定されている。

取締役会議事録は，当日の議事がどういった経過をたどり，どういった結果に至ったのか，その際にどういった意見が述べられたのか，また審議の前提としてどういった資料が提供されたのか等，審議の経過や報告内容を詳らかにし，それを記録として残すことにより（当日の提供資料についても別紙として議事録に添付するのが通常である），コーポレートガバナンスが適正に運用されていることの証憑とするものであるから，IPO準備会社においても取締役会開催の都度の作成が必須である。

　その記載内容について，会社法施行規則では単に「議事の経過の要領及びその結果」「意見又は発言の内容の概要」等とあるのみで，基本的には各社の裁量に委ねられている。ただ，上場審査においても審査の対象となるものである以上，できるだけ詳細かつ具体的に記載することが望ましい。

　監査法人も直前々期から監査手続の一環で閲覧を必ず求めてくるため，準備が必要である。

　なお，Web会議システム等を利用して遠隔地から参加した出席者がいる場合には，Web会議システム等を利用して参加した旨も議事録に記載する必要がある（会社法施行規則101条3項1号参照）。

②　取締役会議事録の作成時期については，取締役会終了後，記憶が薄れないうちに速やかにドラフトを作成し，出席取締役および監査役と共有することが望ましい。出席取締役および監査役においても，議事録ドラフトに記憶と異なる記載がある場合には，その旨を指摘して速やかに修正を求めるべきである。この点，当日の決議事項について取締役が異議を留めた場合であっても，その取締役会議事録にその旨の記載がない場合には，その決議に賛成したものと推定されることになるので留意が必要である（会社法369条5項）。

③　取締役会議事録には，取締役会に出席した出席取締役および監査役が署名，または記名押印をする（会社法369条3項）。前記のWeb会議システム等を利用して遠隔地から参加した取締役等についても同様である。

　会社から提供された議事録ドラフトについて出席役員全員の了解を得られた段階で，取締役会議事録を正本化し，出席役員全員の記名押印を得て完成させる。完成した議事録は，取締役会から10年間，本店に備え置かな

ければならない（会社法371条1項）。

なお，前記の書面決議（会社法370条）によった場合も，取締役会議事録の作成は必要となる（会社法371条1項）。

▶▶ 応用Q&A

Q1 取締役会の議事録作成にあたり，取締役の善管注意義務の観点から意識すべきことがあるか。

A1 取締役会議事録については，取締役が会社経営において然るべき善管注意義務を果たしたことの証憑を残すという意味もある。

すなわち，取締役は会社に対して善管注意義務を負う（会社法330条，民法644条）。一方で取締役には経営判断につき広範な裁量が認められている。具体的には，①経営判断の前提となる事実認識における不注意な誤りがなく，②当該事実認識に基づく意思決定の推論過程・内容が不合理なものでなければ，当該判断に基づく善管注意義務違反は認められないと解釈されている（いわゆる経営判断原則）。逆にいえば，①経営判断の前提となる事実認識（およびその前提となる情報収集）に不足があったり，②結論に至る意思決定の過程やその内容が不合理なものである場合には善管注意義務違反に問われる可能性があることを意味する。

その意味において，取締役会においてどのような資料が提供され（①），また当該資料に基づきどのような事実認識がなされ，当該認識に基づきどのような議論を経て，結論に至ったのか（②）ということが，後日，取締役が善管注意義務を果たしたか否かを評価するうえで重要なファクターとなり，それが記録された取締役会議事録は，極めて重要な証憑となる。

もとより逐語レベルの記載まで要するという趣旨ではないが，少なくとも上記①②の観点から，審議当日の状況を把握できる程度には，具体的な記載と提供資料の議事録への添付がなされるべきである。

Q2 取締役会の開催にあたり，役員全員がWeb会議システムを利用して参加した場合，議事録に記載すべき取締役会開催の「場所」はいずれと

考えるべきか。

A2　一般的には、議長が所在する場所を取締役会開催の「場所」として取締役会議事録に記載するものとされている。この点、公示されている場所以外で取締役会が開催された場合には、その場所の住所を取締役会議事録に記載すべきと考えられているが、議長が代表取締役の場合（通常そうである）、代表取締役の住所は登記事項として公示されているので（会社法911条3項14号）[1]、議長が自宅から参加している場合、取締役会議事録には住所の記載は必ずしも必要ないと考えられる。

　もっとも、議長が自宅から参加している場合であっても、会社の会議室にスタッフがおり、実参加を希望する出席者は会議室に参集することが予定されているような場合には、会議室をもって開催場所として整理することも考えられる。

▶▶ 確認テスト

問1：IPO準備会社においては、取締役会は月次で開催すべきであり、特段の決議事項がない場合であっても、少なくとも月次決算の報告はなされるべきである。

問2：取締役会にWeb会議システムを利用して遠隔地から参加した取締役がいた場合、出席者が一堂に会したのと同等に適時的確な意見表明が互いにできる状態が確保されていれば、実出席と実質的に異ならないから、取締役会議事録にも遠隔地から参加した旨を記載する必要はない。

解答1：○　上場会社としては、流動的な事業環境の変化等に即応できるよう、取締役会の機動的な開催と迅速な意思決定が求められるので、事業の状況等を適時的確に把握できるよう、取締役会は月次開催が通例である。IPO準備会社においてもこれに準じ、月次で開催することが上場審査上求められる。また、上場会社においては予実

---

[1]　令和6年10月1日施行予定の改正商業登記規則では、一定の要件の下、株式会社の代表取締役等の住所の一部を登記事項証明書等に表示しないことが認められている。

管理が極めて重要であり，毎月の定例取締役会では，前月の月次業績と事業の状況の報告が行われるべきとされている。IPO準備会社においてもこれに準じ，月次の定例取締役会においては月次決算の報告等が行われることが上場審査上求められる。

解答2：✕ 取締役会議議事録の記載事項について，取締役会が開催された場所に存しない取締役が取締役会に出席した場合には，当該出席の方法を記載することが求められている。加えて，遠隔地からの出席が認められるためには，インタラクティブ性が確保されていることが要件となるため，議事録には，当該Web会議システムについて出席者が一堂に会したのと同等に適時的確な意見表明が互いにできる状態が確保できていることを確認した旨を記載するのが通例である。

4 【監査役等】監査役会，監査等委員会

サマリー説明

◇ 監査役会の構成

　IPO準備会社においては監査役会の設置が必須である。監査役会は3名以上の監査役で構成され，その中から常勤監査役を最低1名選定しなければならない。また，取締役等の配偶者や二親等内の親族は，監査役として不適とされている。

◇ 社外監査役の関与

　監査役会設置会社においては，3名以上いる監査役のうち半数以上が社外監査役でなければならない。社外性の要件は，社外取締役の場合と同様，当該会社やグループ会社において現在取締役等でないこと等が求められる。

　また，東京証券取引所の独立性基準（P.47参照）を満たせば，独立役員として届け出ることができることも社外取締役と同様である。

◇ 監査等委員会

　IPO準備会社においては，監査役会に代えて監査等委員会を設置することも認められている。監査等委員は取締役会において議決権を有する点でより強固な監督機能の発揮が期待される他，いわゆるモニタリング・モデル（執行と監督の分離）にも適合的である。

　監査等委員会においては，3名以上の監査等委員のうち過半数が社外取締役でなければならないが，社外取締役とは別に社外監査役の選任も必要となる監査役会設置会社の場合に比べ，社外役員の人数を抑えることが可能というメリットもある。一方で，監査等委員でない取締役の任期が1年となり，また，会計監査人の設置が必須となる点に留意すべきである。

◇ 議事録等

　監査役会や監査等委員会において作成される議事録や監査調書は，コーポレートガバナンスの適正な運用の証憑としてだけでなく，その不備を見つけ是正する契機としても重要である。上場審査における審査対象でもあり，監査役会等による指摘事項は審査の際にも注視され，質問事項となる可能性が高いため，日頃からの内容の精査と是正対応が重要である。

◇ IPO準備実務でのよくあるケース

　IPO準備会社の中には，設立当初にコスト面や人数合わせで親族を監査役に置くという例が時折見受けられる。IPO準備会社において親族は監査役として不適格であるため，早急に適切な人材に交代する必要がある。

　特に重要となるのは，常勤監査役の人選である。監査役会を組織する前段階ではもちろん，社外監査役を追加選任して監査役会を組織して以降も，基本的には日々の監査業務は常勤監査役が担うことになり，監査役会議事録や監査調書も常勤監査役が作成するのが通常である。そこでの記載内容や指摘事項は以後の上場審査にも影響を及ぼす可能性があるため，常勤監査役の人選には特に慎重を期す必要がある。

▶▶ ケーススタディ

　未上場会社であるA社は，現在IPOに向けて準備中である。A社では会社設立当時，取引先の信用を得るためには取締役会設置会社の方がよいとの知人からのアドバイスを得ていたので，設立当初から創業メンバーであるB，C，Dの3名が取締役に就任して取締役会を設置していた。取締役会設置にあたっては監査役の選任が必要だが，当時は人材も資金もなく，株主も共同創業者3名の身内だけだったため，とりあえず名前だけということで，Bの配偶者であるB'を監査役に選任し，その旨も登記をした。ただ，B'はA社に出社したことは一度もなく，監査役としての稼働実態はなかった。

　A社は，IPOに向けての準備を本格化するにあたり，主幹事を引き受けている証券会社の担当者から，監査役1名では足りず，監査役会を設置する必要があ

るとの助言を受けた。

　A社としては，監査役会設置にあたり必要となる常勤監査役を選定するにあたり，常勤監査役については間違いない人物を選定したいと考え，A社が長年取引をして経理・会計全般を見てもらっている顧問の会計事務所に所属する会計士であるDに就任してもらうことにした。残りの監査役2名については，現在のBの配偶者B'に加えて，Cの配偶者であるC'を新たに監査役に選任することにした。

問題の所在

　IPO準備会社における監査役は，相互の親族関係等が，IPO準備会社の役員としての公正，忠実かつ十分な職務の執行または有効な監査の実施を損なう状況でないと認められる必要があり，取締役等の配偶者または二親等の親族に該当する場合は，有効な監査の実施を損なう状況であるとみなすとされている。そのため，共同創業者であり取締役であるBおよびCの配偶者であるB'およびC'は，監査役として不適任である。

　また，監査役会設置会社においては，3名以上いる監査役のうち半数以上は社外監査役でなければならない（会社法335条3項）。この点，Dは社外要件を満たすが（A社やそのグループ会社の取締役等ではなくその配偶者等でもない），B'およびC'はいずれもA社の取締役の配偶者であり社外要件を満たさないため，結局社外役員が1名しかおらず，監査役会に求められる半数以上が社外監査役の構成になっていない。

　さらに，IPO準備会社においては1名以上の独立役員を選任するよう求められているが，Dは社外要件こそ満たすものの，A社と長年取引をしている顧問の会計事務所所属の会計士であるため，その取引金額如何では，「上場会社から役員報酬以外の多額の金銭その他の財産を得ている…会計専門家（当該財産を得ている者が法人，組合等の団体の場合には当該団体に所属する者）」に該当し，独立性基準に抵触する可能性がある。

　なお，現在の監査役全員が常勤とはいえないことも問題となる。

改善ポイント

(1) ケーススタディへの対応

B'およびC'については監査役として不適格であるため，早急に他の適任の監査役に交代すべきである。Dについては社外監査役としての適格性に問題はないので留任可能であるが，その場合，新たに選任する2名のうち少なくとも1名については，社外要件および独立性基準をいずれも満たす監査役を選任すべきである。そして，1名は常勤監査役である必要がある。

これにより社外監査役が2名となるので監査役会の半数以上を社外監査役とすることができ，また少なくとも1名を独立役員に選任するとの要件も満たすことができる。

なお，Dを社外監査役として留任する場合，上場申請にあたっては，「新規上場申請のための有価証券報告書（Ⅰの部）」においてA社と取引等の利害関係があることを，「コーポレートガバナンス報告書」において，A社との関係性について適合する項目があること（その所属する団体が多額の金銭等を得ていること）を，それぞれ開示する必要がある。

(2) 監査役会の構成

① 監査役（会）は，取締役会による業務執行の意思決定や取締役による業務執行を適法・適正あらしめるべく，それらの活動に対する監査を担う機関である。監査役会は監査役3名以上で構成され（会社法335条3項），監査役1名による監査に比べて，組織的かつ効率的な監査が期待される。

具体的には，取締役等への随時ヒアリングを実施し，業務内容，執行状況について報告等を受け，あるいは重要な稟議書に目を通す等して，取締役その他経営陣による業務執行等が，法令等に照らして問題ないかを検討する。

なお，監査役会設置会社の場合，常勤監査役を最低1名選定する必要がある（会社法390条3項）。取締役その他経営者に対する監査を実効あらしめるためには，日頃からの継続的な情報収集と状況把握が不可欠であり，監査役全員が非常勤ではこれが困難であるためである。

② 人選について，会社法上，監査役については一定の欠格事由が定められている（会社法335条1項，331条1項各号）。加えて，IPO準備会社の監査役については，上場会社としてのコーポレートガバナンスにふさわしい体制として，相互の親族関係，その構成，勤務実態または他の会社等の役職員との兼職の状況が，IPO準備会社の役員としての公正，忠実かつ十分な職務の執行または有効な監査の実施を損なう状況でないと認められる必要がある（東京証券取引所「上場審査等に関するガイドライン」Ⅱ3.(2)，Ⅲ3.(2)）。さらに上記ガイドラインにおいては，監査役や監査等委員，監査委員その他これらに準じる者について，IPO準備会社の取締役，会計参与または執行役その他これらに準じる者の配偶者または二親等内の親族（血族および姻族）に該当する場合には，有効な監査の実施を損なう状況があるとみなすものとする旨，定められている（東京証券取引所「上場審査等に関するガイドライン」Ⅱ3.(2)，Ⅲ3.(2)）。そのような特殊な関係が被監査者と監査者との間に認められる場合には，情誼から何らかの便宜を図ったりすることが類型的に懸念され，適正な監査の実施が担保されているとは評価できないためである。そのため，取締役が自身の妻や親族を監査役等に就任させることもできない。

(3) 社外監査役の関与

監査役会設置会社においては，3名以上いる監査役のうち，その半数以上は，社外監査役でなければならない（会社法335条3項）。

ここで「社外監査役」とは，株式会社の監査役であって，以下の要件のいずれにも該当する者をいう（会社法2条16号）。

属　性	要　件
当該株式会社	① 就任前10年間，取締役，会計参与，執行役，支配人でない（同号イ） ② 就任前10年間に監査役になったことがある場合は，その就任前10年間，当該株式会社又は子会社の取締役，会計参与，執行役，支配人その他の使用人であったことがない（同号ロ） ③ 取締役・支配人その他の重要な使用人等の配偶者又は二親等内の親族でない（同号ホ）

子会社	① 就任前10年間，取締役，会計参与，執行役，支配人でない（同号イ） ② 就任前10年間に監査役になったことがある場合は，その就任前10年間，当該株式会社又は子会社の取締役，会計参与，執行役，支配人その他の使用人であったことがない（同号ロ）
親会社等	① 会社の経営を支配している者（自然人に限る）（同号ハ） ② 取締役，監査役，執行役，支配人その他の使用人でない（同号ハ）
兄弟会社	業務執行取締役等でない（同号ニ）

　監査役会設置会社において半数以上の社外監査役選任が求められている理由については，コーポレートガバナンスの実効性を高めるという観点から，取締役の業務執行を監督する監査役会にこそ，一層，会社や経営者その他の取締役とのしがらみや，社内の利害関係にとらわれない高度の独立性が求められるためである。

(4) **監査等委員会**

① 　IPO準備会社においては，上場会社にふさわしいコーポレートガバナンス体制確立のために，取締役その他経営者の業務執行を監督する，然るべき監督機関の設置が必須である。通常は監査役会がこれに当たるが，監査役会に代えて監査等委員会を設置することも認められている（会社法327条1項1号，有価証券上場規程437条2号）。

　　監査等委員会とは，業務執行を担わない社外取締役を中心に構成される合議体である。監査役とは異なり，監査等委員も取締役の1人として取締役会において議決権を有する点に特徴がある。監査役会では監査役は議決権を有しないため，取締役その他経営陣の業務執行に対する監督にはややもすると限界があったが，監査等委員として議決権を有することにより，取締役会の意思決定に関与することができるので，より強固な監督機能の発揮を期待することができる。

　　さらに業務執行を担わない監査等委員が取締役会への意思決定に関与するという点は，取締役会の構成員の大多数が業務執行に関与せず，経営の基本方針の決定や業績評価，業務執行者の選解任しか行わず，日々の業務執行については業務執行者たる取締役に委ねるという，いわゆる欧米で主

流の統治体制であるモニタリング・モデルへの移行にも適合的である。なお同様のモニタリング・モデルとしては委員会等設置会社も挙げられるが，委員会等設置会社の場合は指名委員会，報酬委員会，監査委員会をそれぞれ設置しなければならないため，実際に選択する会社は現状少ない状況にある。

　このように監査等委員会設置会社は，監督機能を強化させつつも，より使い勝手の良い統治体制として，いわば監査役会設置会社と指名委員会等設置会社の中間形態として設けられたものといえる。

② 　監査等委員会においては，3名以上いる監査等委員のうち，過半数が社外取締役でなければならない（会社法331条6項）。

　この点，監査等委員会設置会社には，社外役員の人数を抑えることができるというメリットもある。すなわち，監査役会設置会社の場合，取締役会の構成員として社外取締役を少なくとも1名（コーポレートガバナンス・コードもコンプライするなら少なくとも2名）選任し，それとは別に監査役会の構成員として社外監査役を少なくとも2名（最低3名が必要となる監査役会のうち半数以上を社外監査役としなければならないため）を選任する必要があり，計3（4）名の社外役員を選任しなければならない。

　これに対し，監査等委員会設置会社の場合，監査等委員会の構成員の過半数を社外役員とする必要はあるが，あくまで身分は（社外）取締役であるため，監査等委員である社外取締役を選任することで，取締役会の構成員としての社外取締役の選任も同時に満たすことができるため，（その当不当は別として）社外役員の人数は2名だけで一応足りることになる。

　その他，監査役会設置会社は欧米には馴染みが薄い制度であるのに対し，監査等委員会はモニタリング・モデルの一種ということで，海外機関投資家の理解も比較的に得やすいといわれている。そのため将来的に海外市場展開を視野に入れていきたいというIPO準備会社や海外機関投資家へのIRも積極的に展開していきたいというIPO準備会社にとっては，監査等委員会設置会社は選択肢の1つである（ただし，監査等委員会設置会社においては上場前から会計監査人の設置が必須になるため（会社法327条5項），資本金5億円以上の大会社を除き会計監査人の設置が必須ではない

監査役会設置会社（会社法328条１項参照）に比べ，コストと会社法上の手続負担がIPOする前に重くなることには留意が必要である）。

(5) 議事録等

　監査役会，監査等委員会いずれについても，合議体を開催する都度，議事について議事録を残し，また本店に所定期間備え置かなければならない（会社法393条２項，394条１項，399条の10第３項，399条の11第１項）。また，監査役（会）や監査等委員会は，実施した監査手続の内容やそこで発見した問題点等，監査業務の状況および結果について監査調書を作成する。それらの作成は基本的には常勤監査役や常勤監査等委員が担う。

　これらの各種議事録や監査調書については，上場会社としてふさわしいコーポレートガバナンス体制が適切に構築され，かつ適正に運用されていることの証憑というだけではなく，その過程で内部統制の不備が見つかればそれを速やかに是正する機会ともなるため，これらを適時に作成し，かつ業務執行側にも適時に共有されることは，IPO準備の関係でも非常に有益である。

　上場審査の関係においても，監督機関により作成された各種議事録や監査調書は当然ながら審査対象であり，そこでの監査役（会）や監査等委員会による指摘事項の内容は，上場会社にふさわしいコーポレートガバナンス体制の構築と運用が適正になされているかを評価するうえで特に注視される事項の１つである。当該指摘事項の詳細やその是正の状況等について，東京証券取引所からの質問対象となる可能性も高い。

　そのため，IPO準備会社においては日頃から，各種議事録や監査調書を適切に作成し，かつ執行側においても適時に内容を精査し，指摘事項があれば速やかに是正し，かつそれが是正されたかについての監査役（会）や監査等委員会による事後のモニタリング（経過観察）も受ける等の対応が重要となる。当然ながらそれらの議事録等は，適時に主幹事証券会社や監査法人とも共有し，内容や対応に問題がないかのチェックを受けるのが通例である。

▶▶ 応用Q&A

Q1　IPO準備会社における監査役の人選について，取締役等の配偶者は不適格とのことだが，逆にどういった属性の人材が監査役として望ましいか。

A1　コーポレートガバナンス・コードでは，監査役について，適切な経験・能力および必要な財務・会計・法務に関する知識を有する者が選任されるべきであり，特に，財務・会計に関する十分な知見を有している者が1名以上選任されるべきであるとしている（原則4-11）。

この点についてはコーポレートガバナンス・コードにおいて明文化される以前から実務的には言われてきたところである。現にこれまでも監査役の人選としては，会社経営経験者の他，財務・会計の専門家である会計士や，法務の専門家である弁護士が選任される例が多かった。

なお，これらの人材は元々社外の人材であり，東京証券取引所が定める独立性基準に適合する場合が多いため，独立社外監査役として選任されることが多い。

Q2　当社では内部通報制度の整備を検討しており，外部の法律事務所に通報窓口を依頼しているが，社内にも内部通報窓口を設置した方がよいと考えており，社外監査役を窓口とすることを検討しているが問題はないか。

A2　内部通報制度は，社内における法令違反等の問題を早期に発見し，または未然に防止することを目的とした制度であるが，通報を踏まえた調査やその結果判明した問題点の是正を通じて，会社の内部統制の見直しや改善を図る契機ともなり得るので，IPO準備会社にとっても有用な制度である[1]。

一般的に社内通報窓口は，管理部等に設置されることが多い。ただ通

1　改正公益通報者保護法（令和4年6月施行）により，常時使用する労働者の数が300名超事業者について，通報窓口の設置，通報者の不利益取扱いの禁止等の体制整備が義務付けられている。

報者，被通報者，管理部の人間がいずれも社内の人間であるため，通報者が通報した時点で通報者の身元がすぐに特定され，通報者が匿名を希望しても管理部が真に匿名を確保してくれるか，管理部と被通報者との関係性から被通報者側に情報が渡ってしまうことがないか等，「通報者の秘匿」が破られる懸念が常に付きまとう。

そのため近年では，社内通報窓口として監査役（特に社外監査役）を指定する例も多い。監査役であれば，同じ社内の人間とはいえ日頃から取締役や従業員の業務執行を監査するという立場にあり，被通報者を含めた業務執行側と健全な緊張関係にあるため，「通報者の秘匿」について一定の信頼を得やすい。さらに，社外監査役であれば監査役以上に独立的な立場にあるため，「通報者の秘匿」への信頼を一層確保しやすい。

例えば，社外監査役への通報段階では，通報の真摯さを理解してもらうために実名で通報しつつも，本人が希望すれば，実際に調査等を行う管理部への共有段階では，実名を伏せた匿名情報としてのみ共有するといった対応も可能である。「通報者の秘匿」に対する信頼確保は，内部通報制度を実効性あるものとしていくうえで重要である。

▶▶ 確認テスト

問1：IPO準備会社において監査役会はその半数以上が社外監査役である必要があり，独立性を備えている方が望ましいため，社内監査役となる常勤監査役は置かない方がよい。

問2：監査等委員会については，監査等委員会において必要となる過半数の社外取締役を選任すれば，取締役会において最低1名必要となる社外取締役の選任を果たしたことになる。

解答1：× 監査役会設置会社においては，常勤監査役として最低1名の選定が必須である（会社法390条3項）。なお，社外性と常勤性とはまったく異なる次元の概念であり，常勤になったからといって社外性が損なわれるわけではない。社外監査役が常勤監査役を務めることも可能である（現にそういった例は多い）。

解答 2：○ 監査等委員会においては，監査等委員においては過半数の社外取締役の選任が必要となるが，あくまで身分は（社外）取締役であるため，監査等委員である社外取締役を選任することで，取締役会の構成において必要となる社外取締役 1 名（コーポレートガバナンス・コードをコンプライするなら最低 2 名）の選任も同時に満たすことができる（プライム市場は除く）。

5 【三様監査】
三様監査

サマリー説明

◇ 内部監査人

　上場会社においては内部統制制度の整備が求められるが、その運用状況のモニタリング機関として、内部監査人は重要である。基本的に特定の部門の影響を受けない、社長直下に置かれた独立した部門（内部監査室等）が実施するのが一般的である。

　内部監査は広く会社全体を対象とし、①業務監査と②会計監査に大別される。監査結果については内部監査報告書を作成し、監査対象部門へのフィードバックと改善状況のフォローアップを行う。その結果については社長や取締役会にも速やかに報告し、内部統制の状況についての認識を共有する。

　IPO準備会社においては、1年以上の運用実績を残すために、直前期より前から導入されていることが一般的である。

◇ 三様監査

　内部監査、監査役等による監査、会計監査人による監査の各目的は三者三様であり、相互に連携により監査の実効性を高めることができる。一般的に、この3つの監査のことを三様監査という。各監査が重複する部分も少なくないことから、効率化の観点からも、互いの情報交換による情報の共有化等が重要である。三者とも別の視点から業務執行者のモニタリングや監査を行うため「三様監査」と呼ばれる。

◇ IPO準備実務でのよくあるケース

　IPO準備会社においては、内部監査はいわゆるプロフィット部門ではなく、監査役や監査法人による監査に加えて、さらに内部監査まで実施することの必要性は、なかなか理解されにくい。ただ各機関の監査目的は三者三様であり、それぞれ異なる目的の機関が相互に連携することにより監査の実効性を高める

ことができる。

　内部監査を実効あらしめるためには，内部監査室が直属する社長をはじめとした経営者と監査を受ける各社内部門の内部監査に対する理解と協力が不可欠である。内部監査に必要となる社内規程の整備はもちろん，内部監査の意義や必要性についての社内教育と協力体制の整備も重要である。

▶▶ ケーススタディ

> 　未上場会社であるＡ社は，飲食店のフランチャイズ事業を展開しており，目下，IPOに向けての準備を進めている。すでに取締役会を設置し，監査役を選任し，監査法人とも準金商法監査契約を締結している。
> 　Ａ社は，IPOに向けての準備を本格化するにあたり，主幹事を引き受けている証券会社の担当者から，内部監査規程を整備の上，内部監査室を設置するようにとの助言を受けた。
> 　Ａ社としては，会社はまだ小規模である上，すでに監査役を選任して業務監査を実施しており，監査法人にも会計監査を実施してもらっているので，さらに内部監査まで実施する必要はないと考え，内部監査室の設置を見送ることにした。

問題の所在

　監査役等と会計監査人による監査目的は，それぞれ取締役による業務執行の適法性・妥当性と財務諸表等の適正性にあるのに対し，内部監査室による監査目的は内部統制の実効性の検証にあり，それぞれ監査目的が異なる。したがって，他の二者が内部監査の目的や役割を全て満たすことはできない。

　Ａ社ではすでに監査役が選任され，監査法人とも準金商法監査契約を締結済みとのことであるが，上記のとおり監査目的が異なるため，これらの監査実施により，内部監査が不要となるものではない。

改善ポイント

(1) ケーススタディへの対応

　A社としては，内部監査の監査目的が，監査役等と会計監査人による監査目的とは異なることをよく理解し，速やかに内部監査規程等の諸規程を整備の上，内部監査室を設置すべきである。内部監査は会社全体が対象となるため，内部監査室については社長の直下に設けることが多い。

　A社はまだ小規模とのことであるが，独立した部門として設けることがリソース的に難しい場合には，他の代替手段により内部監査機能を構築することも認められている。東京証券取引所が公表している「上場審査に関するQ&A」においても，代替手段として，他部門に所属する人員を内部監査人として任命することや，内部監査業務をアウトソーシングすることが挙げられている。ただし，そのQ&Aによると，前者については当該人員が所属する部門を対象とした内部監査に際しては他部門の人員を新たに内部監査人に任命して実施させること（自己監査の回避），後者については内部監査業務をアウトソーサー任せにせず，社長等が内部監査の重要性を認識して主体的に関与することが重要であると説明されている。

(2) 内部監査人

　上場会社においては内部統制システムの整備が求められるが（会社法362条4項6号参照），それが予定通り実行されているかのモニタリングを担う機関として，内部監査人による内部監査制度が導入されている。

　内部監査は，経営者自身が会社財産の保全や適法かつ効率的な運営を担保するために行うものであるから，基本的に特定の部門の影響を受けない独立した部門（内部監査室等）が実施するのが望ましいと東京証券取引所が公表している「グロース市場事前チェックリスト」で説明されている。

　人員規模については会社の規模や成長ステージ等によりさまざまだが，新興市場への上場を目指すIPO準備会社においては，専従人員は1～2名のみという例も少なくない。

　会社全体の人数が少ない会社の場合，専従者を置くこともなかなか難しいの

で，複数の部門から1～2名ずつ人選して内部監査チームを編成し，それぞれが自部門以外をたすき掛けで監査することで独立性と実行性を実現することもあり得る。

内部監査の内容については，以下の2点に大別され，監査対象は広く会社全体に及ぶ。

① 業務監査（業務が規程通りに正しく遂行されているか）
② 会計監査（会計処理が規程や一般に公正妥当と認められた会計処理原則に準拠しているか）

内部監査を形式だけなく実質を伴ったものとするためには，監査の前提として，監査対象部門の業務内容に対する理解が必要となる。そのため，各部門の業務を実際に経験し，会社業務に精通している人材の中から任命されることが望ましい。

監査結果については内部監査報告書を作成し，指摘事項があれば監査対象部門にその旨を指摘し，改善状況についてのフォローアップを行う。またその結果については，社長や取締役会にも速やかに報告し，内部統制の状況についての認識を共有する。

内部監査制度は，上場審査上，少なくとも1年以上の運用実績があることが望ましく，IPO準備会社においては，直前期より前から導入されていることが一般的である。導入にあたっては，その実施についての権限と責任，要領等を定めた内部監査規程等の規程類の整備が不可欠である。

(3) 三様監査

内部監査と，監査役等による監査，会計監査人による監査は，以下のとおりそれぞれ目的が異なる三様監査といえる。

	監査範囲	監査目的
内部監査	業務監査・会計監査	内部統制の実効性
監査役等による監査	業務監査・会計監査	取締役による業務執行の適法性・妥当性
会計監査人による監査	会計監査	財務諸表等の適正性

このように三者三様の目的を持った機関が相互に連携することで，より監査

の実効性を高めることができる。一方，監査目的が異なるとはいえ，各監査が重複する部分も少なくない。そのため効率化の観点からも，互いの情報交換による情報の共有化や，他機関で実施していない領域を重点監査とする等，監査業務のウェイト付けも重要となる。

具体的には，内部監査人と監査役等とでは，例えば，毎月の定例取締役会の日程と併せて情報交換と協議の場を設ける。特に，内部監査における指摘事項があれば，その内容と改善状況のフォローアップ結果の共有は重要である。

内部監査人は会計監査人との情報交換と協議も適宜に行う。内部監査は業務監査にまで及ぶのに対し，会計監査人の所管は会計監査であるが，業務監査における指摘事項を通じて会計監査人による実査時の要確認事項のヒントが得られる場合もある。

コーポレートガバナンス・コードにおいても，外部会計監査人と監査役，内部監査部門（および社外取締役）との十分な連携の確保が求められている。

さらに，上場審査においても「監査」と名の付くものは徹底的に審査されるため，最重要項目である。

▶▶ 応用Q&A

Q1　内部監査室を設置するにあたり，内部監査ではどういった点に着目し，どのように内部監査業務を進めればよいか。

A1　内部監査の在り方については，一般社団法人日本内部監査協会が公表している「内部監査基準」と「内部監査基準実務指針」が参考になる。「内部監査基準」においては，内部監査の意義から，内部監査人に求められる能力，内部監査部門の運営方法，対象範囲，フォローアップの方法等の要点が示されており，「内部監査基準実務指針」においては，当該指針をより掘り下げた実務対応について解説されている。

▶▶ 確認テスト

問1：内部監査人については，監査の客観性を担保するために，外部の機関に実施してもらうのが望ましく，社長その他の社内関係者はこれに介入すべきではない。

問2：内部監査人，監査役，外部会計監査人はそれぞれ監査目的は異なるが，監査対象には重複する部分も少なくないため，互いの監査結果を共有しあう等して，効率化を図ることも有用である。

解答1：× 内部監査は本来，経営者自身が会社財産の保全や適法かつ効率的な運営を担保するために行うものであり，社長の直下に独立した部門を設けるのが一般的である。社内リソース等の事情から社外にアウトソーシングすることも許容されるが，アウトソーサー任せにせず，社長等の主体的な関与が重要である。

解答2：○ 内部監査は内部統制の実効性を，監査役は取締役の業務執行の適法性・妥当性を，会計監査人は財務諸表等の適正性をそれぞれ監査目的とするが，一方で監査範囲については重複する部分も少なくない。そのため，相互に情報交換等の連携により効率化を図ることが有用である。

6 【内部統制】
内部統制システムの構築

サマリー説明

◇ 内部統制システム構築の必要性

上場会社においては，会社財産の保全や，適法かつ効率的な業務運営に必要な内部牽制の仕組みとして，内部統制システムを整備することが求められている。大会社や監査等委員会については整備が義務的であるが（会社法348条4項，362条5項，399条の13第2項），東京証券取引所は，広く上場会社全般に対して，内部統制システムの適切な構築と運用を求めている（有価証券上場規程439条）。コーポレートガバナンス・コードにおいても，内部統制やリスク管理体制の適切な整備を取締役会に求めている（原則4-3）。

上場審査の関係でも，コーポレートガバナンスおよび内部管理体制が，企業の規模や成熟度等に応じて整備され，適切に機能していることが審査基準に挙げられている（有価証券上場規程219条等）。

このように内部統制システムの構築と適切な運用は，上場会社全般に求められる要請であり，上場申請時にも審査対象となる事項である。そのためIPO準備会社においても，上場審査に耐えられるだけの適切なコーポレートガバナンス体制確立の一環として，上場申請に先立って内部統制システムを構築し，適正な運用実績を積み上げるのが通例である。

◇ 内部統制システムの概要

取締役会設置会社において内部統制システムとして取り決めるべき具体的事項は以下のとおりであり，その制定には取締役会決議を要する（会社法362条4項6号，会社法施行規則100条）。

一　株式会社の取締役の職務の執行に係る情報の保存及び管理に関する体制
二　株式会社の損失の危険の管理に関する規程その他の体制
三　株式会社の取締役の職務の執行が効率的に行われることを確保するための体制

四　株式会社の使用人の職務の執行が法令及び定款に適合することを確保するための体制
五　株式会社並びにその親会社及び子会社から成る企業集団における業務の適正を確保するための体制
六　株式会社の監査役がその職務を補助すべき使用人を置くことを求めた場合における当該使用人に関する事項
七　前号の使用人の当該株式会社の取締役からの独立性に関する事項
八　株式会社の監査役の第一号の使用人に対する指示の実効性の確保に関する事項
九　株式会社の監査役への報告に関する体制
十　前号の報告をした者が当該報告をしたことを理由として不利な取扱いを受けないことを確保するための体制
十一　株式会社の監査役の職務の執行について生ずる費用の前払又は償還の手続その他の当該職務の執行について生ずる費用又は債務の処理に係る方針に関する事項
十二　その他当該株式会社の監査役の監査が実効的に行われることを確保するための体制

　これらを内容とした内部統制システムの整備についての決議内容の概要とその運用状況については，事業報告の記載事項とされている（会社法施行規則118条2号）。

　その他，内部統制システムの整備の状況については上場申請時の提出資料の1つである「新規上場申請のための有価証券報告書」（いわゆるⅠの部）の記載事項であり（コーポレートガバナンスの状況等の内容として記載する），上場後に適時開示されるコーポレートガバナンス報告書（有価証券上場規程419条）においても，内部統制についての基本的な考え方および整備状況が記載事項となっている（有価証券上場規程施行規則415条5号）。

◇　IPO準備実務でのよくあるケース

　内部統制システムは，会社法によりその主要事項について示されているものの，具体的にどのような制度設計にするかは，各社の規模や成熟度に応じてさまざまである。いわゆる「正解」がない制度であるため，IPO準備会社においてはややもすると形式的なルールを定めて満足し，十分な実運用を伴っていな

い例が時折みられる。

　また内部統制システムは，一度整備すれば完了という性質のものではない。一度整備した以降も，実際の運用状況をモニタリングしながら，システム構成自体が会社の実情や仕組みにそぐわない部分があれば，適宜システム構成自体を見直し，それが有効に機能しているかのモニタリングを再び行う等の，いわゆるPDCAサイクルを繰り返して，ブラッシュアップしていくべきものである。

　このことも踏まえると，申請前に少なくとも適正な運用実績を積み上げることも勘案し，内部統制システムの整備は遅くとも直前期には着手していることが望ましい。

▶▶ ケーススタディ

> 　A社は，インターネット広告事業を展開している未上場会社であり，数年内のIPOを目指し，社内体制の整備を現在進めているところである。
> 　A社の創業者兼代表取締役であり大株主でもあるBは，主幹事を引き受けている証券会社の担当者から，上場申請に際しては内部統制システムを整備済みであることが必要であり，また少なくとも1年程度の運用実績があることが望ましいため，早期に内部統制システムを整備するよう助言を受けた。
> 　ただ，Bとしては，A社はまだそこまで規模は大きくなく，社内のことは一通り自分の目が行き届いているし，役職員らも自分の指示には忠実かつ従順であり，異論を唱える人間はいないので，今すぐ内部統制システムを整える必要はない，1年程度の運用実績が必要なら申請期の期首までに整備すればよいと考え，現時点での整備は見送ることにした。

問題の所在

　内部統制システムは，上場会社全般にその適切な構築と運用が求められており，上場審査時においてもそのコーポレートガバナンスおよび内部管理体制が適切に整備され機能していることが審査対象である。そのため，IPO準備会社においても上場申請前から内部統制システムを整備し，運用実績を積み上げていることが必要となる。

ただし，何が適正な内部統制システムかは，各社の規模や成熟度等に応じてさまざまであり，一律に正解があるものではない。申請期の期首の時点での整備では，十分な運用実績を積み上げられない可能性がある。

　また，Bは創業者兼代表取締役にして大株主でもあり，役職員らもBの指示に忠実で誰も異論を唱えないとなると，役職員らについて会社財産の保全や適法な業務運営を確保することはできても，万一，代表取締役Bが個人的利益を優先してA社を危難にさらすような事態となっても，それを牽制する機能がなく，内部統制が効いておらず問題といえる。

　上場申請後，承認に至らなかった銘柄の中には，オーナー経営者に対する牽制体制の構築状況が不十分であるケースもあるようで，上場審査でこの点を非常に重視していることが窺える。

改善ポイント

　内部統制システムは，一度整備すれば完了ではなく，それ以降も実際の運用状況をモニタリングしながら，必要に応じてシステム構成自体を見直す等のPDCAサイクルを回しながらブラッシュアップしていくべきものである。

　運用実績についても，上記のプロセスを経て適正化された内部統制システムを前提に，積み上げていくのが適切である。そのためBが，申請期を運用実績を積み上げる期間と考えるのであれば，その期首には内部統制システムを適正化させておくことが望ましく，その整備は遅くとも直前期には開始していることが望ましい。

　また，内部統制システムは，会社財産の保全や，適法かつ効率的な業務運営の確保を目的とするものであるが，その統制対象には役職員だけではなく，代表取締役も含まれる。代表取締役Bの不適切な職務執行によりA社が危難にさらされるような事態が生じないようにするためにも，コーポレートガバナンスの観点から内部統制システムを構築し，代表取締役Bに対する適切な牽制機能を持たせることは有用である。

▶▶ 応用Q&A

Q1 IPO準備会社において，これまで各事業部にそれぞれ管掌取締役を選定していたが，そのうちの1人が急遽退任することになり，他に人員の余裕もないため，代表取締役社長が当該部門の管掌取締役を兼ねることにしたいが，上場審査上問題はないか。

A1 代表取締役社長が特定の事業部門の管掌取締役を兼ねることは，上場審査上望ましくない。代表取締役は本来，全事業部門を最終的に管掌する立場であり，特定の事業分門の管掌取締役を兼ねること（縦の兼務）は，その分当該事業部門における業務執行についての牽制機能が弱くなり，内部統制上好ましくないためである。

▶▶ 確認テスト

問1：内部統制システムについては取締役会で決議していれば足り，外部への開示は不要である。

問2：内部統制システムについては，上場審査上，単に整備するだけでは足りず，それが適正に運用されていることの実績までが求められる。

解答1：× 内部統制システムの整備の状況については上場申請時の提出資料（Ⅰの部）の記載事項であるし，上場後に適時開示されるコーポレートガバナンス報告書においても，内部統制についての基本的な考え方および整備状況が記載事項となっている。

解答2：○ 上場審査上，コーポレートガバナンスおよび内部管理体制が，企業の規模や成熟度等に応じて整備されているだけでなく，それが適切に機能していることも審査基準に挙げられており，適切に機能しているとの評価を得るためには一定期間の運用実績が求められる。

7 【組織的経営】社内規程の整備

サマリー説明

◇ 社内規程整備

IPO準備会社においては、それまでの属人的な経営から組織的な経営に移行するための内部管理体制を整える必要があり、その基礎となる社内規程類の整備とその運用および運用状況のモニタリング等が重要となる。

◇ 社内規程類の内容

社内規程類は、基本規程関係、組織運営関係、人事労務関係、業務管理関係、コンプライアンス関係等に大別される。具体的に整備する社内規程類の種別・内容については、会社の規模や事業内容、成長ステージ等によってさまざまであり、各社の実情に応じた規程整備を心掛ける必要がある。

◇ 社内規程整備の時期

社内規程類の整備をするだけでなく、整備後のモニタリングとブラッシュアップ期間も必要となるので、直前々期中には社内規程の整備と見直しに着手し、直前期に入る頃には実際の運用とその結果を受けて最終的な見直しを行える段階に至っていることが望ましい。

◇ IPO準備実務でのよくあるケース

IPO準備会社の場合、いざ社内規程類を整備しようとしても、一から内製するだけの十分な知見やノウハウがなく、他社の規程類や、証券会社等から提供を受けた雛型等を自社向けに修正しながら作成するという進め方がよくみられる。

ただし、会社にどのような社内規程類が適合するかは、会社の規模・業種・業態、成長度、業務フロー等に応じてさまざまであり、それら参考にした他社の規程類や雛型が、自身の会社に適合するとは限らない。ややもすると、会社

の実情に比べて重厚に過ぎたり，極めて非効率的な内容になっている場合も少ないので，安易な流用は慎むべきである。実際の業務フローと規程が合致していなければ，画餅となり，とても審査に耐えられない結果となる。

▶▶ ケーススタディ

> A社は，ソーシャルゲームの開発運営の単一事業を営む未上場会社である。A社は設立3年に満たない，従業員も十数名程度の小規模な組織であったが，創業間もなくリリースしたソーシャルゲームが大ヒットし，急速に業績を伸ばしている。それに合わせて人材も新たに20～30人の大量採用を予定しており，そのための知名度向上を目的としてIPO準備を進めており，主幹事証券会社も選定済みである。
>
> A社は，主幹事証券会社の担当者から，人材の大量採用により組織が大きくなるため，また上場審査対応としても，内部統制システムを整える必要があり，社内規程類についても早急に整備すべきとの助言を受けた。
>
> ただ，A社には社内規程類の整備を一から整えるだけの知見もノウハウもなかった。A社の代表取締役Bが，同じ経済団体に属している友人社長Cに相談したところ，Cが代表取締役を務めるD社の社内規程類一式の提供を受けることができた。D社は上場会社で，主要事業は冷凍食品製造，従業員数も1,000人超，国内外の多数の支店を有する等，A社とは規模も業態もまったく異なっていた。
>
> Bは，大量採用前に規程類は一通り整えておきたいし，上場会社であるD社の規程類であれば内容に間違いはないだろうと考え，提供された規程類を，そのまま社名だけを変えてA社の社内規程類に採用することにした。

問題の所在

A社はD社の社内規程類をそのまま採用することにしたが，D社は上場会社であり，会社規模もA社に比べて非常に大きいことから，相応に重厚な規程類を整備しているものと考えられる。その上，A社とD社とは業種業態がまったく異なるため，A社にとっては無用なプロセス（例えば，在庫管理等）が組み込まれている可能性もある。

そのような社内規程類をA社に適用してしまっては，未だ十数人の従業員しかいないA社にとって，いたずらに重厚な制度設計になってしまい，また無用なプロセスやそのためのタスクが生じる等，内部管理が極めて非効率的になるか，規程通りの運用ができない等の問題が生じる可能性がある。

改善ポイント

(1) ケーススタディへの対応

具体的にどのような社内規程類を整備するかは，会社の規模や事業内容，成長ステージ・業務フロー等に照らしてさまざまである。各社の実情に応じた規程を整備してこそ，効率的かつ機能的な運用を実践することができ，延いては内部管理体制を実効性あるものとすることができる。

A社の場合，急成長しているとはいえ従業員数は未だ十数人規模で，大量採用するといっても20～30人規模にとどまる。事業もソーシャルゲームの開発運営の単一セグメントであり，そもそもD社とは業種業態が異なることも踏まえると，D社の社内規程類は明らかにミスマッチである。他社を参考にするのであれば，A社と同等規模の類似業種か，せめて規模は違っても類似業種を参考とすべきである（類似業種であれば社内規程類はおおむね似通ったものとなるから，後は組織規模のダウンサイズに応じた規程類の"間引き"（不要な規程類や条項の削除）で足りる場合が多いため，比較的参考にしやすい）。

とはいえ，類似業種であっても他社の規程類を参考にする以上，運用開始後に何らかのひずみが出てくることは避けられない。規程類自体にミスマッチな部分がある場合や自社特有の業務フローがある場合には積極的に規程類の見直しや追加を行い，A社の実態に適合するようブラッシュアップを図り，結果として自社独自の規程を完成させるべきである。

(2) 社内規程整備

IPO準備会社においては，上場審査上，上場会社にふさわしいコーポレートガバナンス，内部管理体制が整備され，かつ適切に機能していることが求められる（有価証券上場規程219条等）。

例えば創業間もないベンチャー企業の場合，創業者の強いリーダーシップが

事業成長の原動力として重要ではある。ただ創業者個人に依存することは経営や組織を不安定化するリスクを不可避的に伴うこととなり，パブリック・カンパニーたる上場会社の管理体制として適切とはいいがたい。

IPO準備会社においては，創業間もない時期にありがちな属人的な経営から，会社の成長に応じて，組織的な経営に移行していく必要があり，会社財産の保全や適法かつ効率的な業務運営を実現するための内部管理体制を整える必要がある。

具体的には，内部管理体制の基礎となる社内規程類の整備と，その適切な運用，それら運用状況の監査機関等によるモニタリング等を行っていくことが重要となる。また，これまで社内で慣行として処理してきたフローがある場合には，この機会に社内規程としての明文化を検討する。

(3) 社内規程類の内容

主要な社内規程類を以下に列挙する。ただし，具体的にどのような社内規程類を整備するかは，会社の規模や事業内容，成長ステージ等に応じてさまざまであるから，各社の実情に応じた規程整備を心掛ける必要がある。

基本規程関係	定款，取締役会規程，監査役会規程，株式取扱規程，規程管理規程
組織運営関係	業務分掌規程，職務権限規程，稟議規程，関係会社管理規程
人事労務関係	就業規則，賃金規程，人事考課規程，育児介護規程，社宅管理規程
業務管理関係	予算管理規程，経理規程，文書管理規程，印象管理規程，在庫管理規程，与信管理規程
コンプライアンス関係	内部監査規程，コンプライアンス規程，リスク管理規程，個人情報保護規程，内部取引防止規程，内部通報規程

(4) 社内規程整備の時期

社内規程類を整備する時期について，まず社内規程類も内部統制システムの一環であり，整備すれば完成という性質のものではない。内部監査室等において実際の運用状況をモニタリングしながら，会社の実情に適合しない点があれば適宜修正する等，PDCAサイクルで回しながらのブラッシュアップを行う。

具体的には，直前々期中には内部管理体制の整備を開始し，その一環として社内規程の整備と見直しに着手する。直前期に入る頃には最終的な見直しを行

い，適正化された社内規程類の上に適正な運用実績を積み上げていくことが，上場審査上，重要である。

なお，法改正や行政解釈の変更等によって規程類の変更が必要となる場合もあるので，法改正の動向等をキャッチアップする体制を整えることも大事である。

▶▶ 応用 Q&A

Q1　社内規程類は通常，取締役会において制定改廃を決議すると理解しているが，監査役会規程や監査等委員会規程についても同様か。

A1　社内規程類の制定改廃については，重要な業務執行の決定（会社法362条4項）として，取締役会にて決議するのが一般的である（なお各規程の制定改廃権限については，各規程中にも具体的に明記しておくのが通例である）。

これに対し，監査役会規程や監査等委員会規程については，それぞれ監査役会や監査等委員会自身において制定改廃を決議するのが通例である（各規程類においてもその旨を明記する）。監査役会や監査等委員会については，取締役その他経営者の業務執行に対する監査の実効性を保持するために高度の独立性が求められる。その一環として，各業務の遂行要領について定める各規程の制定改廃についても，取締役会と関係なく自律的に処理されるのが望ましいためである。

Q2　社内規程類の整備にあたり，特に優先度が高いものがあるか。

A2　社内規程類の整備の目的は，組織的経営の確立にある。そのため，まず基本規程関係と組織運営関係の整備から優先的に取り組むべきである。

また，社内規程類のうち人事労務関係についても留意が必要である。これらの規程類の整備により，結果として従来よりも労働者に不利益が及ぶような面があった場合，その内容次第ではいわゆる労働条件の不利益変更（労働契約法9条）に該当し，当該変更が無効となるリスクが生じる可能性がある。

このように人事労務関係の整備については，従業員が増えた後の変更

は不利益変更の問題が生じやすくなるため、会社規模が大きくなる前に、他の規程類に優先して取り組むことが望ましい。なお、就業規則の変更にあたっては労働者の過半数代表の意見聴取等も必要となるので留意が必要である（労働契約法11条、労働基準法90条）。

▶▶ 確認テスト

問1：社内規程類については、整備後も運用状況をモニタリングし、必要があれば規程類自体を見直す等の対応が必要である。

問2：IPO準備会社においては、社内規程類は整備されているに越したことはないが、経営も事業も創業者社長のカリスマ性とリーダーシップで順調に進捗している間は、上場後も引き続き創業者社長のリーダーシップに委ねた方が市場の評価を得られるはずであり、社内規程類による杓子定規な運用に切り替えるべきではない。

解答1：○　社内規程類についてはいったん整備すれば完了という性質のものではない。社内規程類を通じた内部管理体制を実のあるものとするためには、整備後の運用状況をモニタリングしながら、規程類に会社の実態にそぐわない点が生じてくれば、必要に応じて規程類を見直す等、PDCAサイクルを回しながらのブラッシュアップが大事である。

解答2：×　上場会社においてはパブリック・カンパニーにふさわしいコーポレートガバナンスと内部管理体制を構築し、それが適正に機能していることが求められるのであり、従来の属人的な経営から、組織的な経営への移行が求められる。いかに創業者社長にカリスマ性とリーダーシップがあるとしても、属人的な経営体制を保持することは、上場会社の内部管理体制としてふさわしいとはいえない。プライベート・カンパニーでなくなることでIPOに近付く。

8 【関連当事者取引】
関連当事者取引

サマリー説明

◇ 関連当事者

　上場会社においては，関連当事者との取引については類型的に不正の温床となり，企業実態の開示を歪め，企業内容の健全性を損なうおそれがあるため，取締役会等においてその取引内容を把握し，監視し，開示する仕組みを整える必要がある。

　関連当事者とは，親会社，子会社，関連会社，それらの役員やその近親者，主要株主やその近親者等，会社への支配関係や重要な影響力を有している者が該当する。関連当事者との取引については，対価の有無を問わず，関連当事者が第三者のために会社と行う取引や，会社と第三者間の取引で関連当事者が会社に重要な影響を及ぼしているものも含まれる。

◇ 関連当事者取引

　まず関連当事者取引の存在を適切に網羅的に把握する仕組みを整える。把握した関連当事者取引の妥当性については，①取引自体の合理性（事業上の必要性），②取引条件の妥当性の観点から検証する。

　関連当事者取引を監視する体制整備においては，組織的な対応による牽制機能の実効性確保と，また社外役員の関与による検証の透明性・客観性の確保が重要である。

　また，関連当事者取引の開示については，上場申請時の提出書類への記載を要する他，IPO後においても，その重要なものについて有価証券報告書や計算書類への記載を要する。

◇ IPO準備実務でのよくあるケース

　創業当初の企業規模が小さい頃は，資金繰りの関係で創業者個人が会社に貸し付けたり，会社の銀行借入れを創業者個人が連帯保証することが少なくない。

また，公私の区別や経営管理もそこまで厳格ではないため，創業者個人やその親族企業等との間で不明朗な取引関係がある例も時折みられる。

所有と経営が一致する非公開会社であればそのような取引が許容される場合もあるかもしれないが，多くの一般株主その他のステークホルダーを擁する上場会社となるのであれば，経営の健全性を確保する必要があり，その一環として創業者をはじめとした関連当事者との取引関係を把握し，監視し，必要に応じて取引条件を見直したり取引自体を解消したり，存在する取引が審査上も許容できるものについてはこれを開示する仕組みを整えることが必要である。

▶▶ ケーススタディ

　未上場会社であるＡ社は，Ｂが学生時代に創業した，ｅラーニングサービスを中核事業とするIT企業である。会社は順調に業績を伸ばしており，目下最短スケジュールでのIPOを目指している。主幹事証券会社も選定済みである。

　ところがＢは，学生起業の気安さもあり経営についてシビアに考えておらず，自宅マンションや自家用車をＡ社名義で購入し，Ａ社から破格に安い金額で賃借して使用しており，現在もその状態が続いていた。また，Ｂの配偶者が経営するＣ社との間でコンサルティング契約を締結し，毎月多額の顧問料を支払う等していた。なお，Ｃ社は契約当初こそ小まめにＢに対して経営に関する助言をしてくれていたが，Ａ社の経営が軌道に乗って以降，1年以上，助言等の稼働が一切ない状態が続いている。

　これを知った主幹事証券会社の担当者は，Ｂに対し，各取引関係は上場審査上マイナスであるため，早急に解消するよう求めた。しかしＢは，社長が会社の社宅に住むこと自体は禁止されていないはずだし，Ａ社の株式も自分が100％保有しており誰かに損失を与えているわけではないし，Ｃ社からもいつ再び助言を仰ぐことになるかもしれないなどといったことから，Ｃ社とのコンサルティング契約は継続する必要があると主張し，取引関係を解消しなかった。

問題の所在

　Ａ社の代表取締役および100％株主であるＢが，Ａ社から自宅マンションや

自家用車を賃借している関係は,「財務諸表作成会社の主要株主」および「財務諸表作成会社の役員」との取引として,関連当事者取引に該当する。C社とのコンサルティング契約についても,同社の経営者がBの配偶者であり,「財務諸表作成会社の主要株主…の近親者」および「財務諸表作成会社の役員…の近親者」との取引として,やはり関連当事者取引に該当する。

関連当事者取引の中でも,特に代表取締役および100％株主が関与する取引については,その社内ポジションの優位性の高さのために一般的に社内での牽制が効きにくく,類型的に不正につながる懸念があり,少なくとも上場会社になるためには,ふさわしい健全性を備えているとは評価し難い。

改善ポイント

(1) ケーススタディへの対応

A社から自宅マンションや自家用車を賃借している取引については,社長が会社からいわゆる社宅等を借り受けること自体が直ちに不正と評価されるものではない。ただ福利厚生として評価するにも限界があり,少なくとも破格に低廉な額で賃借している点は合理的な説明がつくとは考え難い。A社およびBが今後も賃借継続を希望するのであれば,少なくとも福利厚生等として認められる範囲(認められる可能性は極めて低い)での,世間一般の相場と同等の水準に賃借条件を見直すべきである。またその前提として,見直した賃借条件の合理性を担保するために,関連当事者取引に対する組織的なルールを整備すべきである(社外役員を含めた取締役会の承認を必須とする等)。

C社とのコンサルティング契約についても,1年以上一切の稼働がないという実情を踏まえると,もはや現在では取引を行うこと自体に合理的説明が十分つかないといわざるを得ない。速やかに取引を解消すべきである。いずれの取引も,合法的であっても審査上は公私混同とみなされ,プライベート取引の解消を求められる可能性が高いので直前々期になる前に極力見直しを検討すべきである。

(2) 関連当事者への規制

上場会社には,さまざまなステークホルダーが存在するパブリック・カンパ

ニーにふさわしい企業経営の健全性が求められる。その一環として、その健全性を損なうおそれが類型的に認められる関連当事者との取引について、ルール整備を行うことが必要となる。

コーポレートガバナンス・コードにおいても、関連当事者間の取引については、会社や株主共同の利益を害したり、そのおそれが生じないよう、取締役会において、取引の重要性やその性質に応じた適切な手続をあらかじめ定めてその枠組みを開示するとともに、その手続を踏まえた監視（取引の承認を含む）を行うべきとされている（原則1－7）。

この点はIPO準備会社においても同様であり、上場審査においても以下のような観点から、関連当事者との取引が審査対象となる。

① 企業内容、リスク情報等の開示の適切性

新規上場申請者の企業グループが、その関連当事者その他の特定の者との間の取引行為または株式の所有割合の調整により、新規上場申請者の企業グループの実態の開示を歪めていないか。

② 企業内容の健全性

新規上場申請者の企業グループが、その関連当事者その他の特定の者との間で、取引行為その他の経営活動を通じて、不当に利益を供与または享受していないか。

(3) 関連当事者取引の意義

「関連当事者取引」とは、会社と関連当事者との取引をいい、対価の有無にかかわらず、資源もしくは債務の移転または役務の提供をいう。関連当事者が第三者のために会社と行う取引や、会社と第三者間の取引で関連当事者が会社に重要な影響を及ぼしているものを含む（「関連当事者の開示に関する会計基準」）。

なお上場審査上は、直前々期以降の取引が審査対象になるとされている。

(4) 関連当事者の範囲

「関連当事者」とは、ある当事者が他の当事者を支配しているか、または他の当事者の財務上および業務上の意思決定に対して重要な影響力を有している

場合の当事者等をいい，以下に掲げる者をいう（「関連当事者の開示に関する会計基準」）。

①	親会社	他の会社等の財務及び営業または事業の方針を決定する機関を支配している会社等をいい，親会社の親会社も含まれる（「財務諸表等の用語，様式及び作成方法に関する規則」8条3項）
②	子会社	子会社とは当該他の会社等をいい，子会社の子会社も含まれる（同規則8条3項）
③	財務諸表作成会社と同一の親会社をもつ会社	兄弟会社等
④	財務諸表作成会社が他の会社の関連会社である場合における当該他の会社（その他の関係会社）並びにその親会社及び子会社	「関連会社」とは，会社等が，出資や，人事，資金，取引等の関係を通じて，他社等の財務，営業，事業の方針決定に対して重要な影響を与えることができる場合の当該他社等をいい，子会社を除く（同規則8条5項）
⑤	関連会社及び当該関連会社の子会社	
⑥	財務諸表作成会社の主要株主及びその近親者	・「主要株主」とは，自己又は他人名義で総株主の議決権の10％以上を保有する株主をいう（「関連当事者の開示に関する会計基準」5項(6)）
⑦	財務諸表作成会社の役員及びその近親者	・「役員」とは，取締役，会計参与，監査役，執行役又はこれらに準ずる者をいう（同基準5項(7)）
⑧	親会社の役員及びその近親者	
⑨	重要な子会社の役員及びその近親者	・「近親」者とは，二親等以内の親族（配偶者，父母，兄弟姉妹，祖父母，子，孫及び配偶者の父母，兄弟姉妹，祖父母等）をいう（同基準5項(8)）
⑩	⑥から⑨に掲げる者が議決権の過半数を自己の計算において所有している会社及びその子会社	
⑪	従業員のための企業年金（企業年金と会社との間で掛金の拠出以外の重要な取引を行う場合に限る。）	

なお，関連当事者の定義にいう「役員」には，狭義の役員だけでなくこれに準ずる者も含まれるとされている。会社内における地位や職務等からみて，実質的に会社の経営に強い影響を及ぼしていると認められる者も含まれるのであり，創業者等で役員を退任した者についても，上記定義に該当するかを実質的に判定するとされている（「関連当事者の開示に関する会計基準の適用指針」）。

(5) 関連当事者取引の検討

　関連当事者取引に関するルールとしては，まず関連当事者取引の存在を適切に把握することが第一である。事前対応としては，該当可能性のある取引についての承認・報告フローを整備し，事後対応としては，内部監査人や監査役等による監査項目とする等の対応が考えられる。

　把握した関連当事者取引の妥当性については，以下の観点から検証する。いずれかを欠く取引は，特定の者への利益供与が疑われ，会社経営の健全性の観点から問題がある。

① 取引自体の合理性（事業上の必要性）

　取引を行うこと自体に合理的な説明が十分つかない場合は，基本的に取引を解消する必要がある。

② 取引条件の妥当性

　合理的な説明が十分つかない取引条件の取引については，取引条件を見直す必要がある。

　なお，上記各点については，その後の状況等の変化によって評価が変わる可能性もある。したがって，関連当事者取引を継続する場合には，適時の状況把握と，状況等の変化に応じた見直し等を適切に行えるような仕組み作りが重要である。

　また，関連当事者取引を監視する体制整備においては，組織的な対応による牽制機能の実効性（取締役会の承認と報告等），また社外役員の関与による検証の透明性・客観性の確保といった点も重要である。

　ただし，形式的には関連当事者取引に該当する場合であっても，いわゆるBtoCサービスにおいて一消費者として利用したに過ぎない場合には，類型的に問題性が少ないので，事後的な検証でも足りる場合がある。

(6) 関連当事者取引の開示

　関連当事者取引については上場申請時の提出書類に記載することは前記のとおりである。また上場後においても，関連当事者取引のうち重要なものについては，有価証券報告書や計算書類においても注記としての記載が求められる（「連結財務諸表の用語，様式及び作成方法に関する規則」15条の4の2，「財

務諸表等の用語，様式及び作成方法に関する規則」8条の10，会社計算規則98条1項15号，112条)。

▶▶ 応用 Q&A

Q1　会社法に「利益相反取引」という用語が出てくるが，それと関連当事者取引とはどういった関係か。

A1　利益相反取引とは，取締役が自己または第三者のために会社と行う取引（直接取引），および会社が第三者間における会社と取締役との利益が相反する取引（間接取引）をいう（会社法356条2項・3項）。取締役と会社の利益が相反する点で，取締役が会社に対して負う忠実義務（会社法355条）が果たされるかについて類型的に懸念を伴うため，取締役会による承認を求めている（会社法365条1項，356条1項本文）。また，取引後遅滞なく，当該取引の重要な事実を取締役会に報告しなければならない（会社法365条2項）。

関連当事者は取締役以外による取引も対象とするのに対し，利益相反取引は取締役が直接または間接に関与する取引のみを対象とする点で，対象範囲は関連当事者取引よりは狭い。ただ，いずれも企業の健全性を損なう恐れがある取引を対象とする点で共通し，利益相反取引の大半（特に直接取引）は関連当事者取引にも該当する。その意味において，上記の利益相反取引に会社法上求められる取締役会の承認と報告は，上場会社に求められる関連当事者取引を監視する組織的な牽制体制の一場面としても位置付けられる。

利益相反取引について取締役会で承認するにあたり，当該取引において会社と利益相反関係にある取締役は，特別利害関係取締役に該当し，当該議決に加わることができない（会社法369条2項）。最終的な決議のみならず審議にも加わるべきでないとされており，当該取締役が議長である場合には議長も交代する必要がある。また，取締役会議事録においても，上記のような特別利害関係取締役の取扱いについて明記する必要がある。特別利害関係取締役の取扱いの不備は，会社法上は決議の有効性に影響しかねないし，議事録への記載を欠くと上場審査でも内部管理

体制の不備等として問題視される可能性があるため，留意が必要である。

Q2 有価証券上場規程には「特別利害関係者等」という用語も出てくるが，これと関連当事者との違いは何か。

A2 「特別利害関係者」とは，①会社の役員（役員持株会を含む），役員の配偶者および二親等内の血族や，それらの者が自己／他人名義で議決権の過半数を保有する会社やその関係会社およびそれらの役員のことをいう（「企業内容等の開示に関する内閣府令」1条31号イ）。これに，②会社の大株主上位10名，③会社が人事や資金，取引等を通じて実質的に支配している会社（人的関係会社）や議決権の20％以上を実質的に所有している会社（資本的関係会社）およびそれらの役員，④金融商品取引業者等並びにその役員，人的関係会社および資本的関係会社を含めて「特別利害関係者等」と定義される（「企業内容等の開示に関する内閣府令」1条31号）。

関連会社や関係会社の役員は「特別利害関係者」に含まれる一方で「関連当事者」には含まれないが，それ以外については「関連当事者」の定義とほぼ同様である。

「関連当事者」については，主としてその取引の合理性や妥当性が検証される。これに対し「特別利害関係者等」については，上場申請会社の株式が譲渡等された場合の情報開示が主である。具体的には，上場申請日の直前事業年度の末日から起算して2年前から上場日の前日までの期間において，上場申請者の発行する株式等の譲受けまたは譲渡（新株予約権の行使を含む）を行っている場合には，当該株式等の移動の状況を，「新規上場申請のための有価証券報告書（Ⅰの部）」に記載するものとされている。その際，価格の算定根拠についても記載する必要がある（有価証券上場規程施行規則266条）。

▶▶ 確認テスト

問1：関連当事者取引については，関連当事者が自ら会社と直接取引する場合

に問題となるのであり，関連当事者自身は当事者とはならず会社と第三者との間の取引に関わるだけであれば，関連当事者取引には該当しない。
問2：関連当事者取引については有価証券報告書等で開示を行う必要があるが，すべての取引を開示する必要まではなく，重要なものだけを開示すればよい。

解答1：×　「関連当事者取引」には，関連当事者が第三者のために会社と行う取引や，会社と第三者間の取引で関連当事者が会社に重要な影響を及ぼしているものも含まれる。
解答2：○　関連当事者取引のすべてについて開示することには限界があり，投資情報としても有意義ではないため，連結財務諸表規則（連結財務諸表の用語，様式及び作成方法に関する規則），財務諸表等規則（財務諸表等の用語，様式及び作成方法に関する規則），会社計算規則のいずれにおいても，関連当事者取引に関する事項のうち重要なものを開示すればよいとされている。

9 【その他】定款変更等

サマリー説明

◇ **定款変更の必要性**

　上場会社の定款については，会社法および金融商品取引法，上場会社として求められるコーポレートガバナンス体制の確立その他の東京証券取引所の自主ルールに適合するよう，定款変更を行う必要がある。

◇ **定款変更の内容**

　上場会社において行うべき定款変更の具体例としては，電子公告の採用，機関構成の変更，発行可能株式総数の変更，株式譲渡制限の廃止，株券不発行への変更，単元株制度の導入，株主名簿管理人の設置等がある。

◇ **投資単位の調整**

　上場審査の形式基準である流通株式数等を満たすために，株式分割を実施することが多い。その際に，発行可能株式総数の変更や単元株制度の導入も併せて実施するのが通例である。

◇ **定款変更等を行う時期**

　定款変更は上場申請の直前に行うのが通例である。ただし，定款変更によっては所定の期間を要する場合もあるので留意が必要である（例えば，株券不発行への変更）。

　また，株式譲渡制限の廃止により取締役，監査役がいったん任期満了となるため，これらの再任決議も会計監査人選任と併せて行う。

◇ **IPO準備実務でのよくあるケース**

　上記のとおり，定款変更は上場申請直前に行うことが多いが，この時期については，具体的な上場申請予定日をあらかじめ定め，そこから逆算して申請ま

でに必要となる各種タスクを洗い出し，申請予定日までの数か月間のスケジューリングを調整しなければならない。この期間中にこなすべきタスクについては，上場申請書類の作成，取締役会や株主総会等の準備やその運営，開催後の議事録の作成，証券会社や監査法人等との打ち合わせ等，数多くあり，かなりの過密スケジュールとなる。

IPOを目指す会社では，大半の役職員にとってこれらのプロセスは初めての経験となるので，過誤がないよう，タスクの洗い出しからスケジュールの策定，各種ドラフト等の内容チェック後，全般にわたって経験豊富な証券会社，信託銀行，IPOコンサルタント，監査法人，法律事務所等の助力を仰ぐことが大事である。

なお，IPO準備会社がVC等による出資を受けている場合，当該出資に際してVC等との間で投資契約等を締結している場合が少なくない。その場合，上場申請時に一部株主に対して特別な権利等を認める契約を締結したままでいることは，上場審査上，ネガティブに評価されるおそれがあるため，申請前に終了させるのが通例である（上場申請に伴い自動的に終了する旨を定めている投資契約書も少なくない）。

▶▶ **ケーススタディ**

> A社は，インターネット広告事業を展開している未上場会社である。株主構成は創業者兼代表取締役Bが過半数を占めているものの，その他，主要取引先やVCが数社株主となっているほか，創業時にBを応援してくれていた学生時代の友人等を中心に，個人株主も十数人いる。A社は株券発行会社であり，現に株主全員に対して株券を発行している。
>
> A社は長年の努力が実を結び，社内規程類等の整備も一通り完了し，いよいよ上場申請が目前に迫ってきた。A社は，主幹事証券会社の担当者から，上場申請に向けて定款も見直す必要があるとの助言を受け，具体的にどういった条項の変更が必要かのレクチャーも受けた。
>
> 主幹事証券会社の担当者は，株券発行の定めについても株券不発行に定款変更する必要があり，株主数も多いので早めに対応した方がよい旨助言した。ただB

は，定款変更の内容として譲渡制限の廃止も必要との話を聞いており，譲渡制限を早めに廃止してしまうと個人株主の一部が勝手に売却してしまうのではないかと懸念し，上場申請の直前にまとめて定款変更を行う前提で，上場申請までのスケジュールを立てることにした。

問題の所在

上場申請にあたっては株式譲渡制限の廃止が必要であるところ，確かに，株式譲渡制限の廃止を早めに実施してしまうと，株式譲渡にあたりA社の承認が不要となるため，上場申請までの間に一部株主が勝手に第三者に株式を譲渡してしまい，A社の知らないうちに株主構成が変動してしまう可能性がある。

ただ一方で，株券発行から株券不発行の定めに変更する場合，当該定款変更の効力発生の2週間前までに株券提供公告等を行わなければならない。仮に定款変更後に株券提供公告等を行う場合には，株券不発行の定めの定款変更の効力発生日はそこから2週間以上先に設定する必要があり，数日後の上場申請の時点では当該定款変更の効力が生じていないという状態に陥る可能性がある。

改善ポイント

(1) ケーススタディへの対応

上場申請の時点において定款変更の効力が生じていない点は，審査上のリスクである。この点，定款変更については審査期間終了までに手続を終えていればよいとはされている（東京証券取引所「2024新規上場ガイドブック（グロース市場編）」45頁）。そのため，上場申請時に定款変更効力が発生未了であっても，2週間経過後に発生見込みであれば直ちに不可ではないとも思われるが，定款変更の効力発生未了のままの上場申請というのは本来的ではない。上場審査がいわゆる減点方式であることを踏まえると，このようなイレギュラーな申請の仕方は極力回避すべきである。具体的には，上場申請日までに定款変更の効力を生じさせる前提で，株券不発行の定めへの定款変更手続（株主総会決議や株券提供公告）については余裕をもったスケジュールにて実施すべきである。

なお，上場申請に向けての定款変更は，一度の株主総会決議にて行わなければならないわけではなく，何段階かに分けて定款変更を実施しても問題はない。

したがって、株式譲渡制限の廃止は上場申請直前に実施することにし、株券不発行の定めへの定款変更を別の株主総会で先行決議することも可能である。

(2) 定款変更の必要性

上場（準備）会社における社内規程類整備の重要性については前述したが、そのすべての根幹をなすのが、会社にとっての憲法に当たる「定款」である。会社法では、各社の経営方針やニーズに応じて、意思決定機関の設計、発行する株式の種類、重要事項の決定方法、手続の省略等、会社の基本的なルールを定款の中で定めることが許容されている（定款自治）。

とはいえ、もとよりそこには一定の制約がある。会社法や金融商品取引法上の制約の他、上場審査基準において、上場会社にふさわしいコーポレートガバナンス体制の確立が求められているし、その他の東京証券取引所の自主ルール（有価証券上場規程等）においても、証券市場を安定化させかつ円滑に運営するために株式の内容や取扱い等について所定のルールが定められている。

そのためIPO準備会社においても、IPO準備の過程において、上場会社に求められるルールに適合するよう定款変更を行う必要がある。

(3) 定款変更の内容

上場会社において行うべき定款変更の具体例は、以下のとおりである。

公告方法の変更 （官報等の場合）	電子公告制度（会社法939条1項3号）を採用する必要がある。
機関構成の変更	取締役会、監査役会（又は監査等委員会、指名委員会等）、会計監査人の設置が必要である（有価証券上場規程437条）。
発行可能株式総数の調整	株式分割（後記）と併せて見直しを行うのが一般的。なお、公開会社においては発行可能株式総数が発行済株式数の4倍を超えてはならないので（会社法113条3項2号）、発行可能株式総数が多過ぎる場合にも調整が必要となる。
株式譲渡制限の廃止	株式の譲渡制限を行っていないことが必要である（有価証券上場規程205条（形式要件）11号、211条6号）。
株券不発行への変更 （株券発行会社の場合）	指定振替機関における取扱い対象である必要があり（有価証券上場規程205条（形式要件）12号、211条6号）、その前提として株券不発行制度の採用が必要である。
単元株制度の導入	上場時に単元株式数が100株となる見込みのあることが上場審査上求められる（有価証券上場規程205条（形式要件）9号、211条6号）。

単元未満株式の権利についての定め	単元株制度と併せて，単元未満株式の権利を明確化するために導入する。
株主名簿管理人の設置	東京証券取引所が認める株式事務代行機関の設置が必要である（有価証券上場規程205条（形式要件）8号，211条6号）。

(4) 投資単位の調整

　IPO準備会社が上場を申請するにあたり，流通株式数についての形式要件を満たさなければならない（有価証券上場規程205条2号ａ，211条2号ａ等）。また，上場会社の発行株式についての投資単位（1単位当たりの価格）が50万円以上である場合には，投資単位の引き下げに関する考え方や方針等を開示しなければならない（有価証券上場規程409条）。

　これらの基準等を満たすために，IPO準備会社においては，上場申請に先立ち，株式分割を実施することが多い。その際，併せて発行可能株式総数の変更や単元株制度の導入も実施するのが通例である。

(5) 定款変更等を行う時期

　定款変更を行う時期については，上場申請の直前に行うのが通例である。上記のとおり，上場申請にあたっては株式の譲渡制限の廃止が必要であるが，その廃止後，上場申請までの間に株式が譲渡され株主に異動が生じた場合，IPOの蓋然性が高い時期における譲渡は短期利得行為として問題視される可能性がある他，新たな株主について反社チェックも必要になる等，上場審査の支障となりかねないためである。

　そのため，定款変更については上場申請の直前に臨時株主総会を開催して決議するのが通例である。その際，株式譲渡制限の廃止により取締役，監査役がいったん任期満了となるため（会社法332条7項3項，336条4項4号），定款変更を受けた会計監査人の選任決議だけではなく，取締役および監査役の再任決議も行う必要がある点に留意が必要である。

　ただし，IPO準備会社が株券発行会社である場合には，定款変更効力発生日の2週間前までに株券提供公告等を行わなければならないので（会社法218条），その点も考慮したスケジューリングが必要である。

▶▶ 応用Q&A

Q1　上場申請に向けての定款変更については、すべて株主総会決議による必要があるか。

A1　定款変更のうち発行可能株式総数の変更と単元株制度の導入については、株式分割と同時に行う場合、株式分割比率の範囲内であれば株主総会決議によらずに変更することが認められている（会社法184条2項、191条）。そのため、発行可能株式総数の変更および単元株制度の導入については、上場申請に向けた定款変更の株主総会決議に先行して、取締役会決議で株式分割と併せて決議する例もある。

Q2　上場申請を行う前提で定款変更を実施し、株式譲渡制限の定めもすでに廃止していたが、主要取引先の不祥事により業績予想を大幅に見直すことになったため、上場申請を見送ることになった。この場合、どのような対応が必要か。

A2　上場申請をいったん見送ることになった場合、再度の申請を行うのか、行うとしてどのタイミングで行うかによって対応も変わってくる。ただ、少なくとも早急に行うべき対応として、再度、株式について譲渡制限の定めを設ける必要がある。再度の申請を予定している場合であっても、それまでの間、譲渡制限が廃止されたままでは株式譲渡が自由となり、会社による株主管理上支障が生じるおそれがあるためである。

具体的な手続としては、株主総会の特殊決議（議決権行使可能な株主の半数以上であって当該株主の議決権の3分の2以上の多数の賛成）が必要である（会社法309条3項1号）。また、譲渡制限を付すにあたり反対株主には株式買取請求権行使の機会を与える必要があり、効力発生日の20日前までに株主に対してその旨の通知をしなければならない（会社法116条1項1号）。

なお、IPO準備会社が株主であるVC等との間で投資契約等を締結している場合、上場申請時に契約を終了させることが通例であるが、上場申請を見送った場合、VC等と改めて協議し、VC等が希望する場合に

は投資契約の復活（再契約）等の対応が必要となる。

▶▶ 確認テスト

問1：上場申請に向けての定款変更は，まとめて一度の機会に行う必要はなく，数度の株主総会に分けて決議することでも差し支えない。

問2：上場申請に向けての定款変更を行った場合，新たに会計監査人を選任する必要があるが，取締役と監査役の地位に特に変更はない。

解答1：○ 上場申請に向けての定款変更は，上場申請までにすべて完了していれば足り，まとめて一度の株主総会で決議しなければならないわけではない。

解答2：× 上場申請に向けての定款変更の1つに株式譲渡制限の廃止があるが，この定めを廃止した場合，取締役，監査役もいったん任期満了となるため（会社法332条7項3号，336条4項4号），改めての再任決議が必要である。

コンプライアンス

人事労務
1. 人事労務管理
2. 労働時間管理
3. 固定残業代と年俸制
4. 管理監督者
5. 社会保険未加入
6. ハラスメント

反社会的勢力
7. 反社会的勢力の排除

その他
8. 景品表示法
9. 下請法
10. 個人情報保護法
11. 商標
12. インサイダー取引

1 【人事労務】人事労務管理

サマリー説明

◇ **規程類の整備・運用が重要**

人事労務分野における内部管理の問題としては，規程類の整備および運用が挙げられる。IPO準備会社としては，就業規則その他の規程類を整備し，これを適切に運用していく必要がある。

◇ **就業規則の作成・改定手続を理解する**

就業規則の作成・改定には，法律上所定の手続を経る必要があるため，その内容を適切に理解しておくことが肝要である。

◇ **IPO準備実務でのよくあるケース**

作成しておくべき規程類が作成されていない，作成した規程類が従業員に周知されていない，所轄労働基準監督署への届出をしないと効力が発生しないものについて，届出が漏れているといった例が挙げられる。

▶▶ **ケーススタディ**

> ソフトウェア等の開発を主な事業としているA社は，現在30名ほどの正社員を抱えている。就業規則は一応作成してはいるものの，インターネットで検索したひな形をそのまま使っている。また，36協定も従業員代表者との間で締結し，労働基準監督署に届け出ているが，その従業員代表者は，経営陣が指名した者に就いてもらっている。
> この度，IPOに向けての準備を開始することになったが，上記において何か問題となるところはあるか。

問題の所在

　A社において，就業規則は制定されているが，自社の実情に即した内容となっていない可能性があるため，内容を精査し，実情に合う内容に改正すべきである。また，36協定の締結当事者となる過半数代表者は，民主的手続により選出される必要があるところ，経営陣が指示した者では民主的手続により選出されたとはいえないため，改めて投票その他の方法によって過半数代表者を選出し直すことが必要である。

改善ポイント

(1)　ケーススタディへの対応

　A社は，就業規則の作成義務を果たしてはいるものの，インターネット上で見つけたひな形をそのまま適用しているとのことである。

　後記(2)のとおり，就業規則は，労働条件および労働者が就業上遵守すべき規律（服務規律）を定めるものであることから，本来その内容は各社各様となるはずである。特に，服務規律については，社内のルールとなるものであるから，実情に即した内容とすべきである。

　また，A社は，36協定の締結当事者となる過半数代表者を経営陣が指示した者としているが，後記(4)の許容されない例に挙げているとおりのやり方をしており，適切に選出されたとはいえない。そこで，改めて投票その他の方法によって過半数代表者を選出し直したうえで，36協定を締結し直す必要がある。

(2)　就業規則

　労働基準法や労働契約法において定義されてはいないが，一般的には，労働条件および労働者が就業上遵守すべき規律に関する具体的細目について定めた規則類の総称をいうとされる（東京地判平成29年3月28日労判1180号73頁）。

　したがって，「就業規則」と題する規程のみが法律上の就業規則に該当するわけではなく，「給与規程」「退職金規程」などの細則であっても，労働基準法89条各号の事項を定めたものについては，法律上の就業規則に該当することになる。

ちなみに、労働基準法89条各号の事項は、以下のとおりである。

> 1 始業及び終業の時刻、休憩時間、休日、休暇並びに労働者を2組以上に分けて交替に就業させる場合においては就業時転換に関する事項
> 2 賃金（臨時の賃金等を除く。以下この号において同じ。）の決定、計算及び支払の方法、賃金の締切り及び支払の時期並びに昇給に関する事項
> 3 退職に関する事項（解雇の事由を含む。）
> 3の2 退職手当の定めをする場合においては、適用される労働者の範囲、退職手当の決定、計算及び支払の方法並びに退職手当の支払の時期に関する事項
> 4 臨時の賃金等（退職手当を除く。）及び最低賃金額の定めをする場合においては、これに関する事項
> 5 労働者に食費、作業用品その他の負担をさせる定めをする場合においては、これに関する事項
> 6 安全及び衛生に関する定めをする場合においては、これに関する事項
> 7 職業訓練に関する定めをする場合においては、これに関する事項
> 8 災害補償及び業務外の傷病扶助に関する定めをする場合においては、これに関する事項
> 9 表彰及び制裁の定めをする場合においては、その種類及び程度に関する事項
> 10 前各号に掲げるもののほか、当該事業場の労働者のすべてに適用される定めをする場合においては、これに関する事項

(3) 労働基準法における就業規則に関する規律

① 作成・届出義務

常時10人以上の従業員を使用する企業は、就業規則を作成し、労働基準監督署に届け出なければならず（労働基準法89条）、これを怠っている場合には、罰則の適用を受けることがある（労働基準法120条1号）。

② 記載内容

前記のとおり、就業規則に記載すべき事項は、労働基準法89条に列挙されているが、このうち、1号から3号は「絶対的必要記載事項」であり、これが漏れていると就業規則の作成義務違反に問われることになる。3号の2から10号については、記載の制度を設ける場合に必ず記載しなければならない「相対的必要記載事項」である。

これらの必要記載事項の他、企業の理念や就業規則の適用範囲に関する規定

が設けられることがあるが、それらは「任意記載事項」とされる。

③　意見聴取

就業規則を作成または変更する場合、その事業場に、労働者の過半数で組織する労働組合がある場合はその労働組合の、ない場合は労働者の過半数代表者の意見を聴かなければならない（労働基準法90条1項）。

そして、作成または変更した就業規則を労働基準監督署に届け出るにあたり、労働組合または過半数代表者の意見書を提出する必要がある（労働基準法90条2項）。

④　周　知

作成または変更した就業規則は、㋐常時各作業場の見やすい場所へ掲示し、または備え付ける、㋑書面を労働者に交付する、㋒磁気テープ、磁気ディスクその他これらに準ずる物に記録し、かつ、各作業場に労働者が当該記録の内容を常時確認できる機器を設置する、のいずれかの方法によって労働者に周知しなければならない（労働基準法106条1項、労働基準法施行規52条の2）。社内LANによって労働者が必要な時に容易に確認できるようにする方法も可能であり（平成11年1月29日基発45号）、社内ポータルサイトなどに変更した旨および変更後の就業規則を掲載し、従業員向けに案内するといった対応を取ることもある。

(4)　労働者の過半数代表者

上記意見聴取の対象となる労働者の過半数代表者は、㋐管理監督者でないこと、㋑投票、挙手等の方法による手続で選出された者であり、使用者の意向によって選出されたものでないことが必要である（労働基準法施行規則6条の2第1項）。

そのため、候補者を定めたうえで回覧により過半数の信任を得る方法や職場ごとに代表者を選出し、その過半数の支持を得たことで選出する方法は許容されるが、使用者が一方的に指名する方法、親睦会の代表者や一定の役職者を自動的に代表者とする方法は許容されない。

(5) 労使協定

　労使協定とは、労働基準法その他の法規に基づき、その事業場に、労働者の過半数で組織する労働組合がある場合はその労働組合と、ない場合は労働者の過半数代表者との間で、使用者が締結する書面による協定のことをいう。この労使協定は、使用者の労働基準法上の義務を軽減し、かつ、同法上の刑事責任を免除する効果を持つため、重要な書類である。

　代表的なものとしては、時間外・休日労働に関する協定（いわゆる36協定）、賃金から法定控除以外の控除をする場合の労使協定（24条協定）などがあるが、前者は労働基準監督署への届出が必要とされるのに対し、後者は届出不要とされる。以下、代表的なものをまとめたので、参考にされたい。

協定名	根　拠	届出の要否
1か月単位の変形労働時間制に関する労使協定	労基法32条の2	要
1年単位の変形労働時間制に関する労使協定	労基法32条の4	要
1週間単位の非定型的変形労働時間制の労使協定	労基法32条の5	要
時間外・休日労働に関する労使協定	労基法36条	要
事業場外労働のみなし労働時間制に関する労使協定	労基法38条の2	要
専門業務型裁量労働制に関する労使協定	労基法38条の3	要
賃金から法定控除以外の控除をする場合の労使協定	労基法24条	否
フレックスタイム制に関する労使協定	労基法32条の3	否[1]
休憩の一斉付与の例外に関する労使協定	労基法34条	否
年次有給休暇の計画的付与に関する労使協定	労基法39条6項	否
育児休業及び介護休業ができない者の範囲に関する労使協定	育介法6条、12条	否
看護休暇及び介護休暇の適用除外者に関する労使協定	育介法16条の3、16条の6	否

▶▶ 応用 Q&A

Q1　時間外労働に罰則付きの上限が設けられたと聞いたが、その内容を教えてほしい。

---

[1] 清算期間が1か月以内の場合。1か月を超える場合（上限は3か月）には、届出が必要である。

A1　時間外労働の上限は，月45時間，年360時間とされ，臨時的な特別の事情がなければこれを超えることはできない。また，36協定で定めた時間が上記の上限内であっても，その時間を超えることはできない。他方，臨時的な特別の事情があって労使が合意する場合（＝特別条項による場合）でも，年6回を超えることはできず，年720時間，複数月平均80時間以内（休日労働を含む），月100時間未満（休日労働を含む）としなければならない。この上限を超えて労働させた場合は，6か月以下の懲役または30万円以下の罰金を科せられる可能性があることもあり（労働基準法119条），IPO準備に入る場合には直ちに是正しなければならない。

Q2　上場審査中に労働基準監督署の調査が入り，会社が指導や是正勧告を受けた場合，IPOスケジュールにどのような影響があるか。

A2　労働基準監督署による指導や是正勧告での指摘事項が，労働時間の算定方法など全従業員に影響をもたらすものである場合には，上場審査がストップするだけでなく，上場申請の取り下げにまで発展することがあり得る。労働基準監督署による指摘事項がそこまでのものではない場合には（例：一部従業員との個別紛争に端を発した若干の賃金未払など），会社として，その原因を把握できていることや適切な再発防止策を講じていることなどを証券会社や証券取引所に理解してもらうことで，スケジュールの遅延等にまで至らないこともある。

▶▶　確認テスト

問1：賃金規程も，法律上の就業規則に該当する。
問2：労使協定の締結当事者である労働者の過半数代表者は，管理監督者であってもなることができる。

解答1：○　賃金規程では，就業規則の絶対的必要記載事項である，賃金の決定，計算および支払の方法，賃金の締切りおよび支払の時期並びに昇給に関する事項を定めるため，法律上の就業規則に該当する。
解答2：×　管理監督者は，労働者の過半数代表者にはなることができない。

2 【人事労務】労働時間管理

サマリー説明

◇ **労働時間管理が最重要事項であることを理解する**

労働時間の意味を適切に理解するとともに，労働時間を適切に把握する仕組みを講じることが肝要である。労働時間を適切に把握することで，長時間労働そのものを防止できる上，把握した労働時間に基づき賃金を支払うことで，未払賃金の問題を解消することができる。

◇ **IPO準備実務でのよくあるケース**

労働時間を客観的な方法により把握はしているものの，記録と実情とに齟齬があり，その原因を把握していないケースや，一定時間未満（15分単位など）の端数を切り捨てる運用をしているケースが散見される。

▶▶ ケーススタディ

> ITシステムの開発等を行っているA社では，従業員の労働時間を，管理ツールを使って把握している。この方法自体は問題がないと思っているが，労働時間を把握する対象から，管理職と開発部署に所属する人員を除外している。このような取扱いは適切なのか。

問題の所在

上場審査では，労務管理について厳しくチェックされる。その中で，労働時間管理については，最重要事項といっても過言ではない。ここをおろそかにすると，長時間労働が発生したり，未払残業代が発生したりするため，企業にとって重大なリスクが残ることになる。また，上場審査において，この点の不

備を指摘されると，仕組みを改善したうえで，改善後の仕組みについて運用面の問題がないかをチェックする必要が生じ，IPOスケジュールに遅れが生じることは避けられない。そのため，労働時間管理については，上場申請に向けて，事前に十分な準備をしておく必要がある。

改善ポイント

(1) ケーススタディへの対応

　A社は，労働時間の把握に管理ツールを用いている。このような客観的な方法で各労働者の労働時間を記録することは，後記(2)のガイドラインの趣旨に沿うものである。なお，ツールによっては，15分単位や30分単位で記録されるものもあるが，実務上は1分単位で記録することが求められるため，単位時間は確認すべきである。

　他方で，管理監督者や開発部署に所属する労働者の労働時間を記録していないのは問題である。前記のとおり，これらの者であっても，会社として労働時間を把握しなければならないためである。

　したがって，A社は，速やかに管理監督者や開発部署に所属する労働者の労働時間を記録する体制に改める必要がある。

(2) 「労働時間の適正な把握のために使用者が講ずべき措置に関するガイドライン」[1]のポイント

　2017年1月20日，厚生労働省は上記のガイドラインを公表した。このガイドラインは，企業に対して，労働時間を適正に把握させ，過重な長時間労働や割増賃金の未払の防止を目的とするものである。主だった内容は以下のとおりである。

---

[1] https://www.mhlw.go.jp/file/06-Seisakujouhou-11200000-Roudoukijunkyoku/0000149439.pdf

労働時間の考え方
労働時間とは使用者の指揮命令下に置かれている時間であり[2]，使用者の明示又は黙示の指示により労働者が業務に従事する時間は労働時間に当たる。 　例えば，参加することが業務上義務づけられている研修・教育訓練の受講や，使用者の指示により業務に必要な学習等を行っていた時間は労働時間に該当する。
労働時間の適正な把握のために使用者が講ずべき措置
使用者は，労働者の労働日ごとの始業・終業時刻を確認し，適正に記録する。 【原則】 ・使用者が，自ら現認することにより確認すること ・タイムカード，ICカード，パソコンの使用時間の記録等の客観的な記録を基礎として確認し，適正に記録すること。 【やむを得ず自己申告制で労働時間を確認する場合（例外）】 ① 自己申告を行う労働者や，労働時間を管理する者に対して，労働時間の実態を正しく記録し，適正に自己申告を行うこと等について，十分な説明を行うこと。 ② 自己申告により把握した労働時間と，入退場記録やパソコンの使用時間等から把握した在社時間との間に著しい乖離がある場合には実態調査を実施し，所要の労働時間の補正をすること。 ③ 使用者は労働者が自己申告できる時間数の上限を設ける等適正な自己申告を阻害する措置を設けてはならないこと。さらに36協定の延長することができる時間数を超えて労働しているにもかかわらず，記録上これを守っているようにすることが，労働者等において慣習的に行われていないか確認すること。
賃金台帳の適正な調製
使用者は，労働者ごとに，労働日数，労働時間数，休日労働時間数，時間外労働時間数，深夜労働時間数といった事項を賃金台帳に適正に記入しなければならない（労働基準法108条[3]，労働基準法施行規則54条）。

　このガイドラインは，上記のとおり，割増賃金を適正に支払うことを目的としていたことから，管理監督者と裁量労働制等みなし労働時間制の適用者を除

---

[2] 最判平成12年3月9日労判778号8頁：三菱重工業長崎造船所事件
[3] これに違反した場合には罰則の適用を受けることがある（30万円以下の罰金。労働基準法120条1号）。

くすべての労働者を対象にするものとされていた。ただし，ガイドラインが適用されない者であっても，長時間労働を行わせないようにするなど，適正な労働時間管理を行う責務があるとしていた。

なお，2016年12月26日，厚生労働省は，「「過労死等ゼロ」緊急対策」[4]を公表し，その中で，違法な長時間労働を繰り返す企業に対して，都道府県労働局長による早期の是正指導やその事実を公表するとの方針を明らかにしている。是正指導や公表の対象となるか否かは，以下の基準により判断されるとしている。

---

① 社会的に影響の大きい企業（複数の都道府県に事業場を有している企業で，中小企業基本法に規定する「中小企業者」に該当しないもの）で，かつ，
② 違法な長時間労働（労働時間，休日，割増賃金に係る労働基準法違反が認められ，かつ，1か月あたりの時間外・休日労働時間が80時間を超えていること）が，相当数の労働者（1か所の事業場において，10人以上の労働者または当該事業場の4分の1以上の労働者）に認められ，このような実態が，「一定期間内に2事業場で繰り返されている」こと，または，「月100時間超と過労死・過労自殺が2事業場に認められた場合」

---

(3) 働き方改革関連法等による軌道修正

2019年4月1日より施行されている改正労働安全衛生法により，企業は，高度プロフェッショナル制度の適用対象者を除くすべての労働者を対象に，労働者の労働時間を把握することが義務付けられた。そのため，対象が拡大された現在では，企業は，管理監督者やみなし労働時間制の適用者の労働時間も把握しなければならない。また，近時，多くの企業でテレワークの導入が進んだことに伴い，厚生労働省は，「テレワークの適切な導入及び実施の推進のためのガイドライン」を公表している[5]。そのため，テレワークを導入している企業においては，この内容に即して労務管理を行う必要がある。

なお，これに限らず，厚生労働省はさまざまなガイドラインを公表し，各企業に法令を遵守するよう働きかけており，証券取引所もこれらのガイドライン

---

4 https://www.mhlw.go.jp/file/05-Shingikai-11201000-Roudoukijunkyoku-Soumuka/0000147158.pdf
5 https://www.mhlw.go.jp/content/000759469.pdf

の内容を注視しているところである。したがって，IPO準備会社においては，適時適切なタイミングでガイドラインの存在を把握することに努め，その内容に即した対応が求められる。

(4) 上場審査対応

労働時間管理については，上場審査における各種説明資料やⅡの部などの提出書類において，以下の各項目について説明する必要があり，その説明内容に沿って実態を詳細に審査されることになるため，これを意識した対応が求められる。

- 勤怠の管理方法及び未申告の時間外労働（いわゆるサービス残業）の発生防止のための取り組み
- 時間外及び休日労働並びにみなし労働時間制に係る労使協定の締結状況
- 最近1年間及び申請事業年度における部署ごとの各月の平均時間外労働時間の推移
- 最近1年間及び申請事業年度において，36協定に違反している従業員が存在する場合，当該従業員の時間外労働の状況
- 長時間労働の防止のための取り組み
- 最近1年間及び申請事業年度における従業員に対する賃金未払いの発生状況及びその後の顛末

▶▶ 応用Q&A

Q1　次のようなケースは，労働時間に該当するか。
　① 始業時刻前のミーティングの時間
　② 終業時刻後の勉強会の時間
　③ 自宅に持ち帰って業務をしていた時間
　④ 作業服に着替える時間

A1　① 業務との関連性のあるミーティングであるため，労働時間に該当すると考えておくべきである。
　② 労働者が自主的に行うものや，会社主導であっても参加を強制されないもの（不参加にペナルティが課されない）であれば，労働時間には該当しない。

③ 残業を事前許可制にしている中，上司の許可を得ずに行ったものについては，労働時間に該当しないと考えてよい。ただし，事前許可制が適切に実施されていないような場合には，黙示の残業指示があったとして，労働時間に該当すると判断される可能性はある。

④ 原則として，該当しない。ただし，作業服の着用が義務付けられている場合には，労働時間となる。

Q2　当社は，業務上必要な技能を習得させるため，従業員に研修への参加を義務付けている。その参加に先立ち，従業員には，一定期間の就労を約束させるとともに，その期間満了前に退職するような場合には，研修費用を返還させるとの合意を記した誓約書を提出させている。にもかかわらず，この研修の受講直後に，参加した従業員の1名が退職することを申し出てきた。当社は，この従業員に対して，上記の誓約書に基づき研修費用の支払を求めることはできるか。

A2　業務上必要な技能を習得させるための研修は，業務の一環であるというべきであり，その費用は使用者が負担すべきである。また，当該研修に参加させるにあたって徴求した誓約書における研修費用の返還合意は，労働基準法16条違反となる可能性が高い。したがって，研修費用の支払を求めることはできない。

▶▶ 確認テスト

問1：日々の労働時間の記録にあたり，15分未満を切り捨てることは可能である。

解答1：✕　日々の労働時間は1分単位で記録する必要がある。なお，1か月における時間外労働，休日労働および深夜労働の各々の時間数の合計に1時間未満の端数がある場合に，30分未満の端数を切り捨て，それ以上を1時間に切り上げることは，通達において許容されている。ただし，この場合も，30分未満の切り捨てだけを行うことはできず，30分以上を1時間に切り上げることとセットで行う必要がある点に留意が必要である。

3 【人事労務】固定残業代と年俸制

サマリー説明

◇ 固定残業代の適切な仕組みを理解する

固定残業代の仕組みが誤った理解のもとで導入されていることも少なくない。その場合は、かえって企業の負担となりかねないため、導入するのであれば適切な仕組みを構築する必要がある。

◇ 年俸制の導入は、割増賃金の支払を免れる理由とはならない

年俸制は、あくまで年単位で支給額を定めるものに過ぎず、年俸制であることを理由に割増賃金を支給しなくてよいということにはならない。

◇ IPO準備実務でのよくあるケース

固定残業代を導入しているものの、基本給との峻別がされていない、設定されている固定残業代の時間数が36協定の上限を上回る時間数に設定されている、実際の残業時間は固定残業代で設定している時間数を上回っているにもかかわらず、固定残業代以上の割増賃金を支払っていない、といったケースを目にする。

▶▶ ケーススタディ

A社は、不動産販売業を営んでいるところ、テレアポ業務に従事する者には固定残業代を導入している。具体的には、基本給に加えて職務手当との名称で30時間分の固定残業代を支払うこととし、賃金規程にもその旨を明記している。また、営業職の者にも固定残業代を導入しているが、こちらは80時間分の固定残業代を営業手当との名称で支払うこととし、賃金規程にもその旨を明記している。

他方、マネージャーなどの管理職に対しては、年俸制を導入しており、年俸と

して定めた額を12で割ったものを月々支払っている。就業規則上の所定労働時間は法定労働時間としているところ，管理職の者がこれを超えて勤務している実情があるのは把握しているものの，年俸額以上の賃金は支払っていない。なお，A社が労働者の代表者と締結している36協定においては，1か月当たりの残業時間の上限を45時間と定めている。

今後，A社がIPOに向けて準備を進めていくにあたり，上記の取扱いで改めなければならない点はあるか。

問題の所在

上場審査では，労務管理について厳しくチェックされるが，中でも未払残業代の解消は必須の論点である。そして，残念なことに，誤った理解のもとで残業代を支給している例やそもそも残業代を支払っていない例も一定数あるため，IPO準備に入るにあたり，まずもって取り組まなければならない問題である。

また，民法改正に伴い，未払残業代に関する消滅時効期間が，従来の2年から（当面の間）3年に伸長されたため，万一未払残業代の存在が発覚した場合に企業に生じる負担も大きい。この点からも，未払残業代が生じないような仕組みを構築する必要がある。

ケーススタディでは，①テレアポ業務に従事する者に対する職務手当は固定残業代として問題ないか，②営業職の者に対して支給している営業手当は固定残業代として問題ないか，③管理職に対して，残業代を支払う必要がないか，といった点が問題となる。

改善ポイント

(1) ケーススタディへの対応

ケーススタディにおいては，まず，テレアポ業務に従事する労働者に対して支給する職務手当は，基本給と区別されている上，賃金規程上固定残業代であることが明記されているとのことであるから，後記(6)の要件をいずれも満たすものといえる。

これに対し，営業職に従事する労働者に対して支給している営業手当も，同様に，後記(6)の要件をいずれも満たすものといえる。ただし，固定残業代とし

て設定されている時間数が80時間と，36協定の上限時間を超えており，かついわゆる過労死基準に当たる時間数が設定されている。このような固定残業時間数の設定は公序良俗に反し無効とした裁判例[1]もあるため，営業手当としての固定残業代における残業時間数は，36協定の上限時間まで引き下げる必要がある。

一方，管理職に対しては，残業代そのものを支払っていないとのことであるため，実際の労働時間が法定労働時間を超えている場合には，残業代を支払う必要がある。

(2) IPO準備会社の対応

繰り返しになるが，IPO準備会社が具体的準備に入るときに真っ先に対応すべきは，未払残業代の解消と新規発生の防止である。直前期までに未払残業代が発生しないような体制を構築すればよいなどと悠長に構えることなく，速やかに取り組むべきである。

例えば，n-2期の期初からIPO準備に入ることを予定しているのであれば，可能な限り，その期初までに新たな体制での労務管理をスタートし，同時に，未払残業代の清算まで終えておくべきであるが，少なくとも新たな体制での労務管理の運用期間として1年を確保すべく，遅くともn-1期の期初には新たな体制でスタートできるようにすべきである。

これに伴い，清算する未払残業代の期間は，新たな体制での労務管理開始時から遡って3年とみておくべきだろう。そうすることにより，IPO準備期間中に労働基準監督署から処分を受けたり，裁判を起こされたりすることを回避することができるからである。

(3) 固定残業代とは

法律上定義されたものはないが，一定時間分の法定時間外労働，法定休日労働および深夜労働に対する割増賃金を，基本給の一部として，または定額の手

1　札幌高判平成24年10月19日労判1031号81頁：ザ・ウインザー・ホテルズインターナショナル事件

当にて支給する制度を固定残業代制という。

　なお，固定残業代のことをみなし残業と呼ぶケースを見かけるが，残業時間を一定時間数としてみなすわけではないため，本書では，以下，一定時間分の割増賃金を定額で支払う仕組みを固定残業代と呼ぶこととする。

　企業は，労働者の労働時間を管理し，時間外労働等が行われた場合には，その時間に応じた割増賃金を支払わなければならない。そして，割増賃金（残業代）は，後記(4)のとおり，時間外労働をした時間に応じて算定されるので，その時間が長くなればなるほど，本来は金額がかさんでくる。そのため，だらだらと効率の悪い働き方をした場合であっても，時間外労働をした時間がある以上，その分の割増賃金を支払わなければならない。一方で，効率よく仕事をして定時で帰る人には割増賃金が支給されない。

　固定残業代制度を導入するのは，このような不公平を回避するためであることが多い。ただし，割増賃金や固定残業代の仕組みを正しく理解していないためか，文字通り残業代を固定化してしまい，実際に多くの時間外労働等をしていても，固定残業代以上の額を支払わないとするケースも残念ながら多いところである。

(4)　割増賃金の原則的な計算方法

　上記のとおり，固定残業代は一定額の割増賃金を支払うことであるが，そもそも割増賃金とは，1日8時間，1週40時間を超える時間外労働や法定休日労働（週1日の休日に労働すること），午後10時から翌日午前5時までの間の深夜労働をした場合に支払わなければならないものである。この割増賃金について，労働基準法は，平たく言えば，1時間当たりの単価（基礎賃金÷1か月の所定労働時間数）×時間外労働等の労働時間数×割増率で計算することを求めている。

(5)　固定残業代の仕組み

　固定残業代は，基本給に組み込んで支給する場合と手当として支給する場合とがある。基本給に組み込んで支給する場合でも，手当として支給する場合でも，正しく計算されていれば法律上は問題とならないし，上記の労働基準法に

基づく計算式でないやり方で計算するのでも構わない。判例上も、どのような形で、どのような計算で支払われようと、法律（労働基準法）に定める計算方法で計算した額以上のものが支払われている場合には問題とはならないとされている。

したがって、固定残業代が導入されている場合には、法律上計算される額以上のものが適切に支給されているかを確認する必要がある。

[固定残業代の例]

- 基本給組み込み型
  OK：月給25万円（20時間分の残業手当5万円を含む）
  NG：月給25万円（残業手当を含む）
- 手当支給型
  時間外労働の有無に関わらず、20時間分の時間外手当として5万円を支給する場合

(6) 固定残業代が適法となるための要件

固定残業代については、多くの裁判例で適否の判断が示されているところであるが、大枠を示すと要件としては以下になる。

① 固定残業代を採用することが、労働契約の内容となっていること
　就業規則や賃金規程において、固定残業代であることを明記したうえで、その就業規則等を労働者に周知する必要がある。

② 通常の労働時間に対する賃金部分と、固定残業代部分とが明確に区別されていること（基本給組み込み型）、あるいはその手当が割増賃金の支払に代えて支払われるものであることが明記されていること（手当支給型）
　基本給組み込み型でNGとして挙げたものは、まさしく月給のうちのいくらが残業代なのかが明示されていないためである。

企業が上記要件を満たす形で固定残業代制を導入していれば、固定残業代として支払った部分を1時間当たりの単価を計算するときの基礎賃金から除外できるし、事前に割増賃金として支払っているため、計算された割増賃金の額から固定残業代の額を控除することができることになる。

しかし、正しく導入していない場合には、割増賃金の支払とは評価されないため、1時間当たりの単価を計算するときの基礎賃金に組み込んで計算しなければならないし、計算された金額からも控除できないことになる。

つまり、下図のとおり、割増賃金計算の際の単価が引き上げられる上、改めて計算後の割増賃金の全額を支払わなければならなくなるというダブルパンチを受けることになる。

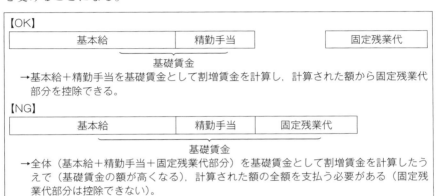

(7) **固定残業代の内容を上回る時間外労働等が発生した場合**

固定残業代は、あらかじめ一定時間分の割増賃金を支払うというものに過ぎず、固定残業代として明示した時間を上回る時間外労働等が発生したような場合や計算上固定残業代を上回る額の割増賃金が発生しているような場合には、当然その差額分を支払わなければならない。

もし、割増賃金の支払を怠った場合には、2020年4月1日以降に発生したものについては最大で過去3年分に遡って支払う必要がある。また、その支払の際には遅延損害金（年3％。退職者については年14.6％）も併せて支払う必要がある。これらに加え、裁判になった場合には、未払額と同額の付加金の支払を命じられる可能性もある（労働基準法114条）。

なお、2020年3月31日までに発生した割増賃金については、その時点での消滅時効期間である2年分遡る必要があり、遅延損害金については年6％を支払うことが必要になる。

(8) 年俸制における固定残業代

年俸制とは，1年当たりの給与の額を合意するもので，月給制との違いは，その単位が1か月か1年かというところにある。つまり，残業をした場合の計算方法も基本的には月給制の場合と異なることはない。

したがって，年俸額に固定残業代が含まれていることが明示されていない限り，法定労働時間を超える労働をした場合には残業代を支払うことが必要となる。

▶▶ 応用Q&A

Q1 当社は固定残業代を導入しているが，求人広告の際に注意しなければならないことはあるか。

A1 青少年の雇用の促進等に関する法律が2015年10月1日に改正され，時間外・休日労働や深夜労働の一定時間分を固定残業代として支払う制度を採っている事業主は，募集・採用にあたって固定残業代に関する労働時間数，金額等を明示することが義務化された。これを受け，公益社団法人全国求人情報協会所属の会員の求人メディアでは，同協会からの要請により，求人広告において，①固定残業代の金額，②その金額に充当する労働時間数，③固定残業代を超える労働を行った場合は追加支給する旨の記載をすることを求めている。

したがって，求人広告の内容において，上記①～③が漏れなく記載されているかを確認する必要がある。

Q2 当社の労働者には，一部年俸制を適用している者がいる。この者は，年俸640万円で，これを16等分した額を毎月支払い，夏期と冬期に賞与として各2か月分を支払っている。この者が残業をした場合の割増賃金算定の際に，賞与分を加味しなくてよいか。

A2 割増賃金算定の際の除外賃金の1つに賞与がある。もっとも，ここでの賞与とは，あらかじめ支給額が確定されていないものをいい，支給額が確定しているものは賞与とみなされない（昭和22年9月13日発基17号）。また，上記のような賞与は，労働基準法施行細則21条に定める「臨

時に支払われた賃金」にも「一箇月を超える期間ごとに支払われる賃金」にも該当しない（平成12年3月8日基収78号）。

したがって，賞与として支給している各2か月分を，割増賃金算定時の賃金額から除外することはできず，これを含めて算定する必要がある。

▶▶ 確認テスト

問1：割増賃金は，法律上定められた計算式に従って支払わなければならない。

問2：固定残業代が違法と評価された場合であっても，割増賃金の計算においては，その額を差し引いて計算することができる。

解答1：✕　割増賃金は，どのような形で，どのような計算で支払われようと，労働基準法に定める計算方法で計算した額以上のものが支払われていれば問題とはされない。

解答2：✕　固定残業代が適切に導入されていない場合には，割増賃金の支払とは評価されないため，1時間当たりの単価を計算するときの基礎賃金に組み込んで計算しなればならないし，計算された金額からも控除できない。

4 【人事労務】
管理監督者

サマリー説明

◇ **管理職＝管理監督者ではない**

　管理監督者については労働時間の規制が及ばないことから、その範囲は限定的に解すべきである。管理職＝管理監督者と誤解している場合には、その認識を改める必要がある。

◇ **管理監督者であっても、企業は労働時間を把握する必要がある**

　管理監督者には労働時間規制が及ばないものの、だからといって長時間労働をさせてもよいというわけではなく、過労死等に至らないよう、適切に労働時間を把握する必要がある。

◇ **IPO準備実務でのよくあるケース**

　役員を除く労働者数に占める管理監督者の割合が高いケースや、適正人数の管理監督者であっても深夜割増賃金を支払っていないケースはよく見かける。また、職務権限規程と実態とに乖離がみられ、規程上は管理監督者に相応の権限が付与されている旨規定されているものの、実態上は権限が付与されていないケースも稀にみられる。

▶▶ ケーススタディ

　通信機器の販売等を多店舗にて展開しているA社は、各店舗の店長を管理監督者として扱っており、店長が残業をしても、残業代を支払っていない。
　ちなみに、店長の1人であるBは本社の経営会議には参加しないものの、そこで決定した事項を伝達され、それを各店舗の従業員に伝えている。また、店舗ごとにアルバイトを採用することがあり、その一次面接をBが行っているが、採否

の最終決定権は本社にある。さらに、各店舗で必要な備品類は、1回の支払額が3万円以内であれば、B自身の判断で購入できるが、それ以上の金額となる場合には、エリアマネージャーや管掌役員の決裁を得ることになっている。
　店長Bは、管理監督者に該当するか。

問題の所在

　管理監督者とは管理職のことであると誤解しているケースは比較的多く、慎重に検討した場合、法律上の管理監督者に該当しない者まで管理監督者として扱っていることも多い。もし、管理監督者に該当しない者を管理監督者として扱っていた場合、潜在的には未払残業代の問題が残ることになる。そこで、A社における店長Bが法律上の管理監督者に該当するかを検証することとする。

改善ポイント

(1) ケーススタディへの対応

　管理監督者が法律上の規制の一部の適用を除外される趣旨（後記(3)参照）からすれば、それに該当する労働者はごく限られた存在になるはずである。特に、規模の小さいベンチャー・スタートアップの場合は、経営者のトップダウンで業務が進んでいくことが多いため、管理監督者に該当する労働者は皆無といっても過言ではない。

　他方、IPO準備に取り組むレベルの企業であれば相応の規模になってきているため、経営者と一体的立場にある労働者がむしろ一定数存在するはずである。もっとも、複数の支店を設けている場合の支店長については、後記(4)の多店舗展開に関する通達の要素も踏まえ、その労働者に与えられている権限、裁量等を実質的に評価する必要がある。

　例えば、全社レベルの運営方針を決定する会議（経営会議、営業会議など名称はさまざまである）に参加するポジションである、社内の権限規程において相応の権限が明確に付与されている、役職手当が支給されており、それを含めた賃金の総額が、残業代が支給される部下の賃金を上回る、といった状況があれば、管理監督者該当性を肯定する要素となり得る。

　面接等の採用手続に関与はするものの採否の決定には関わっていない、自分

の権限では備品購入等の会社経費を数万円レベルの少額の範囲でしか使えず，それ以上の金額となる場合は上司や経営者の決裁が必要である，役職手当など地位に関連する手当をもらっているとしても1万円などの少額にとどまる，といった状況があるのであれば，管理監督者該当性を否定する要素となり得る。

この点からすると，ケーススタディにおける店長Bは，管理監督者に該当しないと言わざるを得ないであろう。

(2) 管理監督者とは

労働基準法41条では，次のように規定されている。

> 第41条　この章，第6章及び第6章の2で定める労働時間，休憩及び休日に関する規定は，次の各号の一に該当する労働者については適用しない。
> 一　（略）
> 二　事業の種類にかかわらず監督若しくは管理の地位にある者（略）
> 三　（略）

2号の「監督若しくは管理の地位にある者」を実務上，管理監督者と呼んでいるところ，通達[1]上，労働条件の決定その他労務管理について経営者と一体的立場にある者をいうとされ，名称にとらわれず，実態に即して判断することとされている（昭和22年9月13日発基17号，昭和63年3月14日基発150号）。

(3) 管理監督者の判断基準

上記の各通達や裁判例などにより，具体的には，

> ① 事業主の経営に関する決定に参画し，労務管理に関する指揮監督権限を認められていること
> ② 自己の出退勤をはじめとする労働時間について裁量権を有していること
> ③ 一般の労働者に比してその地位と権限にふさわしい賃金（基本給，手当，賞与）上の処遇を与えられていること

といった基準によって，管理監督者該当性は判断される。

1　通達とは，行政機関（この場合は，厚生労働省または旧労働省）内部の文書で，上級機関が下級機関に対して，法令の解釈や見解等を示すものをいう。

この判断基準に該当する場合，その労働者には，労働時間・休憩・休日に関する規制の適用が及ばない。つまり，その労働者が時間外労働や休日労働をしてもその分に対する割増賃金を支払わなくてもよいことになる。

　ただ，管理監督者は，「労働時間の管理・監督権限の帰結として，自らの労働時間は自らの裁量で律することができ，かつ管理監督者の地位に応じた高い処遇を受ける」ことができるため（菅野和夫・山川隆一『労働法第13版』416頁），適用除外という効果を受けられるので，上記の判断基準に該当するか否かも，肩書や役職などの外形的事実だけでなく，その労働者に付与されている権限の内容や賃金の内容などの実態に即して判断する必要がある。

　なお，適用が除外されるのは，あくまで労働時間・休憩・休日に関する規制であって，深夜に関する規制の適用までは除外されない。そのため，管理監督者であっても，深夜労働をした場合には，それに対する割増賃金を支払わなければならない。

(4) 名ばかり管理職

　小売業や飲食業等において，相当数の店舗を展開して事業活動を行う場合，店長等の少数の正社員と多くのパート・アルバイトで運営されている実態があるが，この店長等について，十分な権限，相応の待遇等が与えられていないにもかかわらず，管理監督者として取り扱われるといった不適切な事案が横行した（名ばかり管理職の問題）。

　これを受け，厚生労働省は，「多店舗展開する小売業，飲食業等の店舗における管理監督者の範囲の適正化について」との通達（2008年9月9日基発0909001号）を出し，その判断基準等を整理している。その概要は，以下のとおりである。なお，以下「否定要素」とあるのは，これらの事項を満たさない場合には，管理監督者性が否定される可能性が特に大きいと考えられる事項を意味し，「補強要素」は否定される方向に傾きやすい事項を意味する。

1　職務内容，責任と権限についての判断要素
（否定要素） ・アルバイト・パートの採用に関する責任と権限が実質的にない

- アルバイト・パートの解雇に関する事項が職務内容に含まれておらず，実質的にもこれに関与しない
- 部下の人事考課に関する事項が職務内容に含まれておらず，実質的にもこれに関与しない
- 勤務割表の作成や時間外労働の命令を行う責任と権限が実質的にない

2　勤務態様についての判断要素

（否定要素）
- 遅刻，早退等により減給される，人事考課で負の評価をされている

（補強要素）
- 店舗への常駐，パート等の人員不足時にそれらの者の業務を自身で行うなどにより長時間労働を余儀なくされている
- 労働時間規制を受ける部下と同様の勤務態様が労働時間の大半を占める

3　賃金等の待遇についての判断要素

（否定要素）
- 時間単価に換算した賃金額が，店舗所属のパート等の賃金額に満たない

（補強要素）
- 基本給，役職手当等の優遇措置が，実際の労働時間数を勘案すると十分でない
- 年間の賃金総額が，当該企業の一般労働者の賃金総額と同程度以下

(5)　管理監督者の労働時間の把握

　管理監督者については，労働基準法上の労働時間等に関する規制が及ばない点は上記のとおりであるが，だからといって，企業が管理監督者の労働時間を把握しなくて済むわけではない。

　使用者（企業）は，管理監督者であっても，労働時間の状況を把握することが義務付けられるとともに（労働安全衛生法66条の8の3），月80時間を超える時間外・休日労働を行い，疲労の蓄積があって面接を申し出た労働者（裁量労働制適用者や管理監督者を含む）に対して，医師による面接指導を実施することが義務付けられたからである（労働安全衛生法66条の8，労働安全衛生規則52条の2）。

　長時間労働が健康障害発生のリスクを高めることになることから，この点の

遵守も必要である。

▶▶ 応用 Q&A

Q1　残業代を支給しなくても問題のない専門業務型裁量労働制というものがあると聞いた。これはどういった制度なのか。

A1　専門業務型裁量労働制とは，労働基準法38条の3に基づく制度であり，業務の性質上，業務遂行の手段や方法，時間配分等を大幅に労働者の裁量に委ねる必要がある業務として，法令等により定められた19業務の中から，対象となる業務を労使協定で定め，労働者を実際にその業務に就かせた場合，労使協定であらかじめ定めた時間を労働したものとみなす制度である。

　専門業務型裁量労働制を導入するには，導入する事業場ごとに，以下の事項を書面による労使協定において定め，それを，その事業場の所在地を管轄する労働基準監督署長に届け出るほか，労使協定の内容を労働者に周知させなければならない。

① 対象業務
② みなし労働時間（対象業務に従事する労働者の労働時間として算定される時間）
③ 対象業務を遂行する手段および時間配分の決定等に関し，対象業務に従事する労働者に具体的な指示をしないこと
④ 対象業務に従事する労働者の労働時間の把握方法と把握した労働時間の状況に応じて実施する健康・福祉を確保するための措置の具体的内容
⑤ 対象業務に従事する労働者からの苦情の処理のため実施する措置の具体的内容
⑥ 有効期間
⑦ 上記④および⑤に関し，把握した労働時間の状況と講じた健康・福祉確保措置および苦情処理措置の記録を協定の有効期間中およびその期間の満了後3年間保存すること

Q2 　当社はシステム開発を主たる事業とする会社であるが，当社の労働者に裁量労働制は適用できるか。

A2 　19業務の１つに，「情報処理システム（電子計算機を使用して行う情報処理を目的として複数の要素が組み合わされた体系であってプログラムの設計の基本となるものをいう）の分析又は設計の業務」というものがあり，実際に労働者の業務がこれに該当するのであれば，適用できる。
　もっとも，①ニーズの把握，ユーザーの業務分析等に基づいた最適な業務処理方法の決定およびその方法に適合する機種の選定，②入出力設計，処理手順の処理等アプリケーション・システムの設計，機械構成の細部の決定，ソフトウェアの決定等，③システム稼働後のシステムの評価，問題点の発見，その解決のための改善等の業務でなければならず，単にプログラムを作成するプログラマーは，ここに含まれない点に留意する必要がある。

▶▶ 確認テスト

問１：法律上の管理監督者であれば，使用者である企業は労働時間を把握する必要がない。

問２：管理監督者の賃金総額が，残業代が支払われるその会社の一般従業員のそれを同程度か下回るような場合，その事情は管理監督者性を否定する要素となる。

解答１：✕　2019年４月から，使用者（企業）は，管理監督者であっても，労働時間の状況を把握することが義務付けられている（労働安全衛生法66条の８の３）。

解答２：〇　「多店舗展開する小売業，飲食業等の店舗における管理監督者の範囲の適正化について」との通達における，賃金等の待遇についての判断要素のうちの補強要素である。

5 【人事労務】
社会保険未加入

サマリー説明

◇ **社会保険の加入条件を理解する**

パートやアルバイトであっても、社会保険に加入しなければならない場合がある。これを怠ると企業は罰則を受けるリスクがあり、上場審査にも影響を及ぼすことから正しく理解する必要がある。

◇ **IPO準備実務でのよくあるケース**

本来社会保険に加入しなければならないパートであるにもかかわらず、パートからの要望があったことや、企業側の知識不足により、社会保険に加入していないケースを見かけることがある。

▶▶ ケーススタディ

> A社は都内で複数の飲食店を運営しているが、店舗ごとに、正社員のほか、パートも雇い入れている。パートについては、少しでも手取り額を増やしたいという要望もあり、社会保険には加入していない。
> 今般IPOを目指すにあたり、A社における現状の取扱いが正しいものか、心配している。
> A社の取扱いに問題はあるか。仮に問題がある場合、どのように改善していくべきか。

問題の所在

一定の条件を満たす従業員の社会保険加入手続を怠っていた場合、事業主（企業）は、罰則を受ける可能性があるほか、最大で過去2年分の社会保険料をまとめて徴収されるリスクがある。上場審査との関係では、小売業や飲食

業など，パートやアルバイトを雇用することが多い類型の会社において，社会保険加入状況について重点的に審査される傾向がある。

このように，企業にとって法令違反となるほか，金銭的負担を伴う可能性のある事象であるため，該当する事例がある場合には早期に解消すべきである。

改善ポイント

(1) ケーススタディへの対応

A社においては，雇い入れているパートが後記(2)①，②のいずれかを満たす者である場合には，速やかに加入手続を取るべきである。

(2) 社会保険の適用対象事業所

社会保険とは，健康保険，介護保険，厚生年金保険の総称である（雇用保険を含める場合もある）。

そして，事業主（企業）や従業員の意思にかかわらず，事業主を含む従業員1人以上の会社であれば，健康保険や厚生年金保険などの社会保険への加入が義務付けられ，その事業主と常用的使用関係にある者を社会保険に加入させる必要がある。

正社員よりも労働時間や労働日数が短いパートやアルバイトであっても，労働時間や労働日数が所定の割合以上であること，または以下の要件をすべて満たす場合に，条件が満たされて，社会保険への加入が必要となる。

---

① 週の所定労働時間及び月の所定労働日数が，同じ事業所で同じ業務を行っている正社員など一般社員の4分の3以上であること
② ①を満たしていなくても，以下のすべてを満たす者
　(ア) 週の所定労働時間が20時間以上
　(イ) 月額賃金が8.8万円以上
　(ウ) 勤務期間が2か月を超える見込みがある
　(エ) 学生ではない
　(オ) 勤務先の従業員数が51人以上である

なお，社会保険料の消滅時効期間は2年のため（健康保険法193条，厚生年金保険法92条），手続が漏れていたパートがいたような場合には，最大で過去

２年分の社会保険料を徴収される可能性がある点に留意が必要である。

▶▶ 応用Q&A

Q1 当社は，比較的多くのパート，アルバイト等を雇い入れているが，その離職率は，同業他社に比して少し高いようだ。このことは，上場審査に影響をもたらすのか。

A1 労働者の離職率が高い場合，独立して事業を運営するために必要な人員の確保を図れているか，また，経営管理組織を安定的に維持することができる体制となっているか，という観点から問題とされやすく，特に，パートやアルバイトを多く雇い入れているような場合には，前者の点でマイナス要因につながる可能性が出てくる。

また，人員に著しい増減があった場合には，Ⅰの部にその事情を記載する必要も生じる。なお，上場申請書類（例えば，各種説明資料）でも，最近１年間の退職者数を記載することとされている。必要に応じた人員の補充等が出来ているのであれば，そこまで問題とならないケースもあるかもしれないが，上場審査で落とす理由とされてしまう可能性は否定できない。

退職者の点で付言すると，管理部門の退職者数が多いと財務経理体制や開示体制に疑義が生じてしまい，上場会社の管理部門としては脆弱であると判断されてしまう危険性も十分にある。また，部署等の責任者が退職している場合には，より注目されることになる。各種説明資料において，その職位，退職理由，退職による業務上の影響および対応状況（他の人物の昇進，採用等）について説明する必要が生じるためである。

▶▶ 確認テスト

問１：週の所定労働時間および月の所定労働日数が，同じ事業所で同じ業務を行っている正社員など一般社員の４分の３以上であるパートタイマーは，社会保険に加入しなければならない。

解答１：○

6 【人事労務】ハラスメント

サマリー説明

◇ 各種ハラスメントの内容を理解する

ハラスメントの内容は時代とともに変化しており，少し前まで問題とされなかったことが，法令の改正等により違法となることがある。そのため，まずは，いかなる言動がハラスメントと評価されるかを知るために，各種ハラスメントの内容を理解することが肝要である。

◇ ハラスメント防止体制を確立する

労働者が安心して働けるように，企業としては，ハラスメントを防止する体制を構築することが求められる。このような体制を構築しない中でハラスメント問題が生じた場合，企業は安全配慮義務違反や不法行為責任等に問われる可能性が出てくる。

◇ IPO準備実務でのよくあるケース

ハラスメントへの意識が乏しいケース，ハラスメント防止体制は確立されているものの不十分な点が見受けられるケース，率先してハラスメント防止に取り組まなければならない管理職や役員がハラスメント行為を行ってしまっているケースなどが挙げられる。

▶▶ ケーススタディ

人材紹介サービスを提供するA社において，以下のような問題が生じている。A社としては，どのような対応が必要か。
(1) 営業部長Xが，営業成績の悪い部下のYに対して，大声での威圧的な叱責を繰り返し行っている。XのYに対する叱責は会議室で行われることもあれば，

Yの自席で行われることもあり、他の従業員は、この叱責の最中、業務が手につかない状況に陥っている。また、Xは、新入社員Zに対し、過大なノルマを課し、達成できないことに対して厳しく叱責している。
(2) 人事部長Oは、新卒採用面接の際に「付き合っている男性はいるか」「結婚や出産後も働き続けるか」との質問を女子学生にだけ行っている。また、Oの部下であるPは、会社説明会で知り合った女子学生に対して、SNSを用いて「飲みに行こう」と頻繁に誘っている。

問題の所在

(1)はパワハラに該当する事象である上、経営幹部による言動である点が問題である。

一方、(2)は直接のセクハラではないが、近時問題となっている就活セクハラの典型的な例である。

このような問題は、従業員の士気を低下させるだけでなく、企業のレピュテーションリスクに重大な影響を及ぼしかねないため、問題発生を防ぐための措置を講じるなど、企業として適切な対応を取る必要がある。

改善ポイント

(1) ケーススタディへの対応

ケーススタディにおけるXの行為は、上司という優越的な関係を背景に、業務上相当な範囲を超えた言動を行っている上、現に就業環境が害されている状況にあることから、パワハラ（後記(2)の6類型の⑦や㊤）に該当するといえる。また、Xは管理職としてハラスメントが起きないように取り組んでいく立場であるにもかかわらず、自らハラスメント行為を起こしているため、A社におけるハラスメント防止体制は機能していないといえる。そのため、A社としては、速やかに事実関係を調査し、Xに対する必要な処分等を検討するほか、体制の見直しも検討すべきである。

次に、ケーススタディにおけるOやPの行為のセクハラ該当性であるが、対象者が労働契約締結前の就職活動中の者であるため、厳密な意味でのセクハラに該当するものではない。しかしながら、これらの行為は、程度によっては、

民法上の不法行為に該当し，就活生に対する損害賠償義務が生じる可能性があるほか，その企業のレピュテーションにも重大な影響をもたらす。そのため，A社としては，対象が従業員であるときと同様に事実関係を調査し，OやPに対する必要な処分等を検討するほか，再発防止のための措置も講じるべきである。

なお，審査においては，ハラスメント防止のための社内教育の実施状況や内部通報制度の運用状況などが確認される。

また，ハラスメントを原因とする裁判を起こされて，上場承認が取り消された会社や上場審査を通過できなかった会社も存在するため，注意が必要である。

(2) パワハラとは

①優越的な関係を背景とした言動であって，②業務上必要かつ相当な範囲を超えたものにより，③労働者の就業環境が害されるものをいう（労働施策総合推進法30条の2）。代表的には，㋐身体的な攻撃（暴行・傷害），㋑精神的な攻撃（脅迫，名誉棄損，侮辱，ひどい暴言），㋒人間関係からの切り離し（隔離，仲間外し，無視），㋓過大な要求（業務上明らかに不要なことや遂行不可能なことの強制，仕事の妨害），㋔過小な要求（業務上の合理性なく能力や経験とかけ離れた程度の低い仕事を命じることや仕事を与えないこと），㋕個の侵害（私的なことに過度に立ち入ること）の6類型がある。

(3) セクハラとは

労働者の意に反する言動に対する労働者の対応（拒否や抵抗）により，その労働者が解雇，降格，減給，労働契約の更新拒否，昇進・昇格の対象からの除外，客観的に見て不利益な配置転換などの不利益を受けること（対価型），および，労働者の意に反する性的な言動により労働者の就業環境が不快なものとなったため，能力の発揮に重大な悪影響が生じるなどその労働者が就業するうえで看過できない程度の支障が生じること（環境型）をいう（男女雇用機会均等法11条）。

(4) マタハラとは

　職場において行われる上司・同僚からの言動（妊娠・出産したこと，育児休業等の利用に関する言動）により，妊娠・出産した女性労働者や育児休業等を申出・取得した労働者等の就業環境が害されることをいう（男女雇用機会均等法11条の3，育児介護休業法25条）。

(5) ハラスメントに関する厚生労働省の指針

　厚労省はセクハラ，パワハラ，マタハラについてそれぞれ指針を定めているが，事業主が講ずべき措置として以下を掲げている。企業としては，まず以下を踏まえたハラスメント防止体制を構築し，運用していくことが重要である。なお，相談窓口の利用対象に，就活生やインターン生を加える例も出てきている。

1　事業主の方針の明確化及びその周知・啓発 　㋐・ハラスメントの内容 　　・ハラスメントを行ってはならない旨の方針 　　を明確化し，管理監督者を含む労働者に周知・啓発すること。 　㋑ハラスメント行為者については，厳正に対処する旨の方針・対処の内容を就業規則等の文書に規定し，管理監督者を含む労働者に周知・啓発すること。
2　相談（苦情を含む）に応じ，適切に対応するために必要な体制の整備 　㋒相談窓口をあらかじめ定め，労働者に周知すること。 　㋓相談窓口担当者が，内容や状況に応じ適切に対応できるようにすること。ハラスメントが現実に生じている場合だけでなく，発生のおそれがある場合や，ハラスメントに該当するか否か微妙な場合であっても，広く相談に対応すること。
3　職場におけるハラスメントへの事後の迅速かつ適切な対応 　㋔事実関係を迅速かつ正確に確認すること。 　㋕事実関係の確認ができた場合には，速やかに被害者に対する配慮のための措置を適正に行うこと。 　㋖事実関係の確認ができた場合には，行為者に対する措置を適正に行うこと。 　㋗再発防止に向けた措置を講ずること。

> 4 併せて講ずべき措置
> ㋖相談者・行為者等のプライバシーを保護するために必要な措置を講じ，労働者に周知すること。
> ㋗事業主（企業）に相談したこと，事実関係の確認に協力したこと，都道府県労働局の援助制度を利用したこと等を理由として，解雇その他の不利益な取扱いをされない旨を定め，労働者に周知・啓発すること。
> ㋘業務体制の整備など，事業主や妊娠等した労働者その他の労働者の実情に応じ，必要な措置を講ずること（マタハラのみ）。

▶▶ 応用Q&A

Q1　育児休業を取得している女性労働者から，間もなく復帰できる見通しだが，復帰後の配属先は元の部署か，と聞かれている。ただ，現在，その部署には空きがない。このような場合，会社としては，どのように対応すべきか。

A1　会社は，育児休業から復帰する労働者を，元の部署や職に戻すことが原則である。ただ，労働者の方でも時短勤務などを希望することがあり，元の部署で復職前のように働くことが難しいこともある。そのような場合に備え，労働者本人の状況を聞き，その希望等も踏まえてよく話し合ったうえで，勤務可能な部署で復職させることも検討すべきである。

▶▶ 確認テスト

問1：女性上司が，部下の男性に対し，しつこく食事に誘うことはセクハラではない。
問2：単調な作業を延々とさせることもパワハラに該当することがある。

解答1：×　セクハラは，男女問わず，性的な言動が行われることで職場の環境が不快となり，労働者の能力の発揮に大きな悪影響が生じることをいうため，女性上司が部下の男性に対してしつこく食事に誘うこともセクハラに該当する。
解答2：○　過小な要求の一類型である。

7 【反社会的勢力】
反社会的勢力の排除

サマリー説明

◇ **反社会的勢力が関与していると，それだけで上場不適当とされることを理解する**

反社会的勢力とは，自社の役職員，株主，投資先，取引先とあらゆる場面で関係排除をする必要がある。

◇ **反社会的勢力との関係を持たないよう，適切な体制を確立する**

犯罪閣僚会議の定める指針を踏まえ，反社会的勢力との関係が生じないような仕組みを構築するとともに，適切に運用していく必要がある。

◇**IPO準備実務でのよくあるケース**

取引相手との契約書に暴力団排除条項が盛り込まれていないケース，取引開始時に反社会的勢力との関係の有無を確認していないケースが散見される。

▶▶ **ケーススタディ**

> A社は飲食業を多店舗展開しているが，仕入先から各種の原材料（食材等）を仕入れるにあたり，特にその属性などについてのチェックはしていない。また，特段契約書は交わしておらず，もっぱら注文書のやり取りのみで取引をしている。規模の小さい仕入先との間では，電話で発注するというケースもある。
> A社のこのような取引形態は，上場審査に向けては問題であるとの指摘を受けたが，何が問題なのか。また，どのように改善していくべきか。

問題の所在

上場審査では，企業が反社会的勢力に関与していないかが確認されるとともに，その企業において，反社会的勢力による経営活動への関与を防止するため

の社内体制を整備し，当該関与の防止に努めていることおよびその実態が公益または投資者保護の観点から適当と認められる必要がある。

そのため，企業としては，反社会的勢力と一切の関係を断つべく，取引開始時に，取引相手が反社会的勢力ではないことを確認することはもちろん，その後も継続的に（少なくとも1年に1度は），取引相手が反社会的勢力ではないことの確認をしていく必要がある。

改善ポイント

(1) ケーススタディへの対応

A社としては，後記(4)の指針を踏まえ，①～②を実現するための仕組みを講じるほか，③～④のような対応を可能とするよう，暴力団排除条項を盛り込んだ取引基本契約書を，すべての取引先との間で作成すべきである。もっとも，契約書の作成に応じない例もないではないため，最低限，取引先自身が反社会的勢力ではないことや上記の暴力団排除条項④の内容を盛り込んだ確認書を差し入れさせるべきである。

また，電話での発注行為は，そのやり取り自体を録音していない場合には，客観的な記録として残らないことからやめるべきである。

なお，上場審査では，会社における与信管理の一環としての，反社会的勢力の該否判定をするための仕組みが確認されるので，判定方法を定め，マニュアル化しておくことも必要である。

(2) 反社会的勢力とは

「暴力，威力と詐欺的手法を駆使して経済的利益を追求する集団又は個人」と定義される（「企業が反社会的勢力による被害を防止するための指針」(2007年6月19日犯罪対策閣僚会議幹事会申合せ。以下「指針」という）。

企業にとって，社会的責任の観点から反社会的勢力との関係を持たないことは必要かつ重要なことである。特に，コンプライアンス重視の姿勢が求められる現状において，反社会的勢力に対して屈することなく法律に則して対応することや，反社会的勢力に対して資金提供を行わないことは，コンプライアンスそのものであるともいえる。

(3) 東京証券取引所のスタンス

　東京証券取引所も，暴力団，暴力団員またはこれらに準ずる者（以下「暴力団等」という）などの反社会的勢力が上場申請会社の経営活動に「関与」している場合，当該申請会社は不適当であるとしている。ちなみに，暴力団，暴力団員以外の類型としては，暴力団準構成員，暴力団関係企業，総会屋等，社会運動等標ぼうゴロ，特殊知能暴力集団等が挙げられる（日本証券業協会「定款の施行に関する規則」15条参照）。

　他方，「関与」とは，申請会社の経営活動に反社会的勢力が直接関与している場合を指すのはもちろんであるが，これに限らず，申請会社の役員または役員に準ずる者，主な株主および主な取引先（以下「申請会社および関係者」という）が反社会的勢力である場合，申請会社および関係者が資金提供その他の行為を行うことを通じて反社会的勢力の維持，運営に協力している場合，申請会社および関係者が意図して反社会的勢力と交流を持っている場合など，実態として反社会的勢力が申請会社の経営活動に関与しているといえるときも含まれることに注意が必要である。

(4) 指針の内容

　反社会的勢力による経営活動への関与を防止するために，上記の「指針」は，以下のような対応を取るべきであるとしている。

① 代表取締役等の経営トップは，反社会的勢力による被害を防止するための基本的な考え方（基本方針）を社内外に宣言し，その宣言を実現するための社内体制の整備，従業員の安全確保，外部専門機関との連携等の一連の取組みを行い，その結果を取締役会等に報告する。

② 反社会的勢力による不当要求が発生した場合の対応を統括する部署（以下「反社会的勢力対応部署」という）を整備する。反社会的勢力対応部署は，反社会的勢力に関する情報を一元的に管理・蓄積し，反社会的勢力との関係を遮断するための取組みを支援するとともに，社内体制の整備，研修活動の実施，対応マニュアルの整備，外部専門機関との連携等を行う。

③ 反社会的勢力とは一切の関係を持たない。そのため，相手方が反社会的勢力であるかどうかについて，常に，通常必要と思われる注意を払うとと

もに，反社会的勢力とは知らずに何らかの関係を有してしまった場合には，相手方が反社会的勢力であると判明した時点や反社会的勢力であるとの疑いが生じた時点で，速やかに関係を解消する。
④　反社会的勢力が取引先や株主となって，不当要求を行う場合の被害を防止するため，契約書や取引約款に暴力団排除条項[1]を導入するとともに，可能な範囲内で自社株の取引状況を確認する。
⑤　取引先の審査や株主の属性判断等を行うことにより，反社会的勢力による被害を防止するため，反社会的勢力の情報を集約したデータベースを構築する。同データベースは，暴力追放運動推進センターや他企業等の情報を活用して逐次更新する。
⑥　外部専門機関の連絡先や担当者を確認し，平素から担当者同士で意思疎通を行い，緊密な連携関係を構築する。暴力追放運動推進センター，企業防衛協議会，各種の暴力団排除協議会等が行う地域や職域の暴力団排除活動に参加する。

▶▶ 応用Q&A

Q1　「反市場的勢力」という言葉を聞くことがあるが，どのような存在なのか。

A1　反市場的勢力とは，過去に株式売買等で事件を起こした人や株式市場を荒らす投資者などをいうとされる。

　法令等で定義されているものではないため，個別の判断によらざるを得ないが，過去に申請会社に出資等していた株主の中に，反市場的勢力とみられる存在がいたような場合には，上場審査への影響が及ぶことが懸念される。そのため，上場申請会社としては，外部株主が加わるような場面で，その属性等を慎重に確認するとともに，その株主を加えるべ

1　契約自由の原則が妥当する私人間の取引において，契約書や契約約款の中に，①暴力団を始めとする反社会的勢力が，当該取引の相手方となることを拒絶する旨や，②当該取引が開始された後に，相手方が暴力団を始めとする反社会的勢力であると判明した場合や相手方が不当要求を行った場合に，契約を解除してその相手方を取引から排除できる旨を盛り込んでおくことが有効である。

きかについて証券会社等とよく相談すべきである。

なお，直近10年間でIPOした企業の中にも，当該企業の役員が，証券取引法（現金商法）違反の疑いで元役員らが逮捕された会社に従業員として在籍していたことについて，外部機関による調査等を行ったことと当該役員において一連の不祥事への関与の事実が認められなかったことをⅠの部の「事業等のリスク」に記載している実例もあり，注意を要する。

▶▶ 確認テスト

問1：上場申請会社の主な株主および主な取引先に反社会的勢力がいる場合，東証によりIPOが不適当と判断される可能性がある。

問2：反社会的勢力かどうかを自社では判断できないので，特に対策を講じなくともよい。

解答1：○　東証の新興市場では，上場申請時に，「反社会的勢力との関係がないことを示す確認書」を提出する。確認書では，上場申請会社の役員の氏名，生年月日，最近5年の経歴を記載するが，その他にも，「主な株主について」（主な株主10名の氏名，生年月日，住所），「主な取引先について」（仕入先，販売先について，直前事業年度の上位10社の名称，所在地）を記載することになっている。

解答2：×　反社会的勢力との取引であることがわかっても，それをそのまま継続することになるため，反社会的勢力排除に向けた企業の取組みとして問題があるといえる。証券取引所からもそのような企業姿勢を問われることになり，上場審査上も大きな影響を及ぼすと思われる。

8 【その他】景品表示法

サマリー説明

◇ 景品表示法の内容を理解する

　不当景品類及び不当表示防止法（以下「景品表示法」という）は，過大な景品類の提供を防ぐために景品類の最高額を制限することや，商品・サービスの品質，内容，価格等を偽って表示することを厳しく規制する法律である。これに違反して処分を受ける場合には，この法律を所管する消費者庁のWebサイトに社名を明かされた状態で掲載されることになるため，レピュテーションリスクが著しく低下する。そのため，景品表示法の内容を理解し，同法に違反しないことが重要である。

◇ 社内体制を確立する

　上場審査においては，内部管理体制が整備され，適切に機能しているかが問われるため，「事業者が講ずべき景品類の提供及び表示の管理上の措置についての指針」（2022年6月29日内閣府告示第74号）の内容を踏まえて，社内体制を整備する必要がある。

◇ IPO準備実務でのよくあるケース

　会社の名前やサービス名，商品名等の知名度が高くないため，目立たせようとして，実際のサービスや商品の内容よりも有利であるとする表現を用いてしまうケース，広告等において，合理的な根拠が乏しいのに，優れた効果を発揮するなど表現してしまうケースなどがよくみられる。

▶▶ ケーススタディ

> A社は，健康食品や化粧品等の販売を営んでいる。その取扱商品の1つに洗顔せっけんがあるが，今度折込チラシを出そうと思い，その中で，「シミの元となるメラニンを含む，古い角質まで洗い流せる！」「長年しみついた悩みやくすみを，洗顔だけで洗い流す！」といった文言を使おうと思っている。また，「期間限定！」「今だけ！半額！」と記載しようと思うが，売れ行きが芳しくなければ，広告期間終了後も半額で購入させてもよいかと思っている。
> 当社の出そうとしているチラシの内容や価格に関する取扱いは適切か。

問題の所在

A社の折込チラシの内容は，商品・サービスの内容について，一般消費者に対し，実際のものよりも著しく優良であると示す表示（優良誤認表示）に該当するのではないか。また，広告期間終了後も半額で購入させるとの取扱いも，この優良誤認表示となってしまうのではないか，との問題が生じる。

改善ポイント

(1) ケーススタディへの対応①—広告内容その1

A社が広告において用いようとしている「シミの元となるメラニンを含む，古い角質まで洗い流せる！」「長年しみついた悩みやくすみを，洗顔だけで洗い流す！」との効果が，「合理的な根拠」により裏付けられているのであれば，そのような表現を用いることはできるが，ここでの「合理的な根拠」とは，単なる資料では足りず，①提出資料が客観的に実証された内容のものであり，かつ，②表示された効果，性能と提出資料によって実証された内容が適切に対応していることが必要とされる。

なお，①客観的に実証された内容の提出資料とは，㋐関連する学術界または産業界において一般的に認められた方法または関連分野の専門家多数が認める方法により実施した試験・調査の結果，もしくは，㋑専門家等が客観的に評価した見解または学術文献で，当該専門分野で一般的に認められているものである必要がある。

したがって、A社において、上記①に即した資料が用意できない場合には、予定している表現を広告に用いることをやめるべきである。

(2) ケーススタディへの対応②—広告内容その2

また、A社は、売れ行きによっては広告期間終了後も、広告に掲載した半額での商品の購入を可能とすることを考えているようである。

しかしながら、本来の広告期間中に購入した顧客の立場に立ってみると、チラシにおいて「今だけ！半額！」と書かれていたから購入したのであって、広告期間終了後も半額で購入できるのであれば、あえて広告期間中に商品を購入しなかったかもしれないだろう。つまり、顧客としては、広告期間終了後も半額での購入ができることを知っていたのであれば、あえて広告期間中に購入しなかったかもしれない中、チラシにおける上記の表現に誘引されて商品を購入したといえる。

そのため、A社において、自己の供給する本件商品（洗顔せっけん）の取引条件について、実際のものよりも取引の相手方に著しく有利であると一般消費者に誤認されるため、不当に顧客を誘引し、一般消費者による自主的かつ合理的な選択を阻害するおそれがあると認められる表示をしていたとの評価を受ける可能性があるため、半額での購入はチラシに記載のとおり、広告期間中にとどめるべきである。

(3) 優良誤認表示とは

商品やサービスの品質、規格などの内容について、実際のものや事実に相違して競争事業者のものより著しく優良であると一般消費者に誤認される表示をいう。

もちろん自社商品についての広告であることから、多少の誇張等は許容されるが、「著しく」とあるとおり、誇張・誇大の程度が社会一般に許容されている程度を超えている場合には、違法と評価されることになる。そして、誇張・誇大が社会一般に許容される程度を超えるものであるか否かは、当該表示を誤認して顧客が誘引されるか否かで判断され、その誤認がなければ顧客が誘引されることが通常ないであろうと認められるような誇大表示であれば「著しく優

良であると一般消費者に誤認される」表示に当たることになる。また，商品の性質，一般消費者の知識水準，取引の実態，表示の方法，表示の対象となる内容などをもとに，表示全体から判断される。

(4) 適切な表示をなすための社内体制

　A社がケーススタディのような広告を再度出さないようにするには，適切な社内体制を構築する必要がある。この点，景品表示法26条1項は，事業者（企業）に対し，同法4条の規定に基づく告示に違反する景品類の提供および同法5条に違反する表示（以下「不当表示等」という）を未然に防止するために必要な措置を講じることを義務付け，その具体的内容を，消費者庁の定める「事業者が講ずべき景品類の提供及び表示の管理上の措置についての指針」（2022年6月29日内閣府告示第74号）にて明らかにしているところである。

　指針においては，以下の7項目が定められている。

① 景品表示法の考え方の周知・啓発
　事業者は，不当表示等の防止のため，景品表示法の考え方について，表示等に関係している役員及び従業員（以下「関係従業員等」という）にその職務に応じた周知・啓発を行うこと。

② 法令遵守の方針等の明確化
　事業者は，不当表示等の防止のため，景品表示法を含む法令遵守の方針や法令遵守のためにとるべき手順等を明確化すること。

③ 表示等に関する情報の確認
　事業者は，㋐景品類を提供しようとする場合，違法とならない景品類の価額の最高額・総額・種類・提供の方法等を，㋑とりわけ，商品又は役務の長所や要点を一般消費者に訴求するために，その内容等について積極的に表示を行う場合には，当該表示の根拠となる情報を確認すること。

④ 表示等に関する情報の共有
　事業者は，その規模等に応じ，前記③のとおり確認した情報を，当該表示等に関係する各組織部門が不当表示等をすることを防止する上で，必要に応じて共有し確認できるようにすること。

⑤ 表示等を管理するための担当者等を定めること

事業者は，表示等に関する事項を適正に管理するため，表示等を管理する担当者又は担当部門（以下「表示等管理担当者」という）をあらかじめ定め，㋐表示等管理担当者が自社の表示等に関して監視・監督権限を有していること，㋑表示等の作成を他の事業者に委ねる場合は，表示等管理担当者が当該他の事業者が作成する表示等に関して指示・確認権限を有していること，㋒表示等管理担当者が複数存在する場合，それぞれの権限又は所掌が明確であること，㋓表示等管理担当者となる者が，例えば，景品表示法の研修を受けるなど，景品表示法に関する一定の知識の習得に努めていること，㋔表示等管理担当者を社内等（表示等の作成を他の事業者に委ねる場合は当該他の事業者も含む。）において周知する方法が確立していること，が必要であるとする。

⑥ 表示等の根拠となる情報を事後的に確認するために必要な措置を採ること

事業者は，前記③のとおり確認した表示等に関する情報を，表示等の対象となる商品又は役務が一般消費者に供給され得ると合理的に考えられる期間，事後的に確認するために，例えば，資料の保管等必要な措置を採ること。また，表示等の作成を他の事業者に委ねる場合であっても同様の措置を採ること。

⑦ 不当な表示等が明らかになった場合における迅速かつ適切な対応

事業者は，特定の商品又は役務に景品表示法違反又はそのおそれがある事案が発生した場合，その事案に対処するため，㋐当該事案に係る事実関係を迅速かつ正確に確認すること，㋑前記㋐における事実確認に即して，不当表示等による一般消費者の誤認排除を迅速かつ適正に行うこと，㋒再発防止に向けた措置を講じること，といった対応を取る必要がある。また，上記の措置は，事業者が表示等の作成を他の事業者に委ねた場合の表示等において当該事案が発生した場合も含む，とされている。

(5) A社がとるべき社内体制

A社に対して，景品表示法違反に関する消費者庁の調査が入った場合，ほぼ間違いなく上場審査は中断してしまうことから，そのような事態を未然に防ぐ

ための体制を整備し，運用していくことが重要である。また，いまや自社のWebサイトでの広告・販売のみならず，広告に各種SNSを用いたり，インターネットモールなど他社のプラットフォーム上で販売したりすることもあるであろう。つまり，さまざまな媒体で自社の商品・サービスの広告をする可能性があることから，社内の一部署のみの問題ではなく，従業員各自が景品表示法に関する正しい知識を身に着けておくことも重要であろう。

その他，健康食品であるのに，医薬品的な効能効果を標ぼうすることは，医薬品，医療機器等の品質，有効性及び安全性の確保等に関する法律（以下「薬機法」という）上の「医薬品」とみなされる場合があり，医薬品等としての承認を受けずに，その名称，製造方法，効能効果に関する広告をしてはならない（薬機法68条）ことに抵触する可能性があるほか，健康食品を食べるだけで疾病を治癒できたり，ダイエット効果があるかのような表現，最上級の表現等不適切な表現は健康増進法65条に基づく誇大広告規制に違反する可能性がある（消費者庁「健康食品に関する景品表示法及び健康増進法上の留意事項について」参照）ため，併せて注意が必要である。

IPO準備会社としては，広告を掲載する際に，その内容について弁護士による事前のスクリーニングをかけることも有益である。また，主幹事証券会社から，主力商品についての広告など重要な部分について，広告内容が適切であるとの弁護士意見（リーガル・オピニオン）を求められることもある。

▶▶ 応用Q&A

Q1　景品表示法における不当表示には，優良誤認表示以外に，どのようなものがあるか。

A1　不当表示は，優良誤認表示，有利誤認表示，その他誤認されるおそれのある表示の3種類がある。

有利誤認表示とは，商品やサービスの価格などの取引条件について，実際のものや事実に相違して競争事業者のものより著しく有利であると一般消費者に誤認される表示をいう。例としては，自社に不利となる他社の割引サービスを除外した料金比較であるにもかかわらず，あたかも「自社が最も安い」かのように表示することや，不当な二重価格表示が

挙げられる。

　その他誤認されるおそれのある表示とは，優良誤認表示および有利誤認表示以外で，自己の供給する商品またはサービスの取引について，商品またはサービスの取引に関する事項について一般消費者に誤認されるおそれがある表示を指し，6つの告示（無果汁の清涼飲料水等についての表示，商品の原産国に関する不当な表示，消費者信用の融資費用に関する不当な表示，不動産のおとり広告に関する表示，おとり広告に関する表示，有料老人ホームに関する不当な表示）がある。

Q2　いわゆるステルスマーケティング規制について教えてほしい。
A2　ステルスマーケティングとは，広告であるにもかかわらず広告であることを隠すことをいう。

　消費者は，企業自身による広告や宣伝であれば，ある程度の誇張や誇大が含まれることを認識しつつ，商品やサービスを選択するが，広告や宣伝であることがわからない表示である場合には，他の消費者やインフルエンサーなど第三者の感想であるとの誤った認識のもとで，表示の内容をそのまま受け取って商品やサービスを選択してしまう可能性がある。

　そこで，2023年10月より，事業者が自ら供給する商品・サービスについて行う表示であるにもかかわらず，一般消費者が事業者の表示であることをわからない場合には，不当表示に該当することを明らかにした。これに該当してしまった場合には，消費者庁による措置命令（表示の差止め，違反したことの一般消費者への周知，再発防止策の策定等）の対象となるため，注意が必要である。ここでの表示は，あらゆる媒体が対象となることから，商品・サービスを供給する事業者が広告など自社商品・サービスに関する表示を行う場合には，「一般消費者が事業者の表示であることを判別することが困難である表示」（2023年3月28日内閣府告示第19号）及びその運用基準（2023年3月28日消費者庁長官決定）に即した対応をとることが求められる。

▶▶ 確認テスト

問1：合理的な根拠があれば，競争事業者のものより自社の商品が優良であると表示することはできる。

解答1：○　ただし，「合理的な根拠」とは，単なる資料では足りず，①提出資料が客観的に実証された内容のものであり，かつ，②表示された効果，性能と提出資料によって実証された内容が適切に対応していることが必要である。

9 【その他】下請法

サマリー説明

◇ **下請法の概要を理解する**

下請事業者を保護する下請代金支払遅延等防止法（以下「下請法」という）において，親事業者はどのような義務を負うのか，またどのような行為が禁止されるのかを理解する。

◇ **IPO準備実務でのよくあるケース**

下請事業者との取引があるが下請法をまったく意識していないケース，3条書面の記載事項を満たしていない，支払期日が法の定めに抵触しているケースなどが比較的多い。

▶▶ ケーススタディ

A社はソフトウェアの開発や，ソフトウェアの作成支援等を行っている資本金1,500万円の会社で，現在IPOに向けて各種準備に取り組んでいる。

ある取引先のシステム開発案件においてA社の下請として対応している技術者Xから，当社との取引が下請法に違反しているのではないか，とのクレームが上がってきた。

A社は，技術者Xをはじめとする下請事業者に対し，メールで案件概要や代金額を記載して案件の発注をしている。そして，下請事業者に対する代金は，A社による検収完了後60日以内としている。

A社の取引は下請法違反となるのか。

問題の所在

Xとの関係でA社は親事業者となるため，A社とXとの取引は下請法の下請取引に当たる。そのため，A社によるXへの発注行為や代金支払のタイミング

が下請法の要請を満たしているか，が問題となる。

改善ポイント

(1) ケーススタディへの対応

A社は，下請事業者に対し，メールで案件概要や代金額を記載して案件の発注をしているとのことである。下請事業者の承諾があれば，発注を電子メールで行うことは可能であるが，その承諾が記録として残っているかは確認すべきである。また，A社が発注時に伝えているのは，案件概要や代金額にとどまっているようである。そうすると，電子メールでの発注が可能であっても，3条書面の記載事項を満たしているとはいえない。したがって，発注時の記載内容を法の要請を満たす形に改善する必要がある。

他方，A社は，下請事業者に対する代金を，検収完了後60日以内としているが，受領日（下請事業者から物品等または情報成果物を受領した日。役務提供委託の場合は，下請事業者が役務を提供した日）から起算して60日以内（受領日を算入する）とする法の要請を満たしていない。したがって，代金支払期日も，上記の期日までに支払うよう改善する必要がある。

(2) IPOと下請法

IPO準備を進めるITベンチャー・スタートアップは，プログラムやシステムの作成等を行っている会社が多いため，下請事業者との取引は，後記(3)の情報成果物作成委託に該当する可能性が高い。特に下請事業者としてフリーランスを使っているような場合は，ほぼ下請取引に該当することになる。

下請事業者が事業運営に欠かせない存在となっていることからすると，上場審査に臨むにあたり，下請法に準じた対応を取っておかなければならず，それを意識した取組みをしてこなかった場合には，速やかに改善する必要がある。

まずは，下請事業者に対する発注を書面で行っているか，電子メールを用いる場合は事前に下請事業者の承諾を取っているか，下請事業者に対する発注書面の記載事項は不足していないか，下請事業者への代金支払期日が法の要請を満たしているか，といったあたりを確認し，漏れがある場合には速やかに改善すべきである。

(3) 下請法とは

下請法は，昭和31年に独占禁止法の補完法として制定された。この法の目的は，迅速かつ効果的に下請事業者の保護を図るところにあることから，下請法では，適用対象が明確にされ，違反行為の類型が具体的に法定されている。

下請法の適用対象となる下請取引は，①取引当事者の資本金の区分と②取引の内容の両面から定められているが，まず，資本金の区分について図示すると，以下のとおりである。

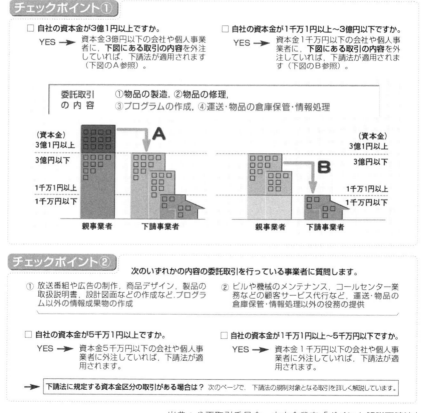

出典：公正取引委員会・中小企業庁「ポイント解説下請法」

次に，②の取引の内容による区分であるが，㋐製造委託，㋑修理委託，㋒情報成果物作成委託，㋓役務提供委託の4つがあり，その概略は，以下のとおりである。

製造委託	①	事業者が業として行う販売の目的物たる物品若しくはその半製品，部品，附属品若しくは原材料又はこれらの製造に用いる金型の製造を他の事業者に委託すること。
		例：自動車メーカーが，販売する自動車の部品の製造を部品メーカーに委託すること
	②	事業者が業として請け負う製造の目的物たる物品若しくはその半製品，部品，附属品若しくは原材料又はこれらの製造に用いる金型の製造を他の事業者に委託すること。
		例：精密機器メーカーが，製造を請け負う精密機器の部品の製造を部品メーカーに委託すること。
	③	事業者が業として行う物品の修理に必要な部品又は原材料の製造を他の事業者に委託すること。
		例：家電メーカーが，消費者向けに家電製品の修理を行う際に用いる部品の製造を部品メーカーに委託すること。
	④	事業者がその使用し又は消費する物品の製造を業として行う場合にその物品若しくはその半製品，部品，附属品若しくは原材料又はこれらの製造に用いる金型の製造を他の事業者に委託すること。
		例：自社で製品運送用の梱包材を製造している精密機器メーカーが，自社で使用する製品運送用の梱包材の製造を資材メーカーに委託すること。
修理委託	①	事業者が業として請け負う物品の修理の行為の全部又は一部を他の事業者に委託すること。
		例：自動車ディーラーが，ユーザーから請け負う自動車の修理作業を修理業者に委託すること。
	②	事業者がその使用する物品の修理を業として行う場合にその修理の行為の一部を他の事業者に委託すること。
		例：自社工場で使用する工具を自社で修理している工具メーカーが，その工具の修理作業の一部を修理業者に委託すること。
情報成果物作成委託	①	事業者が業として行う提供の目的たる情報成果物（※）の作成の行為の全部又は一部を他の事業者に委託すること。
		例：ソフトウェア開発業者が，消費者に販売するゲームソフトの作成を他のソフトウェア開発業者に委託すること。
	②	事業者が業として請け負う作成の目的たる情報成果物の作成の行為の全部又は一部を他の事業者に委託すること。
		例：ソフトウェア開発業者が，ユーザーから開発を請け負うソフトウェアの一部の開発を他のソフトウェア開発業者に委託すること。
	③	事業者がその使用する情報成果物の作成を業として行う場合にその情報成果物の作成の行為の全部又は一部を他の事業者に委託すること。
		例：事務用ソフトウェア開発業者が，自社で使用する会計用ソフトウェアの一部の開発を他のソフトウェア開発業者に委託すること。
役務提供委託		事業者が業として行う提供の目的たる役務の提供の行為の全部又は一部を他の事業者に委託すること。
		例：貨物利用運送事業者が，請け負った貨物運送のうちの一部を他の運送事業者に委託すること。

（※） 情報成果物とは，以下のものをいう。
- プログラム（電子計算機に対する指令であって，一の結果を得ることができるように組み合わされたものをいう）
  例：テレビゲームソフト，会計ソフト，家電製品の制御プログラム，顧客管理システム

- 映画，放送番組その他影像又は音声その他の音響により構成されるもの
  例：テレビ番組，テレビCM，ラジオ番組，映画，アニメーション
- 文字，図形若しくは記号若しくはこれらの結合又はこれらと色彩との結合により構成されるもの
  例：設計図，ポスターのデザイン，商品・容器のデザイン，コンサルティングレポート，雑誌広告

出典：公正取引委員会・中小企業庁「下請取引適正化推進講習会テキスト」（令和5年11月）PP.4-15

(4) 下請取引における親事業者の義務

親事業者には，以下の4つの義務が課せられる。

① 書面交付義務（下請法3条）

親事業者は，下請事業者の給付の内容，下請代金の額，支払期日および支払方法その他の事項を記載した書面[1]を下請事業者に交付しなければならない（3条書面）。なお，当該下請事業者の承諾がある場合，上記の書面に記載すべき事項を電子メール等の電磁的方法で提供することができる。

② 支払期日を定める義務（下請法2条の2）

親事業者は，親事業者が下請事業者の給付の内容について検査をするかどうかを問わず，受領日（下請事業者から物品等または情報成果物を受領した日。役務提供委託の場合は，下請事業者が役務を提供した日）から起算して60日以内（受領日を算入する）のできる限り短い期間内で，下請代

---

[1] その他の事項は，以下のとおりであり，これらのすべてを記載しなければならない。
- 親事業者及び下請事業者の名称（番号，記号等による記載も可）
- 製造委託，修理委託，情報成果物作成委託又は役務提供委託をした日
- 下請事業者の給付を受領する期日（役務提供の期日又は期間）
- 下請事業者の給付を受領する場所（役務提供場所）
- 下請事業者の給付内容（提供される役務の内容）について検査をする場合は，その検査を完了する期日
- 下請代金の全部又は一部を手形で支払う場合は，その手形の金額（支払比率でも可）及び手形の満期
- 下請代金の全部又は一部の支払につき，一括決済方式で支払う場合は，金融機関名，貸付け又は支払を受けることができることとする額，親事業者が下請代金債権相当額又は下請代金債務相当額を金融機関へ支払う期日
- 下請代金の全部又は一部を電子記録債権で支払う場合は，電子記録債権の額及び電子記録債権の満期日
- 原材料等を有償支給する場合は，その品名，数量，対価，引渡しの期日，決済期日及び決済方法

金の支払期日を定める義務がある。
③　書類の作成・保存義務（下請法5条）

親事業者は，下請事業者と下請取引をした場合は，下請代金支払遅延等防止法第5条の書類又は電磁的記録の作成及び保存に関する規則（5条規則）に基づき，下請事業者の給付内容（役務提供の内容），下請代金の額，その他の事項を記載した書類（5条書類）を作成し，これを2年間保存しなければならない。

④　遅延利息の支払義務（下請法4条の2）

親事業者は，下請代金をその支払期日までに支払わなかったときは，下請事業者に対し，受領日（下請事業者から物品等または情報成果物を受領した日。役務提供委託の場合は，下請事業者が役務を提供した日）から起算して60日を経過した日から実際に支払をする日までの日数に応じ，当該未払金額に年率14.6％を乗じた額の遅延利息を支払わなければならない。

(5) 親事業者の禁止事項

	禁止事項	概　要
ア	受領拒否の禁止 （第4条第1項第1号）	注文した物品等又は情報成果物の受領を拒むこと。
イ	下請代金の支払遅延の禁止 （第4条第1項第2号）	物品等又は情報成果物を受領した日（役務提供委託の場合は，下請事業者が役務を提供した日）から起算して60日以内に定められた支払期日までに下請代金を支払わないこと。
ウ	下請代金の減額の禁止 （第4条第1項第3号）	あらかじめ定めた下請代金を減額すること。
エ	返品の禁止 （第4条第1項第4号）	受け取った物を返品すること。
オ	買いたたきの禁止 （第4条第1項第5号）	類似品等の価格又は市価に比べて著しく低い下請代金を不当に定めること。
カ	購入・利用強制の禁止 （第4条第1項第6号）	親事業者が指定する物・役務を強制的に購入・利用させること。
キ	報復措置の禁止 （第4条第1項第7号）	下請事業者が親事業者の不公正な行為を公正取引委員会又は中小企業庁に知らせたことを理由としてその下請事業者に対して，取引数量の削減・取引停止等の不利益な取扱いをすること。
ク	有償支給原材料等の対価の早	有償で支給した原材料等の対価を，当該原材料等を用い

	期決済の禁止 （第4条第2項第1号）	た給付に係る下請代金の支払期日より早い時期に相殺したり支払わせたりすること。
ケ	割引困難な手形の交付の禁止 （第4条第2項第2号）	一般の金融機関で割引を受けることが困難であると認められる手形を交付すること。
コ	不当な経済上の利益の提供要請の禁止 （第4条第2項第3号）	下請事業者から金銭，労務の提供等をさせること。
サ	不当な給付内容の変更及び不当なやり直しの禁止 （第4条第2項第4号）	費用を負担せずに注文内容を変更し，又は受領後にやり直しをさせること。

出典：公正取引委員会・中小企業庁「下請取引適正化推進講習会テキスト」（令和5年11月）P.39

(6) いわゆるフリーランス新法

　前記(2)のとおりIPO準備を進めるITベンチャー・スタートアップは，プログラムやシステムの作成等を行う際に，フリーランスを活用することが多い。また，いわゆるSES取引においても，フリーランスを活用する場面がある。近年，働き方の多様化に伴い，フリーランスという働き方が普及している状況にあるが，フリーランスと発注事業者との間には，交渉力や情報収集力の格差が生じやすく，フリーランスが取引上弱い立場に置かれることがあることから，フリーランスと発注事業者間の取引の適正化やフリーランスの就業環境の整備を目的として，「特定受託事業者に係る取引の適正化等に関する法律」（フリーランス新法）が制定された（2024年11月1日施行）。

　フリーランス新法では，取引適正化の観点から，①契約内容（フリーランスによる給付の内容，報酬の額等）の書面又は電磁的方法による明示，②フリーランスからの給付受領日から60日以内の報酬支払，③フリーランスの帰責事由のない受領拒否，報酬減額，返品，給付内容の変更・やり直しの禁止等を義務付けるとともに，就業環境整備の観点から，④フリーランスの募集広告における虚偽表示等の禁止，⑤育児介護等と両立した業務遂行ができるよう，フリーランスから申出があった場合の必要な配慮，⑥ハラスメント相談対応等必要な体制整備等の構築，⑦フリーランスへの継続的な業務委託を中途解除する場合の30日前予告，などを定めている。これらの義務等に違反した場合は，公正取引委員会，中小企業庁長官又は厚生労働大臣による助言，指導，報告徴収・立入検査などの対象となるほか，命令違反や検査拒否などがあると，刑事罰（50

万円以下の罰金）を科されるおそれもある。

したがって，自社において，フリーランスを活用している場合には，これらの内容も遵守する必要があることに留意されたい。

▶▶ 応用Q&A

Q1　当社は，いわゆるSES取引（System Engineering Service）を行っている。下請事業者に個人事業主がいる場合，下請法の適用に注意することはわかったが，その他注意すべき法律等はあるか。

A1　SES取引は準委任契約であって，労働者派遣契約ではないので，自社の技術者が客先に常駐して業務を遂行する場合は，客先から技術者に対して直接の指揮命令がされないようにすべきである。また，自社の技術者が不足しているからといって，他社の技術者を自社に常駐させ，さらに客先にその技術者を常駐させることもあってはならない。職業安定法44条や労働基準法6条に違反するとされるリスクがある。

他方で，自社の技術者が，パートナー企業の技術者やフリーランスの技術者とともにプロジェクトに関わっているような場合，自社以外の技術者に対する指揮命令はできない。パートナー企業やフリーランスによる業務処理の独立性や労務管理の独立性を侵害してしまうと，偽装請負の問題を生じるためである。

なお，この点については，「労働者派遣事業と請負により行われる事業との区分に関する基準（37号告示）[2]」やそれに関する疑義応答集[3,4,5]を参考にされたい。さらに，前記のフリーランス新法に基づく対応も必要となる。

2　https://www.mhlw.go.jp/bunya/koyou/dl/h241218-01.pdf
3　https://www.mhlw.go.jp/bunya/koyou/dl/haken-shoukai03.pdf
4　https://www.mhlw.go.jp/bunya/koyou/dl/haken-shoukai03_02.pdf
5　https://www.mhlw.go.jp/content/000834503.pdf

▶▶ 確認テスト

問1：親事業者が，下請事業者に対する下請代金の支払に際し，一方的に振込手数料を控除することは可能である。

問2：ケーススタディの下請事業者との継続的な取引において，毎月末日納品締切，翌月末日支払としても，下請法における支払期日の定めには違反しない。

解答1：× 親事業者は，下請代金の振込手数料を下請事業者の負担とする旨を書面で合意していない限り，その振込手数料を下請代金から控除することはできない。

解答2：○ 上記の制度によれば，月の初日に給付を受領したものの支払が，受領から61日目または62日目の支払となる場合があり，結果として給付の受領後60日以内に下請代金が支払われないこととなるが，下請法の運用にあたっては，「受領後60日以内」の規定を，「受領後2か月以内」として運用しており，31日の月も30日の月も同じく1か月として運用しているため，支払遅延の問題は生じない。

10 【その他】個人情報保護法

サマリー説明

◇ 個人情報保護法の概要を理解する

　事業運営にあたって個人情報を取得する場合には，あらかじめ利用目的を明示しなければならず，その利用目的の範囲内で利用する必要がある。

◇ IPO準備実務でのよくあるケース

　利用目的等を明示したプライバシーポリシーが作成されていないケース，プライバシーポリシーにおいて明示している利用目的が不明確であり，どの範囲で利用可能かが判然としないケース，自社で取得した個人情報を，委託先に提供しているが，実際は委託ではなく第三者提供に該当してしまっているケースなどを目にすることがある。

▶▶ **ケーススタディ**

> 　A社は，各種物品を販売している会社だが，お客様が購入された物品を配送するために，お客様から個人情報を提供してもらっている。
> 　A社としては，顧客満足度や品質等の向上の観点から，物品を購入されたお客様に対し，提供された個人情報を利用して，別途アンケートをお願いしたり，新たに取り扱うことになった商品についてのキャンペーンの案内をしたりしたいと考えている。
> 　A社の取組みについて何か問題はあるか。

問題の所在

　A社が取得した顧客の個人情報の利用目的は配送に限定されているようにみえる。その場合，アンケートやキャンペーンの案内のために個人情報を利用す

ることは問題である。

改善ポイント

(1) ケーススタディへの対応

ケーススタディにおいては、A社が顧客から個人情報を取得する際に、その利用目的として配送しか明示していないと思われるため、それ以外の目的で個人情報を使用することはできない。そのため、実情に沿う形で利用目的の内容を修正する必要があるが、実際にどのような目的で個人情報を利用するかをあらかじめ整理したうえで対応すべきである。

また、IPO準備との関係では、個人情報保護委員会が作成している各種ガイドラインの内容を理解し、それに即した対応をすることも重要である。特にサービスにおいて個人情報を扱う場合には、どのようなルートをたどって利用者のどの個人情報が自社に渡るのか、それに応じた利用者の同意等は取得されているかなど、細かく審査されることもあるため、サービス構築の段階から、個人情報保護法を意識して取り組む必要がある。

(2) 個人情報とは

「個人情報」とは、生存する個人に関する情報であって、次の各号のいずれかに該当するものをいい（個人情報保護法2条1項）、「個人情報取扱事業者」とは、個人情報データベース等[1]を事業の用に供している者をいう（個人情報保護法16条2項）。

① 当該情報に含まれる氏名、生年月日その他の記述等（文書、図画若しくは電磁的記録（電磁的方式（電子的方式、磁気的方式その他人の知覚によっては認識することができない方式をいう。個人情報保護法2条2項2号において同じ）で作られる記録をいう。個人情報保護法18条2項におい

---

1 個人情報データベース等とは、個人情報を含む情報の集合物であって、㋐特定の個人情報を電子計算機を用いて検索することができるように体系的に構成したもの、㋑前号に掲げるもののほか、特定の個人情報を容易に検索することができるように体系的に構成したものとして政令で定めるもの（利用方法からみて個人の権利利益を害するおそれが少ないものとして政令で定めるものを除く。）をいう（個人情報保護法16条1項、個人情報保護法施行令4条）。

て同じ）に記載され，若しくは記録され，または音声，動作その他の方法を用いて表された一切の事項（個人識別符号[2]を除く）をいう。以下同じ）により特定の個人を識別することができるもの（他の情報と容易に照合することができ，それにより特定の個人を識別することができることとなるものを含む）

② 個人識別符号が含まれるもの

(3) 個人情報取扱事業者の遵守事項

個人情報取扱事業者は，以下のルールを守らなければならない。

① 利用目的の明確化・利用目的による制限（個人情報保護法17条〜19条）

個人情報を取り扱うときは，利用目的をできる限り具体的かつ明確にしなければならない。また，事前に決めた利用目的以外に個人情報を利用することはできず，違法・不当な行為を助長・誘発するおそれのある方法で利用することもできない。

② 個人情報の適正な取得・利用目的の通知，公表（個人情報保護法20条，21条）

偽りその他不正な手段によって個人情報を取得してはならない。

個人情報を取得したときは，速やかに利用目的を本人に通知または公表する（あらかじめ利用目的を公表している場合を除く。）。

本人から直接書面（電磁的方式を含む。）で個人情報を取得するときは，あらかじめ本人に利用目的を明らかにする。

---

[2] 個人識別符号とは，次の各号のいずれかに該当する文字，番号，記号その他の符号のうち，政令で定めるものをいう（個人情報保護法2条2項）。

㋐ 特定の個人の身体の一部の特徴を電子計算機の用に供するために変換した文字，番号，記号その他の符号であって，当該特定の個人を識別することができるもの

㋑ 個人に提供される役務の利用若しくは個人に販売される商品の購入に関し割り当てられ，又は個人に発行されるカードその他の書類に記載され，若しくは電磁的方式により記録された文字，番号，記号その他の符号であって，その利用者若しくは購入者又は発行を受ける者ごとに異なるものとなるように割り当てられ，又は記載され，若しくは記録されることにより，特定の利用者若しくは購入者又は発行を受ける者を識別することができるもの

（例）電子化した身体的特徴のデータ（顔認証データ，DNAデータなど），対象者ごとに割り振られるID（免許証番号，パスポート番号など）など

③　個人情報の正確性の確保（個人情報保護法22条）

　　利用目的の達成に必要な範囲で，個人データを正確かつ最新の内容に保つように努める。

④　個人情報の安全管理措置，従業者・委託先の適切な監督，漏えい等時の報告（個人情報保護法23条～26条）

　　個人データの漏えいや滅失または毀損を防ぐために必要かつ適切な安全管理措置を講じるとともに，安全に個人データを管理するために，従業者に対し必要かつ適切な監督を行う。

　　個人データの取扱いを他の事業者に委託する場合は，委託先に対し必要かつ適切な監督を行う。

　　一定の個人データの漏えい等が生じたときには，その旨を個人情報保護委員会に報告しなければならない。

⑤　個人情報，個人関連情報[3]を第三者に提供する場合の制限（個人情報保護法27条～31条）

　　あらかじめ本人の同意を得ないで，他の事業者などの第三者に個人データ，個人関連情報を提供できない。ただし，一定の条件[4]に合致する場合は，本人の同意を得ずに第三者に提供することができる。

⑥　利用目的等の公表・個人情報の開示，訂正，利用停止（個人情報保護法32条～39条）

---

[3]　生存する個人に関する情報であって，個人情報，仮名加工情報及び匿名加工情報のいずれにも該当しないものをいう（個人情報保護法2条7項）。

[4]　法令に基づく場合（例：捜査に必要な取調べや捜査関係事項照会への対応など），人の生命，身体又は財産の保護に必要で，本人の同意を得ることが困難である場合（例：急病や災害，事故の場合など），公衆衛生・児童の健全育成に特に必要で，本人の同意を得ることが困難である場合（例：疫学調査，児童虐待防止の情報提供など），国の機関等に協力する必要があり，本人の同意を得ることにより当該事務の遂行に支障を及ぼすおそれがある場合（例：税務調査，統計調査に協力する場合），個人情報取扱事業者が学術研究機関等である場合であって，㋐学術研究の成果の公表又は教授のためやむを得ないとき（個人の権利利益を不当に侵害するおそれがある場合を除く。），㋑学術研究目的で提供する必要があるとき（個人の権利利益を不当に侵害するおそれがある場合を除く。）（当該個人情報取扱事業者と当該第三者が共同して学術研究を行う場合に限る。），第三者が学術研究機関等である場合であって，学術研究目的で取り扱う必要があるとき（個人の権利利益を不当に侵害するおそれがある場合を除く。）。

事業者の氏名または名称，保有個人データの利用目的，開示等に必要な手続，苦情の申出先等について本人にわかる状態（公表）にし，保有個人データの開示を求められたときは，遅滞なく開示を行い，内容に誤りがあるときは，本人からの求めに応じて訂正，追加，削除を行う。

　保有個人データを利用目的の制限や適正な取得の義務に反して取り扱っているとの理由あるいは，個人の権利または正当な利益が害されるおそれがあるとの理由で，利用の停止または消去を求められた場合は，違反の是正に必要な限度で利用の停止や消去を行う。

⑦　苦情の処理（個人情報保護法40条）

　個人情報の取扱いについて苦情の申出があった場合は，適切かつ迅速な処理に努めるほか，苦情を適切かつ迅速に処理するため，苦情受付窓口の設置，苦情処理マニュアルを作成して備え付けるなど，必要な体制を整備する。

(4)　個人情報を適切に管理するための措置の内容

　企業としては，事業運営にあたり取得した個人情報を適切に管理しなければならないが，適切な安全管理措置が何を指すかについては，特に法令上の規定があるわけではない。そのため，業種や企業の規模などに応じて変わりうるところであるが，一例として，東京都が示す安全管理措置の内容を以下に紹介する。

●組織体制の整備	
□	個人情報保護に関する責任者を定め，それぞれの部署の役割を明確にしていますか？
□	個人データの取扱いに関するチェック体制や，事故発生時における体制は整備されていますか？
●規程類の整備	
□	個人データの取得，利用，送信，保管，廃棄といった取扱いのフローごとに，手続を定めていますか？
●個人データ取扱状況の一覧	
□	取り扱っている個人データを把握していますか？
□	個人データの項目，利用目的，管理方法等を記載した個人情報取扱台帳等は整備されていますか？
●施錠管理	
□	個人データは，施錠された保管庫等にしまっていますか？
□	作業中の伝票等を，机上に放置したまま出かけることはありませんか？

●盗難等の防止
□ 個人データを扱うパソコンの盗難防止対策はしていますか？
□ 執務室への人の出入りはチェックしていますか？
●個人データを持ち歩くとき
□ 持ち出しの記録はとっていますか？
□ 漏えい・紛失等を防げる鞄で持ち歩いていますか？
□ 電車内の網棚に置いたり，自動車に放置することはありませんか？
□ 出張先で個人データを他人に見られたり，大声で話したりすることはありませんか？
□ 個人データを持ったままの寄り道（特に飲酒時）はしていませんか？
●雇用時の契約
□ 従業員を採用する際，個人情報の取扱いについて契約等を交わしていますか？
●従業員の教育
□ 従業員の役割を明記した規程を周知したり，定期的に研修を行っていますか？
●セキュリティ対策
□ ファイルや端末にパスワードをかけ，定期的に変更していますか？
□ ウイルス対策はしていますか？
□ 情報にアクセスできる従業員を限定していますか？
□ データ送信時には個人のデータの暗号化等を行っていますか？

出典：「2017年全面施行改正個人情報保護法対応版　個人情報保護制度～知らない間に誤った取扱いをしないために～」

▶▶ 応用 Q&A

Q1 B社はC社の100％子会社だが，C社から，自社で運営している福利厚生サービスを子会社の従業員にも利用させることとしたとの連絡を受けた。そのサービスをB社の従業員に利用させるためには，従業員の個人情報を登録する必要があるが，B社の方で，その登録手続をしてしまっても問題はないか。

A1 100％親会社であっても別の法人格であるため，B社が自社の従業員の個人情報を，C社に提供することは第三者提供（個人情報保護法27条）に該当するため，事前に従業員の同意を得ない限り，B社の方で登録手続をすることはできない。もっとも，B社が，自社の従業員に対し，親会社であるC社の福利厚生サービスを利用できることになったことを案内し，従業員自身で登録する分には問題がない。

Q2 　匿名加工情報とは何か。また，匿名加工情報を扱う事業者はどのような義務を負うのか。

A2 　匿名加工情報とは，特定の個人を識別することができないように個人情報を加工し，当該個人情報を復元できないようにした情報のことをいう（個人情報保護法2条6項）。データの二次利用にあたっては，この点にも留意する必要がある。

　匿名加工情報について，事業者には以下4つの義務が課せられる。

① 　適切な加工（個人情報保護法43条1項，個人情報保護法施行規則34条）

　匿名加工情報を作成する事業者は，個人情報を適切に加工する必要があり，以下の各措置を講じなければならない。

　㋐　個人情報の削除・置換
　㋑　個人識別符号の削除・置換
　㋒　個人情報と加工対象情報の連結IDの削除・置換
　㋓　特異な記述の削除・置換
　㋔　個人情報データベース等の性質を踏まえたその他の措置

② 　安全管理措置（個人情報保護法43条2項・6項）

　匿名加工情報を作成する事業者は，㋐匿名加工情報の加工方法等情報の漏えいを防止し，㋑匿名加工情報に関する苦情処理・適切な取扱い措置と公表を行えるよう，安全管理措置を講じなければならない。

③ 　公表義務（個人情報保護法43条3項・4項）

　事業者は，㋐匿名加工情報を作成したとき，㋑匿名加工情報を第三者に提供するときは，ホームページなどを利用して公表しなければならない。

④ 　識別行為の禁止（個人情報保護法43条5項，45条）

　匿名加工情報を扱う場合，作成元となった個人情報の本人を識別する目的で，㋐自らが作成した匿名加工情報を，本人識別のために他の情報と照合すること，㋑受領した匿名加工情報の加工方法等情報を取得し，受領した匿名加工情報を，本人識別のために他の情報と照合することが禁じられる。

▶▶ 確認テスト

問1：個人情報の利用目的として、「当社の事業活動のため」と明示しておけば、利用目的の明確化の点で問題がない。

問2：ケーススタディでは、A社は、配送業者に物品の配送を委託しているが、A社が配送業者に顧客の個人情報を提供することは問題がない。

解答1：✕ 「当社の事業活動のため」というのでは、個人情報がどんな場面で利用されるかが明確ではなく、提供する側からみても予測できないため、「できる限り具体的かつ明確に」されているとはいえない。

解答2：〇 配送業者は、A社から配送業務の委託を受け、これに伴い個人情報の提供を受けているに過ぎないため、第三者提供には当たらない。したがって、A社は、顧客の同意を得ることなく個人情報を提供できる。ただし、A社は、適切な委託先を選定し、委託先が個人情報を適切に管理しているかどうかを把握する必要がある（＝監督義務を負う）点に留意が必要である。

175

11 【その他】
商標

サマリー説明

◇ 商標（権）の概要を理解する

　商標とはどういうものであるか，商標権を取得することによりどういった効果を得られるか，逆に商標権を取得しないことによるリスクにどのようなものがあるかを理解する。

◇ IPO準備実務でのよくあるケース

　自社の商号について商標権を取得していないケース，自社のサービス名について商標権を取得していないケースは比較的多い。

▶▶ ケーススタディ

> 　A社は現在IPOに向けて各種準備に取り組んでいる。
> 　この度，B社から，当社の主力サービス名がB社の商標を侵害しているという警告書が届いた。その警告書でB社は，当社にサービス名の不使用を求めている。
> 　当社のサービス名は，B社が商標権を取得した時期とほぼ同時期から使っているものであるが，商標権は取得していない。
> 　今回，A社は，B社の要求に応じなければならないか。

問題の所在

　A社がそのサービス名について商標権を取得していないことに，どのようなリスクがあるか，また，B社の要求が法的に通用するものか，が問題となる。

改善ポイント

(1) ケーススタディへの対応

A社のサービス名がB社の商標と類似しているのであれば，B社が商標権を持つ以上，法的に差止請求（A社による不使用）が認められる可能性がある。

そうなると，A社としては現在のサービス名のまま事業を継続することはできないため，B社から商標権を買い取る，使用許諾を受ける（独占的な権利でなければならないかはケースバイケースである），あるいは，サービス名の変更を行って，再出発を図ることになろう。

(2) IPOと商標

東京証券取引所は，上場審査基準の1つとして，企業の継続性および収益性（グロース市場の場合は，事業計画の合理性）を求めている（東証有価証券上場規程207条，213条，219条）。

例えば，サービス名について商標権を取得していない場合，競合他社に同じ領域で同じ名称を使われてしまい，他社のサービスとの識別ができなくなるというリスクがあるほか，他社に先に商標権を取られてしまった場合には，そのサービスについて，自らがその商標を使用できなくなってしまう。また，万が一他社の商標を使い続けると，その商標の使用について損害賠償請求をされるリスクもある。

以上のとおり，必要な商標権を取得していないと，事業継続の点で明らかに大きなリスクがあると言わざるを得ず，それが主たる事業であれば，なおさら企業の継続性に影響を与えかねない。この点は，上場審査でも必ず確認されることになるため，対応は必須である。

ちなみに，新興市場申請会社が提出する各種説明資料の記載項目としては，「事業活動に係る特許等の知的財産の内容」（1.(4)）や，「知的財産保護に関する考え方及び他社の知的財産を侵害しないための社内体制」（2.(6)）などがこれに該当する。

(3) 商標とは

　人の知覚によって認識することができるもののうち，文字，図形，記号，立体的形状若しくは色彩又はこれらの結合，音その他政令で定めるもの（以下「標章」という）であって，次に掲げるものをいう（商標法2条1項）。

① 業として商品を生産し，証明し，又は譲渡する者がその商品について使用をするもの

② 業として役務を提供し，又は証明する者がその役務について使用をするもの（前号に掲げるものを除く。）

　例えば，商品名，サービス名や会社のロゴマークなどがこれに当たる。

　そして，この商標は，作成したことで保護されるものではなく，特許庁への設定登録をなすことが必要である（商標法18条）。

(4) 商標権の効果

　商標権は，マークとそれを使用する商品・サービス（役務）との組み合わせから構成される。

　そして，商標権を持つことにより，日本国内で自分の商標として使うことができることになるだけでなく，他人の紛らわしい商標（マークも同一・類似で，使う商品・サービスも同一・類似）を排除することが可能となる（同一，類似の商標が登録されなくなるほか，紛らわしい商標を無断で使用された権利者は，裁判所に対して使用差止や損害賠償を請求できる）。

(5) 出願時の留意点
① 調　査

　まず，自社で商標権を取得しようとする商標がすでに登録されているか否かを，特許情報プラットフォーム「J-PlatPat」[1]で確認する。ただし，商標出願が公開されるまでは，出願されていることは確認できない点に留意する。

　1つのやり方としては，称呼検索で，自社での出願を検討している商標の読み方をカタカナで入力し，検索してみることがある。

1　https://www.j-platpat.inpit.go.jp/

また，新たに商品名やサービス名を決める際にも，商品の提供やサービスの開始前に，必ず他社の登録商標がないことを確認すべきである。

② 出　願

特に問題がなければ，会社名（商号）やサービス名については，速やかに出願する。商標権は，基本的には早い者勝ち（先願主義）であるためである。

商標出願を自社で行うことも少なくないが，出願にあたって，指定する商品や役務（商標権が及ぶ商品・役務の範囲を画すもの）を誤らないよう注意する必要がある。誤った指定商品・指定役務では，先のリスクを排除できないため，少しでも不安に思う場合には，専門家（弁理士）に商標出願を依頼すべきである。

▶▶ 応用 Q&A

Q1　Y社は創業50年の会社であり，長年にわたって絵筆を販売している。今回，上場申請を検討するにあたって手始めに，当社の絵筆の商標登録をしようとしたところ，当社と無関係の個人（X）が，当社の商品名で商標を出願していることが判明した。当社として，この事態にどのように対応していくべきか。

A1　商標権は先願主義（早い者勝ち）であるため，Y社よりも先にXが出願した場合，Xが登録要件を満たせば，商標権として有効に成立することになる。もっとも，このような冒認出願の場合，「他人の業務に係る商品若しくは役務を表示するものとして需要者の間に広く認識されている商標又はこれに類似する商標であって，その商品若しくは役務又はこれらに類似する商品若しくは役務について使用をするもの」「他人の業務に係る商品又は役務と混同を生ずるおそれがある商標」「他人の業務に係る商品又は役務を表示するものとして日本国内又は外国における需要者の間に広く認識されている商標と同一又は類似の商標であって，不正の目的（不正の利益を得る目的，他人に損害を加える目的その他の不正の目的をいう。）をもつて使用をするもの」（商標法4条1項10号・15号・19号）に該当すれば，商標登録を受けることができない。そのため，Y社としては，需要者に広く認識されていることを示す資料等をもってXによる商標出願に対抗していくことになろう。

▶▶ 確認テスト

問1：自社で作成したロゴマークは，作成すれば商標としての保護を受ける。

問2：ケーススタディの場合，商標権を取得したとき，指定商品・指定役務の範囲でのみ効力がある。

解答1：× 商標権は，特許庁への設定登録をして初めて効力を持つ（商標法18条）。

解答2：○ マークが同じでも，使用する商品・サービスが類似しなければ商標権の効力は及ばない。

12 【その他】インサイダー取引

サマリー説明

◇ **会社関係者によるインサイダー取引ないしは情報伝達・取引推奨行為**

IPO準備会社は，IPOするにあたり，会社関係者がインサイダー取引ないしは情報伝達・取引推奨行為といった違反行為をすることが，自社の信用を毀損するだけではなく，証券市場全体の信用を毀損する行為であることを十分に認識し，未然に防止する必要がある。

会社関係者によるインサイダー取引に該当するのは，

(ⅰ) 行為者が，上場会社等の役職員，契約締結者等の会社関係者等であること

(ⅱ) 上場会社に係る業務等に関する未公表の重要事実があること

(ⅲ) 当該業務等に関する重要事実を知って特定有価証券等の売買等を行うこと

である。

また，上場会社の役職員が他社に自社の情報を伝達したり，自社の株式の取引を推奨することを規制する情報伝達・取引推奨行為に該当するのは，

(a) 未公表の重要事実などを知っている会社関係者が，他人に対し

(b) 公表前に取引させることにより利益を得させ，または損失の発生を回避させる目的をもって，

(c) 業務等に関する重要事実を伝達し（情報伝達），売買をすることを勧めること（取引推奨）

である。

◇ **IPO準備実務でのよくあるケース**

IPO準備会社は，上場後に問題となるインサイダー取引や情報伝達・取引推奨行為の未然防止に向けた体制整備まで手が回っていないケースが多いが，上場申請をする前にはこれらを行う必要がある。具体的には，インサイダー情報

の管理やインサイダー取引等の防止に関する規程を策定したり，役職員に対するインサイダー取引や情報伝達・取引推奨行為を防止するための研修を実施することになる。

▶▶ ケーススタディ

> 未上場会社であるA社と1年ほど前に上場したB社とは，売上も純資産額も同規模であり，A社株式すべてのB社への売却に向け，すでに基本合意書が取り交わされていた。
> このM&Aに関わっていたA社の取締役であるCは，このM&Aにより，B社株式の株価が上昇すると見込んで，B社が開示する前に株式を購入し，このM&Aが開示されるや否やB社の株価は上昇し，Cはその過程で，B社株式を市場で売却した。
> B社側で関わっていたB社取締役のDは，このM&Aが開示される前に友人EにB社株式の売買で儲けさせる目的で，近々M&Aが予定されていることを伝え，Eは株式を取得して，開示後，売却した。

問題の所在

まずは，CがB社株式を売買した行為がインサイダー取引にならないかが問題となる。

A社株式をB社に売却するM&Aは，B社にとっては「未公表の業務等に関する重要事実」となるため（金商法166条2項1号タ，金商法施行令28条2号），前頁の(ⅱ)の要件を満たす。

CはB社の役員・従業員ではないが，M&A取引に関する基本合意書を締結しているA社の役員（金商法166条1項4号・5号）が，その職務に関して知ったことになるため「会社関係者」となり，(ⅰ)の要件も満たす。

(ⅲ)の要件はもちろん満たすので，Cの行為はインサイダー取引となる。

次に，Dの友人Eは，A社株式をB社に売却するという情報を得て，B社株式の売買を行っているが，B社関係者から情報の伝達を受領した第一次情報受

領者も「未公表の業務等に関する重要事実」が開示されるまでB社株式の売買を行ってはならない（金商法166条3項）ため，Eの行為はインサイダー取引となる。

また，Dの行為が情報伝達行為にならないか問題となる。情報伝達・取引推奨規制は，

(a) 未公表の重要事実などを知っている会社関係者が，他人に対し
(b) 公表前に取引させることにより利益を得させ，または損失の発生を回避させる目的をもって，
(c) 業務等に関する重要事実を伝達し（情報伝達），売買をすることを勧めること（取引推奨）

を禁止するものである（金商法167条の2第1項）。

Dは，B社の取締役であるため(a)の要件を満たし，Eに取引させることにより利益を得させる目的であったため(b)の要件も満たし，重要事実を伝達することにより(c)の要件も満たす。よって，Dの行為は情報伝達行為となる。

改善ポイント

(1) ケーススタディへの対応

IPO準備会社は，上場するに際し，インサイダー取引の未然防止に向けた体制整備を行う必要があり，インサイダー情報の管理やインサイダー取引等の防止に関する規程を有していること，役職員に対するインサイダー取引防止のための研修を実施していること等が重要となる。

ここ10年以内に上場した企業の取締役が，情報伝達・取引推奨行為をしている事例が複数件発生し[1,2]，うち1件は，刑事告発され[3]，有罪判決を受けている[4]ため，IPO準備会社はより一層の注意が必要であろう。

---

1 https://www.FsA.Go.jp/sEsC/nEws/C_2016/2016/20160325-1.htm
2 https://www.FsA.Go.jp/sEsC/nEws/C_2016/2016/20161101-1.htm
3 https://www.FsA.Go.jp/sEsC/nEws/C_2016/2016/20160801-1.htm
4 懲役2年，執行猶予3年，罰金200万円（求刑懲役2年，罰金200万円）の有罪判決だった（日経電子版2016年11月2日）。

(2) 会社関係者等のインサイダー取引

① 意　義

インサイダー取引には，(i)会社関係者等のインサイダー取引と(ii)公開買付者等関係者等のインサイダー取引の2類型がある。

IPO準備会社では，来るべき上場後に向け，まずは会社関係者等のインサイダー取引を理解しておくべきなので，本書ではこれを取り上げる。

会社関係者等のインサイダー取引規制は，

(i) 行為者が，上場会社等の役職員，契約締結者等の会社関係者等であること

(ii) 上場会社に係る業務等に関する未公表の重要事実があること

(iii) 当該業務等に関する重要事実を知って特定有価証券等の売買等を行うこと

を原則として禁止するものである（金商法166条1項・3項）。

以下，「上場会社等」「会社関係者等」「重要事実」「公表」「特定有価証券等」「売買等」のそれぞれについて説明する。

②　「上場会社等」とは

上場会社等とは，(i)社債券，(ii)優先出資法に規定する優先出資証券，または(iii)株券もしくは新株予約権証券で証券取引所に上場されているもの，店頭売買有価証券または取扱有価証券に該当するものその他政令で定める有価証券の発行者をいうが（金商法163条1項），上場会社と理解しておけばよい。

③　「会社関係者等」とは

会社関係者等とは，以下の者をいう。

会社関係者等の対象者	意　義
❶会社関係者	上場会社等またはその親会社もしくは子会社の(a)役職員（会計参与が法人のときはその社員），(b)会計帳簿閲覧等請求を有する株主，(c)法令に基づく権限を有する者（会社に対して立入検査や捜査を行う公務員），(d)契約締結者・契約締結交渉中の者，(e)(b)または(d)と同一法人の他の役職員
❷元会社関係者	❶の会社関係者でなくなってから1年以内の者
❸情報受領者	会社関係者または会社関係者でなくなってから1年以内の者から重要事実の伝達を受けた者および職務上の情報受領者と同一法人の他の役職員

④ 「重要事実」とは

重要事実とは，投資者の投資判断に重要な影響を及ぼす情報である。

以下の❶～❸と❺～❼は投資者の投資判断に影響を及ぼすべき性質の事実で，投資判断に及ぼす実際の影響は要件とされていないが，❹と❽は実際に投資者の投資判断に著しい影響を及ぼす事実である。

なお，❶❷❺❻については，軽微基準が定められており，一定の軽微な事由は除外されている。

類　型	内　容
❶決定事実（金商法166条2項1号）	株式・新株予約権の募集，資本金の減少，準備金の減少，自己株式の取得，株式無償割当て，株式の分割，剰余金の配当，株式交換・株式移転・株式交付，合併，会社分割，事業譲渡等，解散，新製品・新技術の企業化，業務提携等（業務提携またはその解消，固定資産の譲渡または取得，事業の全部または一部の休止，株券の上場廃止の申請，破産・再生・更生の申立，新たな事業の開始等）
❷発生事実（金商法166条2項2号）	災害に起因する損害または業務遂行の過程で生じた損害，主要株主の異動，上場廃止等の原因となる事実，その他これらに準ずる事実（訴えの提起または判決もしくは裁判によらない完結，仮処分の申立てまたは当該裁判もしくは裁判によらない完結，免許の取消し，親会社の異動，主要取引先との取引の停止等）
❸決算情報（金商法166条2項3号）	単体・連結の売上高・経常利益・純利益等の予想値の修正等。
❹バスケット条項（金商法166条2項4号）	上記❶～❸以外の投資者の投資判断に著しい影響を与える事実。
❺子会社の決定事実（金商法166条2項5号）	子会社の株式交換・株式移転・株式交付，合併，会社分割，事業譲渡等，解散，新製品または新技術の企業化，業務提携等（業務提携またはその解消），固定資産の譲渡または取得，事業の全部または一部の休止，株券の上場廃止の申請，破産・再生・更生の申立，新たな事業の開始等）
❻子会社の発生事実（金商法166条2項6号）	子会社の災害に起因する損害または業務遂行の過程で生じた損害，その他これに準ずる事実（訴えの提起または判決もしくは裁判によらない完結，仮処分の申立てまたは当該裁判もしくは裁判によらない完結，免許の取消し，主要取引先との取引の停止等）
❼子会社の決算情報（金商法166条2項7号）	上場・店頭登録・グリーンシート銘柄・トラッキングストック対象の子会社の売上高等の予想値の修正等。
❽子会社のバスケット条項（金商法166条2項8号）	上記❺～❼以外の投資者の投資判断に著しい影響を与える事実。

⑤ 「公表」とは

　インサイダー取引規制の対象となるのは，重要事実の発生後，公表前に特定有価証券等の売買等をすることであって，重要事実の公表後はインサイダー取引規制の対象とならない。

　したがって，どのような状態になると「公表」というのかが重要となる。

　「公表」とは，以下のいずれかの措置がとられたことをいう（金商法166条4項，金商法施行令30条1項1号・2号，2項）。

> ①　上場会社等の代表取締役またはその委任を受けた者が2つ以上の報道機関に重要事実公開したときから12時間を経過すること
> ②　証券取引所または証券業協会の規則で定めるところによる当該証券取引所または証券業協会に通知し，これが当該証券取引所または証券業協会において電磁的方法（東証のTDnet[5]等）により公衆の縦覧に供されたこと
> ③　有価証券届出書，発行登録書，発行登録追補書類，有価証券報告書，半期報告書，臨時報告書，これらの添付書類や訂正書類に記載して内閣総理大臣に提出し，これが公衆の縦覧に供されたこと（EDINET[6]により提出された場合にはこれが財務局の使用するコンピュータの画面に表示されたこと）

　なお，自社のWEBサイトに情報を掲載したとしても「公表」には該当しない。

⑥ 「特定有価証券等」とは

　特定有価証券等とは，(i)社債券，優先出資証券，株券，新株予約権証券等の特定有価証券と(ii)特定有価証券に係るオプションを表示する関連有価証券のことであるが（金商法163条1項），IPO準備会社においては，ひとまず株券（株式）と理解しておけばよい。

⑦ 「売買等」とは

　売買等とは，売買その他の有償の譲渡・譲受けのみならず，先物取引・オプション取引等のデリバティブ取引も含まれる。

5　東京証券取引所の運営する適時開示情報伝達システム（Timely Disclosure network）のこと
6　Electronic Disclosure for Investor's NETworkの略

(3) インサイダー取引規制に違反した場合
① 刑事罰

インサイダー取引規制に違反した者は，5年以下の懲役もしくは500万円以下の罰金に処せられ，またはこれらを併科される（金商法197条の2第13号）。

また，インサイダー取引により得た財産は没収され（金商法198条の2第1項本文・第1号），それができない場合はその価額を追徴される（金商法198条の2第2項）。

法人の業務または財産に関して，インサイダー取引をした場合には，法人にも5億円以下の罰金が科される（金商法207条1項2号）。

② 課徴金

課徴金制度は，有価証券届出書の虚偽記載やインサイダー取引，相場操縦，風説の流布，偽計取引等の違反行為を抑止するために，これらの規制に違反した者に対して金銭を支払わせる行政上の措置である。

会社関係者等のインサイダー取引規制違反の場合の課徴金の額は，以下のとおりである。

① 重要事実の公表日前6か月以内に有価証券の売付け等を行っている場合
   当該売付け等の価額（売付け等をした価格×数量）－重要事実公表後の価額（公表日の翌日の最終価格×数量）

② 重要事実の公表日前6か月以内に有価証券の買付け等を行っている場合
   重要事実公表後の価額（公表日の翌日の最終価格×数量）－当該買付け等の価額（買付け等をした価格×数量）

   ただし，課徴金納付命令の時点ですでに刑事裁判が確定し，没収・追徴相当額が確定している場合には，当該没収・追徴相当額を控除した額の課徴金納付命令が行われ（金商法185条の8第6項），刑事裁判が係属中の場合には，刑事裁判が確定し，課徴金の額の調整の要否が決定されるまで課徴金命令の効力が発生しない（金商法185条の8第2項）。

(4) 情報伝達・取引推奨行為の規制
① 制度趣旨

以前はインサイダー取引を引き起こす可能性のある情報を伝える行為自体は，

規制されていなかった（教唆・幇助の可能性はあったが）。

しかしながら，公募増資に際して，引受証券会社からの情報漏えいに基づくインサイダー取引や会社関係者から情報伝達を受けた情報受領者によるインサイダー取引が多数発生したため，2013年金商法改正により，上場会社に関する未公表の重要事実を伝える行為（情報伝達行為）とそのような重要事実を知った上で他人に当該上場会社の株券等の取引を推奨する行為（取引推奨行為）が規制されるようになった（金商法167条の2）。

ただし，業務提携の交渉や企業のIR活動等の通常業務・活動に影響を与えないように，情報伝達行為や取引推奨行為が「他人に売買をさせることにより利益を得させ，または損失を回避させる目的」という主観的要件を満たす必要がある。

② 「会社関係者」とは

会社関係者とは，以下の者をいう。

会社関係者等の対象者	意義
❶会社関係者	上場会社等またはその親会社もしくは子会社の(a)役職員（会計参与が法人のときはその社員），(b)会計帳簿閲覧等請求をする株主，(c)法令に基づく権限を有する者（会社に対して立入検査や捜査を行う公務員），(d)契約締結者・契約締結交渉中の者，(e)(b)または(d)と同一法人の他の役職員
❷元会社関係者	❶の会社関係者でなくなってから1年以内の者

情報受領者は情報伝達・取引推奨規制の対象となっていない。

③ 目的要件

公表前に取引させることにより利益を得させ，または損失の発生を回避させる目的が必要とされている。

④ 情報伝達・取引推奨行為

情報伝達行為は，口頭，書面等により重要事実の全部または一部を伝える行為である。

取引推奨行為は，明示的または黙示的に売買を勧める行為である。

⑤ 刑事罰・課徴金

情報伝達行為や取引推奨行為に課徴金（売買等によって得た利得相当額の2分の1）や刑事罰（5年以下の懲役もしくは500万円以下の罰金またはこれら

の併科）等が科されるのは，情報伝達行為や取引推奨行為に基づき実際に売買等を行った場合に限定される。

▶▶ 応用Q&A

Q1 【重要事実の決定時期】
P.181のケーススタディの事例において（Q2も同様），B社では，すべてのM&Aについて，代表取締役CEOであるFと取締役CFOであるGとで決定し，その後，取締役会の承認を得る流れで進めていた。A社の株式取得が決定事実となるためには，B社の取締役会の正式な機関決定まで必要か？

A1 決定事実は，実質的に会社の意思決定と同視されるような意思決定を行うことのできる機関により決定されれば足りるから，FとGとの間で，A社株式取得の実現を意図して，株式取得またはそれに向けた作業等を会社の業務として行う旨の決定がされれば足り，取締役会の機関決定までは不要である。

なお，A社の株式取得の実現可能性があることが具体的に認められることは要しないと解されている（最高裁決平成23年6月6日・最高裁判平成11年6月10日）。

Q2 【インサイダー取引規制適用除外】
B社の取締役のDは，A社の株式取得という決定事実を知っているHからB社株式を相対で取得する場合もインサイダー取引となるか？

A2 未公表の重要事実を知っている者同士の相対取引（証券市場を介在させない直接取引）は「クロクロ取引」と言われ市場における投資判断に影響を与えないと考えられるため，インサイダー取引の適用除外とされている（金商法166条6項7号）。そのため，インサイダー取引にならないと考えられる。

その他，新株予約権を行使する場合（金商法166条6項2号），株式買取請求権に基づき売買をする場合（金商法166条6項3号），自己株式を取得する場合（金商法166条6項4号の2），知る前契約・計画の履行・

実行として行われる売買（金商法166条6項12号）等がインサイダー取引規制の適用除外とされている。

Q3　上場会社になると投資家間の情報の公平性を確保するためにフェア・ディスクロージャー・ルールという制度があるが，インサイダー規制と関係はあるのか？

A3　フェア・ディスクロージャー・ルール（FDR）とは，上場会社が未公表の決算情報や会社内で生じた投資判断にとって重要な情報について，証券アナリスト等特定の者に開示した場合，それが意図的な開示であった場合には同時に当該情報を公表しなければならず，それが意図的でない開示であった場合には迅速に当該情報を公表しなければならないというルールのことである（金商法27条の36）。2018年4月1日に改正施行された金融商品取引法により，開示規制の一環として導入された。

　そもそもインサイダー取引規制は，上場会社に重要事実の公表を求める制度でもインサイダー取引が行われた場合に公表する義務を負わせる制度でもない。そして，証券アナリスト等に重要事実には該当しないものの，投資判断に重要な影響を与える可能性のある事実を伝達することが増えてきて，一般投資家との公平性が損なわれてきたため，FDRが創設されたのである。

　FDRにおける重要情報とは，「上場会社等の運営，業務又は財産に関する公表されていない重要な情報であって，投資者の投資判断に重要な影響を及ぼすもの」（金商法27条の36第1項本文）であり，重要事実よりも広い概念である。すなわち，公表前の決算情報については，機関決定に至っていない情報や重要事実となる基準に満たない情報であっても重要情報に該当する可能性がある。例えば，当期の業績予想で売上高を200億円と発表した上場会社が，185億円に下方修正した場合，10％以上の増減があるわけではないので重要事実には該当しないが，株価を大きく変動させる可能性が高い情報であり，投資者の投資判断に重要な影響を及ぼすものとして，重要情報に該当する。

▶▶ 確認テスト

問1：取締役が退任してすぐに自社の株式を取引しても問題ないか？
問2：重要事実が日刊新聞誌1社に報道された直後は，重要事実の公表となるか？

解答1：× 会社関係者でなくなってから1年以内の者も「会社関係者等」となるので，株式取引をする際にはインサイダー取引に留意する必要があり，インサイダー取引規程等に定められた手続きを履践する必要がある。
解答2：× 上場会社等の代表取締役またはその委任を受けた者が2つ以上の報道機関に重要事実公開したときから12時間を経過することが必要である。その他公表といえるのは，TDnetへの掲載か有価証券届出書の公衆縦覧である。

第IV章

ディスクロージャー

金融商品取引法
1. 事業等のリスクの記載について
2. ブックビルディング方式による公開価格の決定

適時開示
3. 適時開示

収益認識
4. 収益認識に関する会計基準

固定資産関連
5. 固定資産の計上基準
6. 減損会計の適用
7. 資産除去債務の適用

引当金
8. 退職給付引当金の計上
9. 税効果会計の適用

連結会計
10. 企業結合及び連結決算

キャッシュ・フロー
11. 連結キャッシュ・フロー計算書

純資産
12. ストック・オプション

1 【金融商品取引法】事業等のリスクの記載について

サマリー説明

◇ 事業等のリスク

　IPO準備会社としては，投資家の投資判断に重要な影響を及ぼすおそれがあると考えられる会社が負っているリスクを「事業等のリスク」として，Ⅰの部や有価証券届出書に記載し，開示する必要がある。これは経営者と投資家との間の情報の偏在を是正するために行うもので，投資により損害が生じる可能性を事前に周知させ，自己責任による投資を促すためのものである。

　「事業等のリスク」には，事業の状況，経理の状況等に関する事項のうち，経営者が連結会社の財務状態，経営成績およびキャッシュ・フローの状況に重要な影響を与える可能性があると認識している主要なリスク（連結会社の経営成績等の状況の異常な変動，特定の取引先・製品・技術等への依存，特有の法的規制・取引慣行・経営方針，重要な訴訟事件等の発生，役員・大株主・関係会社等に関する重要事項等投資者の判断に重要な影響を及ぼす可能性のある事項）をいう。

　なお，「事業等のリスク」については，単なるリスク内容の羅列のみならず，当該リスクが顕在化する可能性の程度や時期，当該リスクが顕在化した場合に会社の経営成績等の状況に与える影響の内容，当該リスクへの対応策を記載することが求められている。

　「事業等のリスク」は多岐にわたるため，主幹事証券会社のほか，弁護士等の専門家のレビューを受けるべきである。

◇ IPO準備実務でのよくあるケース

　何を記載してよいかわからず，同業他社のものを参考に作成するケースが多いと思われるが，同じ業界であっても個々の会社によって事業内容や規模が異なればリスクも異なるので，自ずと記載は同じにならない。また，どこまで記載すべきかであるが，リスクを開示していないと開示義務違反となりかねない

ので，丁寧かつ積極的に記載すべきである。

▶▶ ケーススタディ

> A社は，IPOを目指して準備をしており，現在，Ⅰの部を作成中である。「事業等のリスク」に関して，直近で上場した類似企業を参考に作成しているが，以下のような事象も「事業等のリスク」として記載する方がよいか？
> ① 株式を40％保有する大株主が経営陣とは別にいる。
> ② 元従業員との間で割増賃金請求訴訟が係属している。
> ③ サービス名を「BZ」としているが，「BZ」に関する商標権は未だ取れておらず，出願中である。

問題の所在

①から③の事象は，いずれも重要な影響を及ぼすおそれがあると考えられる，会社が負っているリスクである。これらの情報が開示されていないことは重大な開示義務違反といえる。

IPO準備会社としては，ガイドラインや記載例を参考にして，記載するか悩んだら記載するといった覚悟で開示していくべきであろう。

改善ポイント

(1) ケーススタディへの対応

ケーススタディに列挙した①～③について，後述するガイドラインや記載事項例にあてはめてみる。

① 経営陣と別に大株主が40％を保有していることは，いつ株式を売却されて，支配権が変更されてしまうかもわからないため，投資判断に影響を与えるものであるから「事業等のリスク」として開示すべきである。

② 労働訴訟は重要な訴訟といえるから，「事業等のリスク」として開示すべきである。

③ 商標が取得できないとそれまで使用していた「BZ」というサービス名

が使用できなくなり，事業上または業績上影響を与える可能性があるから，「事業等のリスク」として開示されるべきである。

(2) 「事業等のリスク」に関する取扱いガイドライン

リスク情報開示の記載例に関する金融庁のガイドラインは，「企業内容等の開示に関する留意事項について（企業内容等開示ガイドライン）」（令和6年4月金融庁企画市場局）内の「C　個別ガイドライン　I「事業等のリスク」に関する取扱いガイドライン」である。大変参考になるため，以下，全文を掲載する。

C　個別ガイドライン
I　「事業等のリスク」に関する取扱いガイドライン
1　開示府令第二号様式記載上の注意(31)a，第四号の三様式記載上の注意(7)a及び第五号様式記載上の注意(10)aに規定する「事業等のリスク」の記載例としては，おおむね以下に掲げるものがある。なお，記載例とは別種の事項についても，投資家に誤解を生ぜしめない範囲で会社の判断により記載することを妨げるものではない。
(1)　会社グループがとっている特異な経営方針に係るもの
a　当社グループ（当社及び連結子会社）は，過去3年間，一株当たり○○円，○○円，○○円の利益を計上しているが，当社グループは内部留保を充実するため配当を実施していない。当面はこの方針を継続することとしている。
b　当社グループ製品の○○％は，海外生産拠点によって生産されている。主要な海外生産拠点はA国（生産高の○○％），B国（同○○％），C国（同○○％）であり，当該各国企業への投融資残高は，A国（○○億円），B国（○○億円），C国（○○億円）である。
c　当社グループは，自社開発の技術については，技術流出を避けるため一切の特許申請を行っていない。
(2)　財政状態，経営成績及びキャッシュ・フローの状況の異常な変動に係るもの
a　当社グループの主要製品（売上高の○○％）及びそれに使用される原材料は国際商品市況に大きく影響され，それにより当社グループの過去の経営成績も下のグラフのように大きく変動している（製品市況，原材料市況，当該会社の経営成績についてグラフ表示）。
b　当社グループの主要事業である海外プラント工事は，一工事の請負金額が大きく，完成までに長期間を要する。また，工事施行国の中には現在，他国と紛

争中のものがあり，工事の進行が大幅に遅れる可能性がある。例えば○○期では，○○戦争により○○国における工事が大幅に遅れ，その結果，売上高，利益とも前期の約○○％と大幅に落ち込んだことがある。
c 当社グループの輸出比率は，○年○月期○○％，○年○月期○○％，○年○月期中（○年○月○日から○年○月○日まで）○○％と高くなってきている。このため，為替予約等によるリスクヘッジを行っているが，当社グループの経営成績は為替変動の影響を強く受けてきている。

(3) 特定の取引先等で取引の継続性が不安定であるものへの高い依存度に係るもの
a 当社グループの売上高の○○％はＡ社に対するものであるが，同社とは，納入数量，価格等に関する長期納入契約を締結していない。
b 当社製品の販売についてはその大半を海外市場に依存しており，これらの中には，現在，政治的，経済的に不安定な状態にあるＡ国，Ｂ国等が含まれ，その依存度は○○％である。

(4) 特定の製品，技術等で将来性が不明確であるものへの高い依存度に係るもの
a 当社の主要製品である○○の市場占有率は○○％と高いが，その成分及び製造方法について，特許権等を有していないので，新規参入も予想される。
b 当社は，○○特許に基づく，○○製品の製造販売を行っているが，同製品の特許期限は，○年○月までであり，その後は新規参入が予想される。
c 当社製品は，ライフサイクルが短く，従来，生産開始より生産停止までの期間が短期間であった（○○期の主力製品Ａは○○カ月，○○期の主力製品Ｂは○○カ月）。現在販売中の主力製品Ｃの生産開始は○年○月である。
d 当社の主要製品は，米国Ａ社からの技術導入によって製造しているが，その製品は，技術導入契約により米国，欧州地区には輸出できないこととなっている。
　同製品の主な輸出先は，中近東地区（○○％）及び東南アジア地区（○○％）である。
e 当社は主力商品である○○の開発等に関し，Ａ社とライセンス契約を締結している。これにより，主力商品である○○の規格・仕様等については，同社の承認が必要となっている。

(5) 特有の取引慣行に基づく取引に関する損害に係るもの
a 当社グループ売上高の○○％は，委託販売によっている。委託販売は，当業界の一般的な取引慣行であり，委託先の信用に基づき商品を預託し，販売を委託するもので，その際，委託先より営業保証金及び物的担保は徴求していない。当社グループは委託先の倒産により，○○期において○○百万円の損失を計上

している。
- b 当社グループは仕入商品について業界の取引慣行により，一定期間，一定価格による全額買取保証契約を締結している。当社は〇〇期において〇〇百万円の商品の廃棄損を計上している。

(6) **新製品及び新技術に係る長い企業化及び商品化期間に係るもの**
- a 当社グループによる〇〇の開発について新聞紙上等で報道されているが，これは，現在試作の段階であり，実用化の目途がつき販売を開始することができるのは，早くて〇年後の予定である。
- b 当社グループは〇〇製品の企業化を図るため，新工場を建設中であるが，その成否は当社グループの将来に重大な影響を及ぼすと見込まれる。その完成の時期は，〇年後の予定であり，採用した新技術の習熟に時間を要するため，その全面操業の時期は完成後〇年の予定である。

(7) **特有の法的規制等に係るもの**
- a 現在，当社が開発中の〇〇製品について，新聞紙上等で報道されているが，この認可申請は早くて〇年後の予定であり，認可申請をしても承認される保証はない（承認されない場合もある）。
- b 当社の〇〇製品については，現在，生産調整カルテルが実施されている（〇年〇月から〇年〇月まで）。
- c これまで当社の〇〇製品の製品規格について法定されたものはなかったが，このほど全米〇〇業界は新たに自主的な製品規格を設定した。この結果，当社の輸出品はこれら規格に適合することが必要となったが，適合する製品の開発には，約〇年を要するものと見込まれる。
- d 当社は，商品の大部分を自社店舗において販売しており，また現在，事業展開の軸として店舗網の拡大を図っているところであるが，出店等については「〇〇法」の規制の対象であり，〇〇大臣の許可等の対象となっている。

(8) **重要な訴訟事件等の発生に係るもの**
- a 当社が〇〇期まで発売していた〇〇製品について，薬害があったとして〇〇より〇億円の損害賠償請求が〇〇裁判所へ提訴されている。
- b 当社は主要製品である〇〇を，主に米国に輸出しているが，類似の製品を同国で販売しているＡ社から，特許権を侵害しているとして，米国〇〇裁判所に提訴されている。

(9) **役員，従業員，大株主，関係会社等に関する重要事項に係るもの**
- a 当社取締役社長甲は，当社製品の〇〇％の販売先であるＡ社の株式を〇〇％所有している。なお，当社グループとＡ社グループとの間の取引価格及び取引条件は他の販売先と同一である。

b 当社の銀行からの借入金に対して、当社取締役社長甲が保証を行っている。
c 当社取締役社長甲の銀行からの借入金に対して、当社は保証を行っている。
d 当社の有力な営業担当者○○名は、○年○月退社し、新たに株式会社○○社を設立して、当社と同一の営業を開始した。この結果、当社と○○社は競合する関係となった。

⑽ **会社と役員又は議決権の過半数を実質的に所有している株主との間の重要な取引関係等に係るもの**
a 当社は、本社社屋を当社取締役社長甲より賃借している。その賃借条件は次のとおりであるが（賃借面積、支払賃借料等を記載）、賃借料率、保証金額は不動産鑑定士○○事務所の鑑定評価額を参考に決定している。
b 当社の製品○○の主要材料である○○は、B商会㈱から仕入れているが、同商会の代表取締役である甲は、当社の議決権の過半数を実質的に所有している株主である。
　なお、同商会からの仕入価格その他の取引条件は、他の仕入先と同一である。
c 当社は、親会社であるA社の総販売代理店として、輸出を除き、同社全製品の国内向け販売を取り扱っている。
　なお、A社からの仕入価格、その他の取引条件は、毎期首、両者間で市場動向その他を勘案して協議決定している。

⑾ **将来に関する事項について**
　以上に記載している将来に関する事項は、有価証券届出書提出日（○年○月○日）現在において当社グループが判断したものである。

2　開示府令第二号様式記載上の注意㉛ｂ、第四号の三様式記載上の注意⑺ｂ及び第五号様式記載上の注意⑽ｂに規定する「提出会社が将来にわたって事業活動を継続するとの前提に重要な疑義を生じさせるような事象又は状況その他提出会社の経営に重要な影響を及ぼす事象」については、その経営への影響も含めて具体的な内容を記載すること。
　このうち、「提出会社が将来にわたって事業活動を継続するとの前提に重要な疑義を生じさせるような事象又は状況」は、おおむね以下に掲げる事象又は状況（これらに限るものではないことに留意する。）が単独で又は複合的に生ずることにより該当し得るものであることに留意する。
⑴　売上高の著しい減少
⑵　継続的な営業損失の発生又は営業キャッシュ・フローのマイナス
⑶　重要な営業損失、経常損失又は当期純損失の計上
⑷　重要なマイナスの営業キャッシュ・フローの計上

(5) 債務超過
(6) 営業債務の返済の困難性
(7) 借入金の返済条項の不履行又は履行の困難性
(8) 社債等の償還の困難性
(9) 新たな資金調達の困難性
(10) 債務免除の要請
(11) 売却を予定している重要な資産の処分の困難性
(12) 配当優先株式に対する配当の遅延又は中止
(13) 主要な仕入先からの与信又は取引継続の拒絶
(14) 重要な市場又は得意先の喪失
(15) 事業活動に不可欠な重要な権利の失効
(16) 事業活動に不可欠な人材の流出
(17) 事業活動に不可欠な重要な資産の毀損,喪失又は処分
(18) 法令に基づく重要な事業の制約
(19) 巨額な損害賠償金の負担の可能性
(20) ブランド・イメージの著しい悪化

3 　開示府令第二号様式記載上の注意(31)ｂ,第四号の三様式記載上の注意(7)ｂ及び第五号様式記載上の注意(10)ｂに規定する「当該重要事象等を解消し,又は改善するための対応策」については,当該提出会社に係る財務の健全性に悪影響を及ぼしている,又は及ぼし得る要因に関して経営者が講じている,又は講じる予定の対応策の具体的な内容(実施時期,実現可能性の程度,金額等を含む。)を記載すること。なお,対応策の例としては,おおむね以下に掲げるものがある(ただし,これらに限るものではないことに留意する。)。
(1) 資産の処分(有価証券,固定資産等の売却等)に関する計画
(2) 資金調達(新規の借入れ又は借換え,新株又は新株予約権の発行,社債の発行,短期借入金の当座貸越枠の設定等)の計画
(3) 債務免除(借入金の返済期日の延長,返済条件の変更等)の計画
(4) その他(人員の削減等による人件費の削減,役員報酬の削減,配当の支払いの減額等)

(3) グロース市場向け「Ⅰの部」の「事業等のリスク」における記載事項例

　また,東京証券取引所は,グロース市場を目指す会社は社歴の浅い会社や赤字会社が見込まれるため,その内在する投資リスクは大きいと考え,グロース

市場向けに「Ⅰの部」の「事業等のリスク」における記載事項例を公表している（東京証券取引所「2024新規上場ガイドブック（グロース市場編）」55頁～）。

> **（参考）「Ⅰの部」の「事業等のリスク」における記載事項例**
> 　例えば，以下のような事象又は状況その他申請会社の企業グループの経営に重要な影響を及ぼす事象等が存在する場合には，その旨及び具体的に想定されるリスクの内容を分かりやすく，かつ，簡潔に記載してください。また，申請会社の企業グループの経営成績等の状況に重要な影響を与える可能性があると認識している主要なリスクに関しては，当該リスクが顕在化する可能性の程度や時期，当該リスクが顕在化した場合に申請会社の企業グループの経営成績等の状況に与える影響の内容，当該リスクへの対応策を記載するなど，具体的に記載してください。
> ○社歴・業歴が浅いことに係るリスク
> ・設立してまだ間もなく，社長などの債務保証が必要な場合
> ・事業化を始めてからまだ本格的な軌道に乗っていない場合　など
> ○財政状態，経営成績及びキャッシュフローの状況に係るリスク
> ・現在利益を計上していない若しくは累積損失を抱えている場合
> ・事業計画上において，今後も利益を計上できない可能性がある場合
> ・借入金（偶発債務も含みます）への依存が高い場合　など
> ○過去の業績のトレンドが投資判断上，有用性が低い又は低くなる可能性があることに係るリスク
> ・社歴・業績が浅いことにより期間業績比較を行うために十分な期間の財務情報を得られない場合
> ・申請会社の過去の業績が，何らかの要因により利益を計上できなかった場合
> ・今後事業展開を大きく変更しようとしている場合　など
> ○業界環境等の著しい変化に係るリスク
> ・申請会社の企業グループの属する業界が，新規参入，周辺環境の変化等により，今後急激に変化する可能性がある場合　など
> ○特定の人物または特定の技能等を有する人材への高い依存度に係るリスク
> ・役員・従業員数が少ない状況において，経営あるいは特定の技能を特定の人物に依存しており，代替要員の確保が困難である場合　など
> ○事業拡大に向けた人材確保に係るリスク
> ・事業拡大に人材確保が不可欠なビジネスモデルであって，採用が順調に進まない，あるいは同業種内での人材獲得競争が激しくなった場合に，事業計画の進捗に影響を与える可能性がある場合　など
> ○新製品及び新技術に係る長い事業化・商品化期間に係るリスク

- 新製品，新技術を開発しており，事業化または商品化に長期間を要することが予想され，研究開発費が長期に亘って計上される場合，あるいは新工場の建設による全面稼動に数年を要する場合　など

○特定の製品，技術等で将来性が不明確であるものへの高い依存度に係るリスク
- 既に特定の製品を販売あるいは開発した技術に基づき事業を行っているものの，特許権等を有していないために他社の新規参入が予想される場合，あるいは当該製品をある会社とのライセンス契約により販売している場合
- ある一つの製品のみに依存しており，業界環境の変化，あるいは仕入先との契約の変更等によって安定した供給ができない場合　など

○特定の取引先等で取引の継続性が不安定であるものへの高い依存度に係るリスク
- 仕入，販売等において，ある特定の相手先に依存しており，継続的な取引が困難になる可能性がある場合，あるいは代替先を見つけることが困難である場合　など

○価格変動に係るリスク
- 販売先との間で長期的な契約を締結しており，原材料の仕入価格や人件費等の上昇を速やかに価格転嫁することが困難である場合　など

○システムトラブルに係るリスク
- SaaS型のビジネスモデルなどにおいて，自社アプリケーションあるいは自社以外の特定のクラウドサービスのシステムトラブルが多数の顧客へのサービス提供に影響を与える場合　など

○大量の個人情報を保有していることに係るリスク
- 大量の個人情報を保有する必要があるビジネスモデルであって，当該個人情報が漏洩した場合に補償に伴う多額の損失の発生可能性がある場合，あるいは申請会社の事業運営に影響を与える可能性がある場合　など

○特有の法的規制または取引慣行等に係るリスク
- 事業運営上，法規制の適用を受ける場合，あるいは今後何らかの法規制が考えられる場合　など

○主要な事業活動の前提となる事項に係るリスク
- 申請会社の主要な業務または製商品に係る許可・認可・免許・登録・販売代理店契約・生産委託契約等（以下，「許認可等」といいます）があり，当該許認可等が取消しや解約されることで申請会社の事業活動に支障をきたす場合　など

○重要な訴訟事件等の発生に係るリスク
- 申請会社の業績に重要な影響を与える訴訟事件が発生している場合
- 現在は何ら訴訟事件は発生していないものの，今後の業界環境の変化などにより訴訟を受ける可能性がある場合　など

○関連当事者その他特定の者との間の重要な取引関係等に係るリスク
- 申請会社の役員等が会社の債務を保証している場合や，その金額，解消の時期等によって申請会社の事業運営に影響を与える可能性がある場合　など

○大株主との関係に係るリスク
- 大株主による申請会社の経営への関与の状況が，今後の申請会社の事業展開上何らかの影響を及ぼす可能性がある場合
- 大株主に事業運営上依存しており，何らかの事由により当該大株主との取引が継続できなくなる可能性がある場合　など

○現在あるいは今後の事業展開に係るリスク
- 仕入・生産・販売などにおいて，事業展開上重要な役割を果たす提携先とパートナーシップを締結している場合
- 現在行っている事業あるいは今後新たに行う事業の中で，重点的に行う事業や拡大を予定している事業がある場合において，それに伴う事業リスク，訴訟リスク等が発生する可能性がある場合　など

○その他投資者の判断に重要な影響を及ぼす可能性がある事項に係るリスク
- ストック・オプションの割当を行っており，それらの行使による一株当たりの株式価値の希薄化及び株式市場における短期的な需給バランスの変動の発生により，株価形成に影響を与える可能性がある場合
- 株主と申請会社との間の契約の締結により上場後一定期間株式を売却しないことを取り決めている場合　など

(4) 記載例と別種の事項

　記載例とは別種の事項についても，投資家に誤解を生ぜしめない範囲で会社の判断により記載することを妨げるものではないとされている。直近10年以内に上場した会社の中にも，過去のストック・オプションの発行にあたり，無届募集してしまったことおよびそれに関して何らかの処分を受けた場合には事業や業績に影響を及ぼす可能性があることを開示するもの，代表取締役が過去に所属した会社に問題があり，その外部調査をし，その結果問題ないと判断したこと等を開示している例がある。

▶▶　応用Q&A

Q1　A社は，ベンチャー・キャピタル複数社から新株発行による多額の資金調達を行っている。こういった状況であることを「事業等のリスク」

A1 に記載する必要はあるか？
　　ベンチャー・キャピタルがベンチャー・スタートアップの株式を取得するのは，上場後に保有する株式を売却し，キャピタルゲインを得ることが主要な目的である。
　　したがって，上場後にベンチャー・キャピタルにより株式が売却される可能性は十分あるため，需給バランスが崩れ，短期的に株価が低下する等の影響がある旨を「事業等のリスク」に記載すべきである。

Q2　新型コロナウイルスなどパンデミックの影響についても「事業等のリスク」に記載したほうがよいか？
A2　「事業等のリスク」に対して，現状どういった措置を採っているか（リモートワークや時差出勤等）を記載しつつ，今後，新型コロナウイルスが長引いた場合に，売上が減少する可能性があるのか，財務状況に影響するのか，といった事項を記載すべきである。

▶▶ 確認テスト

問1：「事業等のリスク」をⅠの部や有価証券届出書に記載するのは経営者と投資家との間の情報の偏在を是正するためである。
問2：Ⅰの部の「事業等のリスク」には，「企業内容等開示ガイドライン」の記載例以外の項目を記載してはいけない。

解答1：○　経営者と投資家との間の情報の偏在を是正し，投資により損害が生じる可能性を事前に周知させ，自己責任による投資を促すために行われる。
解答2：×　記載例とは別種の項目についても，投資家に誤解を生ぜしめない範囲で会社の判断により記載することを妨げるものではないとされている。

2 【金融商品取引法】ブックビルディング方式による公開価格の決定

サマリー説明

◇ ブックビルディング方式のプロセス

IPOにおける公開価格（発行価格・売出価格）の決定は，いわゆる「ブックビルディング方式」によって行われている。具体的には，以下の3段階のプロセス（想定公開価格の決定，仮条件の決定，公開価格の決定）を経て行われる。

仮条件の決定プロセスおよびブックビルディングの2度にわたって投資家動向を反映させることで，需要に基づいた適切な価格設定を目指す。

当初は公開価格が未定のままで有価証券届出書を提出するため，仮条件の設定時と公開価格の決定時には訂正届出書の提出を行う。

想定公開価格	**＜想定公開価格＞** 主幹事証券会社が，調査部門のアナリスト等の分析や市場環境等を踏まえて検討した価格を発行会社に提案し，発行会社が主幹事証券会社と協議の上，想定公開価格を決定。
ロードショー	発行会社の経営人が事業内容や経営戦略等を機関投資家に直接説明し，機関投資家から適切な評価が得られるよう働きかける。
仮条件	**＜仮条件（株価レンジ）の決定＞** ロードショーで訪問した機関投資家を中心に収集した発行会社の株価に関する意見や事業内容，成長性等に関する評価も参考にしながら，ブックビルディングの判断材料となる株価のレンジを「仮条件株価」として決定する。
ブックビルディング	仮条件として示した株価レンジにおける価格別需要を一般投資家および機関投資家双方から集め積み上げる。
公開価格	**＜公開価格の決定＞** ブックビルディングの結果およびマーケット環境，期間リスク等を総合的に勘案して，発行会社が主幹事証券と協議の上，公開価格を決定する。
市場での流通価格	新規上場直後は需給関係等の要因により，株価が不安定な動きを示す局面があるが，時間の経過とともに一定の水準に収斂していくのが一般的である。

◇ IPO準備実務でのよくあるケース

公開価格は，証券会社の意向やIPO準備会社の希望だけで決定されるものではない。価格決定プロセスを理解し，投資家への訴求ポイントをきちんと考えておかないと，思ったような結果は期待できない。

▶▶ ケーススタディ

> A社の上場承認が近づき，主幹事証券会社からA社に対して有価証券届出書に記載する想定公開価格（想定発行価格，想定売出価格）について提案が行われた。A社としては，証券会社が自信を持って合理的なロジックによって算出したものであれば，その価格で募集を行えばよいのではないかと考え，わざわざロードショーを行って投資家の意見を確認することが無駄に思えてしまう。
> この考え方の問題点を指摘し解決策を提示しなさい。

問題の所在

IPOとは，これまで非上場会社として情報が開示されていなかった会社の情報を開示し，市場での価格を付けることを意味する。投資する者は短いファイナンス期間中に会社を評価しなければならない。有価証券届出書に記載された株価をいわば叩き台として，機関投資家が主幹事証券会社にフィードバックした評価が，仮条件設定の根拠となる。さらにブックビルディングによって投資家全体の需要を確認して公開価格が決定される。

また，IPOファイナンスには1か月以上の期間を要すため，その間の株式マーケットの変動リスクも考慮しなければならない。

改善ポイント

上場する会社としては，有価証券届出書および投資家に配布される目論見書によって，会社の事業内容，特徴，経営成績，財政状態等を正しく把握してもらえるよう努力する必要がある。また，効果的なロードショーを行うことが，適正な株価形成につながることを理解する必要がある。

▶▶ 応用Q&A

Q1　公募増資を行う際の有価証券届出書には，「発行価格」のほかに「引受価額」「発行価額」「資本組入額」等の記載があるが，それぞれどのようなものか。

A1　発行価格：投資家から募集する価格（＝公開価格）
　　引受価額：証券会社が買取引受を行う価格。発行価格から手数料相当額（スプレッド）を差し引いて算出される。
　　発行価額：会社法（199条1項2号）に定められた払込金額の総額を計算する際に用いる価額。仮条件レンジの下限の85％で算出している。引受価額が発行価額を下回ることはできない。
　　資本組入額：増加する資本金の額。通常は引受価額の1/2で計算される。

Q2　「オーバーアロットメント」とはいかなるものか。

A2　ファイナンスにおいて、需要動向を踏まえた販売、およびその後の流通市場における需給の悪化を防止することを目的として導入された制度で、公募・売出し予定株数を超える十分な需要があった場合、主幹事証券会社が発行会社の大株主等から一時的に株式を借り、募集・売出しと同じ条件で追加的に投資家に販売すること。

　この追加的な販売株数（公募・売出し株数の15％を上限）を調達し、借りた株式を返還するために、主幹事証券会社は引受価額と同一の条件で追加的に株式を取得する権利を付与される。これを「グリーンシューオプション」という。

　IPOの場合、上場後に株価が下落しグリーンシューオプションの行使価格を下回った場面で、主幹事証券会社は一定のルールのもとで、自己の計算による市場での買付けを行ない（以下「シンジケートカバー取引」という）、これにより株式を返還する。シンジケートカバー取引によって、下落していた株価の形成が安定化することが期待される。

　一方、行使価格よりも上場後の市場価格が上回った場合、主幹事証券会社はグリーンシューオプションを行使する。シンジケートカバー取引が不要なケースである。発行会社の第三者割当増資等を引き受けることによって新株を取得し、大株主等に株式を返済する方法（新株方式）と、株式を借りた大株主等からその株式を追加購入することにより弁済する方法（売出方式）がある。

▶▶ 確認テスト

問1：ブックビルディング方式では，訂正届出書の提出は2回必要となっている。訂正届出書が3回以上提出されることはない。

解答1：× 仮条件の決定時と，公開価格の決定時の2回は最低必要となる。そのほか，タイミングによっては，誤記載の訂正や，決算情報等の投資判断に有用な情報の追加により，訂正届出書が提出されることがあり得る。

3 【適時開示】
適時開示

サマリー説明 ……………………………………………………………

◇ **適時開示とは**

　適時開示制度は，取引所の規則により，重要な会社情報を上場会社から投資者に提供するために設けられているものであり，投資者に対して，広く，かつ，タイムリーに伝達するという意義がある。

　適時開示が求められる会社情報は，有価証券の投資判断に重要な影響を与える会社の業務，運営または業績等に関する情報であり，「上場会社の決定事実」「上場会社の発生事実」「上場会社の決算情報」「上場会社の業績予想，配当予想の修正等」「その他の情報」に分類され定められている。（子会社の情報についても「子会社等の決定事実」「子会社等の発生事実」「子会社等の業績予想の修正等」がある。）

　ただし，投資者の投資判断に及ぼす影響が軽微なものと認められるものについては，開示は不要とされている。この影響が軽微か否かを判断する基準のことを「軽微基準」と呼んでいる。

　TDnet（Timely Disclosure network）は，公平・迅速かつ広範な適時開示を実現するために，上場会社が行う適時開示に関するプロセス，すなわち取引所への開示内容の説明，報道機関への開示，ファイリング，公衆縦覧を総合的に電子化したシステムであり，東京証券取引所が開発し，他の取引所も活用している。上場会社が適時開示制度に基づき開示を行う場合は，TDnetを利用することが義務付けられている。また，任意で会社情報を開示する場合においても，TDnetによる開示が推奨されている。

◇ **上場会社の決定事実**

1．発行する株式，処分する自己株式，発行する新株予約権，処分する自己新株予約権を引き受ける者の募集または株式，新株予約権の売出し
2．発行登録および需要状況調査の開始

3. 資本金の額の減少
4. 資本準備金または利益準備金の額の減少
5. 自己株式の取得
6. 株式無償割当てまたは新株予約権無償割当て
7. 新株予約権無償割当てに係る発行登録および需要状況・権利行使の見込み調査の開始
8. 株式の分割または併合
9. 剰余金の配当
10. 合併等の組織再編行為
11. 公開買付けまたは自己株式の公開買付け
12. 公開買付け等に関する意見表明等
13. 事業の全部または一部の譲渡または譲受け
14. 解散（合併による解散を除く。）
15. 新製品または新技術の企業化
16. 業務上の提携または業務上の提携の解消
17. 子会社等の異動を伴う株式または持分の譲渡または取得その他の子会社等の異動を伴う事項
18. 固定資産の譲渡または取得，リースによる固定資産の賃貸借
19. 事業の全部または一部の休止または廃止
20. 上場廃止申請
21. 破産手続開始，再生手続開始または更生手続開始の申立て
22. 新たな事業の開始
23. 代表取締役または代表執行役の異動
24. 人員削減等の合理化
25. 商号または名称の変更
26. 単元株式数の変更または単元株式数の定めの廃止若しくは新設
27. 決算期変更（事業年度の末日の変更）
28. 債務超過または預金等の払戻の停止のおそれがある旨の内閣総理大臣への申出（預金保険法第74条第5項の規定による申出）
29. 特定調停法に基づく特定調停手続による調停の申立て

30. 上場債券等の繰上償還または社債権者集会の招集その他上場債券等に関する権利に係る重要な事項
31. 公認会計士等の異動
32. 継続企業の前提に関する事項の注記
33. 有価証券報告書・半期報告書の提出期限延長に関する承認申請書の提出
34. 株式事務代行機関への株式事務の委託の取止め
35. 開示すべき重要な不備，評価結果不表明の旨を記載する内部統制報告書の提出
36. 定款の変更
37. 全部取得条項付種類株式の全部の取得
38. 特別支配株主による株式等売渡請求に係る承認または不承認
39. その他上場会社の運営，業務若しくは財産または当該上場株券等に関する重要な事項

◇ 上場会社の発生事実

1. 災害に起因する損害または業務遂行の過程で生じた損害
2. 主要株主または主要株主である筆頭株主の異動
3. 上場廃止の原因となる事実
4. 訴訟の提起または判決等
5. 仮処分命令の申立てまたは決定等
6. 免許の取消し，事業の停止その他これらに準ずる行政庁による法令等に基づく処分または行政庁による法令違反に係る告発
7. 親会社の異動，支配株主（親会社を除く）の異動またはその他の関係会社の異動
8. 破産手続開始，再生手続開始，更生手続開始または企業担保権の実行の申立て
9. 手形等の不渡りまたは手形交換所による取引停止処分
10. 親会社等に係る破産手続開始，再生手続開始，更生手続開始または企業担保権の実行の申立て
11. 債権の取立不能または取立遅延

12. 取引先との取引停止
13. 債務免除等の金融支援
14. 資源の発見
15. 特別支配株主による株式等売渡請求等
16. 株式または新株予約権の発行差止請求
17. 株主総会の招集請求
18. 保有有価証券の含み損
19. 社債に係る期限の利益の喪失
20. 上場債券等の社債権者集会の招集その他上場債券等に関する権利に係る重要な事実
21. 公認会計士等の異動
22. 有価証券報告書・半期報告書の提出遅延
23. 有価証券報告書・半期報告書の提出期限延長申請に係る承認等
24. 財務諸表等の監査報告書における不適正意見，意見不表明，継続企業の前提に関する事項を除外事項とした限定付適正意見
25. 内部統制監査報告書における不適正意見，意見不表明
26. 株式事務代行委託契約の解除通知の受領等
27. その他上場会社の運営，業務若しくは財産または当該上場株券等に関する重要な事実

◇ **上場会社の決算情報**
1. 決算短信
2. 四半期決算短信

◇ **上場会社の業績予想，配当予想の修正等**
1. 業績予想の修正，予想値と決算値の差異等
2. 配当予想，配当予想の修正

◇ **その他の情報**
1. 投資単位の引下げに関する開示

2．財務会計基準機構への加入状況に関する開示
3．MSCB 等の転換または行使の状況に関する開示
4．支配株主等に関する事項の開示
5．非上場の親会社等の決算情報
6．上場廃止等に関する開示
7．公開買付け等事実の当取引所への通知

◇ IPO 準備実務でのよくあるケース

　上場審査においては、上場後に適時開示を行うことのできる能力のある会社かどうかについても確認される。上場する前から、適時開示に対応できる体制の整備が必要とされることを理解しておかないと、IPO 自体に支障が発生する。

▶▶ ケーススタディ

> 　IPO 準備を行っているA社は、主幹事証券会社から月次決算の早期化と分析資料の充実を指導されているが、業績予想の修正については、軽微基準に該当しない大きな変動があった場合のみに開示の義務があるのだから、そこまで詳細な分析が必要なのか疑問に思っている。
> 　この考え方の問題点を指摘し改善策を提示しなさい。

問題の所在

　上場会社は、「上場会社の属する企業集団の売上高、営業利益、経常利益または純利益について、公表がされた直近の予想値（当該予想値がない場合は、公表がされた前年度の実績値）に比較して、新たに算出した予想値または決算において差異が生じた場合」であって、かつ開示基準のいずれか（売上1割以上、利益3割以上の乖離）に該当する場合は、直ちにその内容を開示することが義務付けられている。軽微基準に該当すれば開示しなくともよいという意味ではなく、業績見込みが公表数値と乖離した状況の内容等が投資者の投資判断

に重要な影響を与える可能性がある場合には積極的に開示することが望ましい。

また，修正理由の開示については，経済動向等の抽象的要因にとどまらず，予想算出の前提となったKPIの変動，経営上の施策の進捗状況，期中の実績などを踏まえ，具体的な説明を行うことが望ましい。

改善ポイント

上場会社になるためには，適時に業績予想の修正ができるような体制を作る必要があること，修正する場合にはその理由を詳細に開示することができるようにしなければならないことを理解し，月次等での予実管理体制を整備する。これらは，適時開示体制の整備という観点にとどまらず，会社としての経営管理の質の向上に寄与するものと考えられる。

▶▶ 応用 Q&A

Q1　金融商品取引法で臨時報告書の提出が義務付けられているケースがある。どのような場合に臨時報告書の提出が必要か，その概略を説明せよ。

A1　臨時報告書とは，有価証券報告書の提出義務がある会社（主に上場会社）について，投資者保護のために開示するべき事象が発生した場合に提出しなければならない報告書である。

ファイナンスの決定，主要株主や代表取締役等の異動，財政状態・経営成績に重要な影響を与える事象が発生した場合などが該当する。

上場会社としては，取引所の定める適時開示ルールと併せ，臨時報告書の提出要件を確認しておく必要がある。

なお，適時開示上の軽微基準（もしくは重要基準）と内部者取引規制上の軽微基準（もしくは重要基準）と臨時報告書の提出要件の比較表が東証の「会社情報適時開示ガイドブック」の巻末に記載されているので参考にすべきである。

Q2　情報取扱責任者の位置付けについて説明せよ。

A2　情報取扱責任者とは，上場会社の会社情報に関して取引所が照会を行った場合の報告，その他会社情報の開示に係る連絡の責任者をいう。上場会社は，情報取扱責任者1名以上を，取締役もしくは執行役またはこれらに準ずる役職の者から選定し取引所に届け出なければならない。

▶▶ 確認テスト

問1：TDnetを通じて会社情報が公開された場合，その時点でインサイダー取引規制における法令上の重要事実および公開買付け等事実に係る公表措置は完了することとなる。

解答1：○　適時開示情報閲覧サービスは，TDnetを通じて開示した会社情報について，インサイダー取引規制上の公表措置に係る法令要件を充足することができるよう構築されたインターネットサイトである。

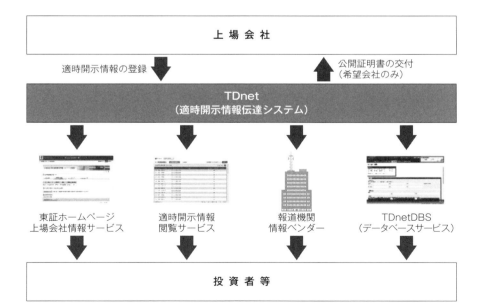

4 【収益認識】収益認識に関する会計基準

サマリー説明

◇ 収益認識に関する会計基準等の背景

収益認識について、日本においては、企業会計原則第二損益計算書原則三のBにおいて「売上高は、実現主義の原則に従い、商品等の販売又は給付によって実現したものに限る。」とされ、収益認識に関する基本的な考え方としては実現主義を採っているが、収益認識に関する包括的な会計基準の詳細は公表されてこなかった。その一方で、国際会計基準審議会においては、平成26年（2014年）5月に「顧客との契約から生じる収益」（IFRS15号）が公表され、収益認識に関する包括的な会計基準が示されたが、日本の会計慣行と異なる内容も散見された。

このような状況を受けて、日本においても、企業会計基準委員会にて収益認識会計基準の開発に向けた検討がなされ、平成30年（2018年）3月30日に「収益認識に関する会計基準（企業会計基準第29号）」（以下「収益認識会計基準」という）および「収益認識に関する会計基準の適用指針（企業会計基準適用指針第30号）」（以下「収益認識会計適用指針」という）が公表された。

当会計基準および適用指針は、令和3年（2021年）4月1日以後開始する年度の期首から原則適用となっている。この基準および適用指針はすべての上場会社に対して適用されるため、これからIPOしていく会社においても、IPO準備段階から対応を検討していく重要論点といえる。

そのため、以下において収益認識会計基準および適用指針（以下「収益認識会計基準等」という）の概要について解説していく。

◇ 収益認識の5つのステップ

まず、収益認識会計基準においては、収益の認識のために5つのステップを適用することとされている。

ステップ1　顧客との契約を識別する

ステップ２　契約における履行義務を識別する
ステップ３　取引価格を算定する
ステップ４　契約における履行義務に取引価格を配分する
ステップ５　履行義務を充足した時にまたは充足するにつれて収益を認識する

　収益認識においては，上記の５つのステップが基本となっており，収益認識会計基準等導入の検討においては，まずはこれらのステップを検討することが必要となってくる。

◇　特定の状況または取引における取扱い

　それに加えて，収益認識会計適用指針34項～89項では，特定の状況または取引における取扱いとして，以下を示している。なお，それぞれの項目については，５つのステップの中のいずれかのステップで論点となるものであり，その関連を括弧内に記載している。

① 財またはサービスに対する保証（ステップ２）
② 本人と代理人の区分（ステップ２）
③ 追加の財またはサービスを取得するオプションの付与（ステップ２）
④ 顧客により行使されない権利（非行使部分）（ステップ５）
⑤ 返金が不要な契約における取引開始日の顧客からの支払（ステップ５）
⑥ ライセンスの供与（ステップ２および５）
⑦ 買戻契約（ステップ５）
⑧ 委託販売契約（ステップ５）
⑨ 請求済未出荷契約（ステップ５）
⑩ 顧客による検収（ステップ５）
⑪ 返品権付きの販売（ステップ３）

　収益認識会計基準等の導入検討にあたっては，上記の項目に該当する取引の有無を確認して，該当する場合は収益認識会計基準等に従った会計処理が必要になる。

◇　重要性等に関する代替的な取扱い

　収益認識の５つのステップと，特定の状況または取引の取扱いは上述のとお

りであるが，収益認識会計基準等においては，これまで行われてきた実務上の処理などを考慮して，重要性等に応じて代替的な取扱いを認めている。代替的な取扱いについてはIFRS15号における取扱いとは異なるものであるが，財務諸表間の比較可能性を大きく損なわせない範囲で取扱いを認めているものである（収益認識会計適用指針92項～104項）。代替的な取扱いとしては次のとおりである。

① 契約変更（ステップ1）
② 履行義務の識別（ステップ2）
③ 一定の期間にわたり充足される履行義務（ステップ5）
④ 一時点で充足される履行義務（ステップ5）
⑤ 履行義務の充足に係る進捗度（ステップ5）
⑥ 履行義務への取引価格の配分（ステップ4）
⑦ 契約の結合，履行義務の識別および独立販売価格に基づく取引価格の配分（ステップ1，2，4）
⑧ その他の個別事項（有償支給取引）（ステップ5）

◇ 代替的取扱いとしての出荷基準

代替的な取扱いとしては，上述の取扱いが列挙されているが，例えば，④一時点で充足される履行義務については出荷基準等の取扱いが認められている。

「一時点で充足される履行義務」とは，資産（財またはサービス）に対する支配を顧客に一時点で移転することにより充足される履行義務であり，例えば商品の販売などが挙げられる。このような一時点で充足される履行義務については，原則として，資産に対する支配を顧客に移転することにより履行義務が充足される時に収益を認識することになる（ステップ5）。

ここでの資産に対する支配の移転時点を決定する際の指標として，収益認識会計基準では次の5つを例示している（収益認識会計基準40項）。

① 企業が顧客に提供した資産に関する対価を収受する現在の権利を有していること
② 顧客が資産に対する法的所有権を有していること
③ 企業が資産の物理的占有を移転したこと

④　顧客が資産の所有に伴う重大なリスクを負い、経済価値を享受していること
⑤　顧客が資産を検収したこと

　上記の5つの例示に照らせば、通常は、商品または製品の出荷時点においては、顧客に商品または製品が届いていない以上、顧客に商品または製品の支配が移転しているとはいえず、履行義務を充足しているとは考えられない。したがって、原則として出荷基準は認められないと考えられている。これはIFRS15号の考え方を踏襲したものであるが、一方で日本では商品または製品の販売において、実務上、出荷基準が一般的に採用されており、出荷時点で売上計上する方法が広く用いられている。

　そこで、このような実務を考慮して、商品または製品の国内の販売において、商品または製品の出荷時から当該商品または製品の支配が顧客に移転される時（例えば、顧客の検収時点）までの期間が通常の期間である場合には、出荷時から商品または製品の支配が顧客に移転される時点の間のいずれかの一時点（例えば、出荷時や着荷時）で収益を認識することができるとされた。

　ここでいう「期間が通常の期間である場合」とは、当該期間が国内における出荷および配送に要する日数に照らして取引慣行ごとに合理的と考えられる日数である場合をいう（収益認識会計適用指針98項）。

　このような代替的な取扱いを認めている理由としては、期間が通常の期間である場合には、出荷時点における収益認識と、商品または製品の支配が顧客に移転される時点における収益認識との差異は、通常乏しいと想定されており、財務諸表間の比較可能性を大きく損なうものではないと考えられるためである。

◇　有償支給取引

　企業が対価と交換に原材料等（以下「支給品」という）を外部（以下「支給先」という）に譲渡し、支給先における加工後、当該支給先から当該支給品（加工された製品に組み込まれている場合を含む。以下同じ。）を購入する場合がある。これらの一連の取引が一般的に有償支給取引と呼ばれている（収益認識会計適用指針104項）。

　有償支給取引に係る会計処理に関しては、企業が当該支給品を買い戻す義務

を負っているか否かによって会計処理が異なる（収益認識会計適用指針104項）。

企業が支給品を買い戻す義務を負っていない場合は，支給品の消滅を認識することになるが，当該支給品の譲渡に係る収益は認識しない。

一方で，企業が支給品を買い戻す義務を負っている場合は，支給品の消滅は認識せず，当該支給品の譲渡に係る収益も認識しない。ここでいう支給品の消滅を認識しないというのは，企業が譲渡した支給品についてオフバランスせずに棚卸資産として計上しておくという意味である。

つまり，企業が買い戻し義務を負っているか否かによって，支給品を棚卸資産として計上しておくのか，消滅させるのかが異なるというのがポイントである。

なお，支給品の譲渡に係る収益に関しては，いずれの場合においても収益を認識しないことは共通である。これは，支給品の譲渡に係る収益と最終製品の譲渡に係る収益が二重に計上されることを避けるためである。

以上が有償支給取引の原則的な取扱いであるが，代替的な取扱いとして，個別財務諸表においては，買い戻し義務を負っている場合であっても，支給品の譲渡時に支給品の消滅を認識することができるとされている（収益認識会計適用指針104項）。ただし，当該代替的な取扱いを採用したとしても，連結財務諸表上は支給品の消滅を認識してはいけないので，棚卸資産を計上するように連結修正仕訳で調整をしなければならない。

◇ IPO準備実務でのよくあるケース

IPO準備を始めるにあたり，直前々期以降の決算については，新たな収益認識会計基準等の導入により，従来行っていた会計処理を見直さなければならない場合が生じる。IPO準備会社においては，新たな収益認識会計基準等に照らした十分な理解をせずに従来の会計処理を踏襲してしまうことが想定される。

したがって，収益認識基準等の導入検討にあたっては，IPO準備の早い段階から準備していく必要がある。その際に，収益認識会計基準等はさまざまなケースにおける会計処理が定められており，以下のような取引は実務でも特に多くみられる論点であり，従来の会計処理から変更が必要になってくる可能性があるので，十分留意すべきである。

- 変動対価（返品，値引など）

- 進行基準
- 有償支給取引
- 輸出取引
- 本人と代理人の区分

なお検討の結果，会計処理の変更が必要な場合，売上高の金額等に大きな影響を及ぼす場合もあり，事業計画の策定に大きな影響を与えるほか，業務プロセスの見直しが必要になる可能性もあるのでIPO準備の早い段階で検討すべきである。

▶▶ ケーススタディ

　A社は自社のウェブサイトを通じて顧客に商品の販売を行うネット通販会社である。A社のウェブサイトに出店したい販売業者は，ウェブサイトに登録することになるが，顧客への商品の販売にあたっては，商品の手配や配送，在庫の管理等を当該ウェブサイトに登録している販売業者が行うことになっている。したがって，A社自身は，顧客からの注文を処理し，販売業者によって顧客に商品が提供されるように手配することと，ウェブサイトの運営・管理を行うことに専念することができる。

　販売業者がウェブサイトで商品の販売を行った場合には，A社はその売上の5％を手数料として受け取ることになっている。商品の販売に際して，販売価格は販売業者自らが設定している。

　また，商品の配送後1週間以内であれば，返品が可能となっており，顧客から返品された商品については，販売業者の在庫となるため，A社は在庫リスクを負わないで事業展開できる。

　A社の代表取締役であるBは，IPOを目指している。Bは会計監査を担当する監査法人の会計士Cから，すべての上場会社が採用している収益認識会計基準に対応するべきであるという話を聞いた。Bは会計士Cから「将来的なIPOに備えて，収益認識会計基準等の影響を調査して，当該基準適用後の会計処理の方法を検討しておく必要がある。」とアドバイスを受けた。

　収益認識会計基準等の導入にあたりA社にはどのような影響があるのか。

問題の所在

収益認識会計基準等においては、顧客への財またはサービスの提供において他の当事者が関与している場合、企業が「本人」であるのか「代理人」であるのかにより会計処理が変わることになる。

企業が「本人」に該当する場合には、財またはサービスの提供と交換に企業が権利を得ると見込む対価の総額を収益として認識する（収益認識会計適用指針39項）。

企業が「代理人」に該当する場合には、他の当事者により提供されるように手配することと交換に企業が権利を得ると見込む報酬または手数料の金額、あるいは他の当事者が提供する財またはサービスと交換に受け取る額から当該他の当事者に支払う額を控除した純額を収益として認識する（収益認識会計適用指針40項）。

すなわち、「本人」に該当する場合は収益を総額で計上し（総額処理）、「代理人」に該当する場合は手数料部分のみを純額で計上する（純額処理）こととなり、いずれかに該当するかによって会計処理が異なることになる。

ケーススタディでは、A社は顧客へ商品を販売するに際して、販売業者という他の当事者が商品の手配・配送を行い関与している。このため、顧客への財またはサービスの提供において他の当事者が関与している場合に該当し、「本人」「代理人」の判定が必要になる。そこで対象となる財またはサービスについて、A社が「本人」「代理人」のいずれに該当するのかが問題となる。

改善ポイント

(1) 本人と代理人の区分

企業が「本人」「代理人」のいずれに該当するかについては、財またはサービスが顧客に提供される前に企業が当該財またはサービスを支配しているか否かにより判定する。財またはサービスが顧客に提供される前に企業が当該財またはサービスを支配していると認められる場合は「本人」に該当し、認められない場合は「代理人」に該当することになる。

それでは、顧客に提供される前に企業が財またはサービスを支配しているか

否かはどのように判断すればいいのだろうか。ここで収益認識会計適用指針では,「本人」に該当するかどうかの判断の指標として以下の３つを例示している（収益認識会計適用指針47項）。

> ① 企業が当該財又はサービスを提供するという約束の履行に対して主たる責任を有していること。これには，通常，財又はサービスの受入可能性に対する責任（例えば，財又はサービスが顧客の仕様を満たしていることについての主たる責任）が含まれる。
> 　企業が財又はサービスを提供するという約束の履行に対して主たる責任を有している場合には，当該財又はサービスの提供に関与する他の当事者が代理人として行動していることを示す可能性がある。
> ② 当該財又はサービスが顧客に提供される前，あるいは当該財又はサービスに対する支配が顧客に移転した後（例えば，顧客が返品権を有している場合）において，企業が在庫リスクを有していること
> 　顧客との契約を獲得する前に，企業が財又はサービスを獲得する場合あるいは獲得することを約束する場合には，当該財又はサービスが顧客に提供される前に，企業が当該財又はサービスの使用を指図し，当該財又はサービスからの残りの便益のほとんどすべてを享受する能力を有していることを示す可能性がある。
> ③ 当該財又はサービスの価格の設定において企業が裁量権を有していること
> 　財又はサービスに対して顧客が支払う価格を企業が設定している場合には，企業が当該財又はサービスの使用を指図し，当該財又はサービスからの残りの便益のほとんどすべてを享受する能力を有していることを示す可能性がある。
> 　ただし，代理人が価格の設定における裁量権を有している場合もある。例えば，代理人は，財又はサービスが他の当事者によって提供されるように手配するサービスから追加的な収益を生み出すために，価格の設定について一定の裁量権を有している場合がある。

　適用指針にはこのように定められているが，要約すれば，①主たる責任，②在庫リスク，③価格裁量権の３指標であり，顧客に財が提供される前にＡ社が財を支配しているか否かに関しては，当該３つの指標に照らして判断することになる。

　Ａ社は顧客への商品の提供に際して，顧客からの注文を受けて，販売業者に対して顧客に商品が提供されるように手配することのみであり，提供した商品

について，顧客が満足できずに返品をした場合でもA社は在庫リスクを負わず，販売業者に商品が戻されるのみである。このことから，A社は顧客への商品の提供に関して主たる責任を有しておらず，在庫リスクも負っていないと言える。また，A社は顧客への売上金額の5％を手数料として受け取るものの，顧客への販売価格は販売業者が決定しているため価格裁量権も有していないと考えられる。

以上から，A社は収益認識会計基準等でいう「代理人」に該当し，A社は，顧客へ販売する価格のうち，手数料部分のみを計上する純額処理により収益を認識することになるため，従来の会計処理を見直す必要がある。

ただし，「本人」「代理人」の判定のための3つの指標については，あくまでも例示であるため，契約によっては説得力のある根拠を提供する指標が異なる可能性がある。また，例示されている3つの指標のうち1つの指標が当てはまらないからといって「代理人」であると判断するものでもない。実際の会計処理の判断にあたっては，監査法人と協議しながら，該当する取引について総合的に勘案して判定を行うことが重要である。

なお，代理人として認定された取引がそれなりに金額的規模のあるものであれば，純額処理への変更による売上減少の影響も大きいため，IPO準備にあたっては早い段階で検討することが重要である。

(2) 管理体制の整備

収益認識会計基準等の適用にあたり，A社は従来から総額処理で売上を計上していた場合，純額処理への変更が必要になる。総額処理から純額処理への変更をする場合，従前のように日々の仕訳は総額で売上を計上し，決算修正仕訳で純額になるよう売上および売上原価を取り消す方法が考えられる。そのほか，日々の仕訳において純額で売上計上をするよう日常業務を変更する方法も考えられる。

日常業務，決算業務のいずれかを変更する場合には，業務フローが大幅に変わる可能性があり，販売管理におけるリスクとコントロールも変わってくるため，内部統制の見直し，再構築も必要になる場合がある。そのほか，ITへの影響で言えば，販売管理システムなどのシステムの更新が必要になる可能性も

ある。

このように，IPOのためには上場会社が採用している収益認識会計基準等の適用により，管理体制の見直しを迫られることが予想される。

▶▶ 応用Q&A

Q1　当社は，従来から消費税の会計処理について税込方式を採用している。IPOするにあたって，税抜方式を採用すべきであるとショートレビューで指摘されたが会計処理を見直さなければならないだろうか。

A1　収益認識の5つのステップにおいて，ステップ3で取引価格を算定し，ステップ4にて契約における履行義務に取引価格を配分することになる。履行義務に配分された取引価格は，履行義務の充足により収益として計上されることになる。

つまり，収益の計上額は履行義務に配分された取引価格に基づくことになるが，取引価格の定義をみてみると，取引価格とは財またはサービスの顧客への移転と交換に企業が権利を得ると見込む対価の額をいう（収益認識会計基準8項）とされている。さらに，ただし書として「第三者のために回収する額を除く。」という記載がある。

ここで，消費税について考えてみると，消費税は間接税であり税金を納める納税者と税金を負担する担税者が異なる性格を持つ。消費税において納税者は企業であり，担税者は消費者となる。言い換えれば，消費税は企業が国等の第三者のために消費者から回収し，消費者に代わって納めているものであるといえる。したがって，消費税は「第三者のために回収する額」に該当するため，収益として認識する金額に消費税は含まれないことになる。

さらに，そもそも上場会社においては消費税については税抜方式を原則として採用すべきなので，IPOする場合には会計処理の見直しは必須となる。

以上のように，IPO準備において直前々期以降の決算については，収益認識会計基準等を適用し，消費税の会計処理については税抜方式とし，税込方式は採用できなくなることに留意が必要である。

▶▶ 確認テスト

問 1：商品の国内の販売において，商品の出荷時から商品の支配が顧客に移転される時までの期間が通常の期間である場合には，出荷基準による収益の認識が認められている。

問 2：有償支給取引において，支給元の企業が支給品に係る買い戻し義務を負っていない場合は，支給時に売上を計上できる。

解答1：〇 商品または製品の国内の販売において，出荷時から当該商品または製品の支配が顧客に移転される時（例えば，顧客による検収時）までの期間が通常の期間である場合には，出荷時から当該商品または製品の支配が顧客に移転される時までの間の一時点（例えば，出荷時や着荷時）に収益を認識することができる（収益認識会計適用指針98項）。

「期間が通常の期間である場合」は，出荷時に収益を認識しても，商品または製品の支配が顧客に移転される時に収益を認識することとの差異が，通常，金額的に重要性が乏しいと想定されており，財務諸表間の比較可能性を大きく損なうものではないと考えられるため，このような代替的な取扱いを認めている。

解答2：× 有償支給取引においては，企業が支給品に係る買い戻し義務を負っているか否かにかかわらず，いずれの場合においても支給品の譲渡に係る収益は認識することができない。これは，当該支給品の譲渡に係る収益と最終製品の販売に係る収益が二重計上されるのを回避するために，当該支給品の譲渡に係る収益を認識しないのが適切であると考えられるからである。

5 【固定資産関連】
固定資産の計上基準

サマリー説明

◇ 固定資産の定義と概要

　固定資産とは，事業運営に必要な財産であり，土地や建物以外に本社のオフィス内装や業務で使用する営業用車両，デスク，椅子，パソコンなどの備品，そして，業務処理や給与や財務会計を管理するソフトウェアなどもある。

　したがって，販売目的で保有する資産（棚卸資産）は含まれず，原則として1年を超えて使用する予定があり，かつ，一定の金額以上の資産といえる。そのため，事業運営に使用するモノでも，1年未満の短期間で使用するモノは消耗品費や事務用品費といった費用項目で処理されるとともに，一定金額未満の少額資産は費用項目で処理する内規を設ける場合が多い。

　企業会計原則において，固定資産は，有形固定資産，無形固定資産及び投資その他の資産に区分しなければならないとされている（企業会計原則第三　四（一）B）。このうち有形固定資産については，主に次のようなものが含まれる。

① 建物及び建物付属設備
② 構築物
③ 機械及び装置
④ 船舶及び水上運搬具
⑤ 鉄道車両，自動車その他の陸上運搬具
⑥ 工具，器具及び備品
⑦ 土地
⑧ リース資産
⑨ 建設仮勘定
⑩ その他の有形資産で流動資産又は投資たる資産に属しないもの

◇ 取　得

　有形固定資産を取得した場合，取得した当該有形固定資産をいくらで計上す

るか，すなわち取得原価をいくらで計上するのかということが論点となる。

この点，企業会計原則では，有形固定資産の取得原価には，原則として当該資産の引取費用等の付随費用を含める（企業会計原則第三　五D）とされているため，有形固定資産の取得原価は，購入代金に付随費用を加えた金額となる。

そのほか，現物出資として受け入れた固定資産については，出資者に対して交付された株式の発行価額をもって取得原価とする（企業会計原則第三　五D）。贈与その他無償で取得した資産については，公正な評価額をもって取得原価とするとされている（企業会計原則第三　五F）。

◇　減価償却

減価償却とは，固定資産に計上した金額を，事業の用に供した時点から使用期間にわたって費用処理することである。計上にあたっては，その資産の使用期間として耐用年数を確定する必要があり，その資産をこの先どのくらいの期間にわたって事業で使用するかを見積り，規則的に費用化する方法を定めて減価償却計算をすることになる。

減価償却は適切な期間損益計算を実現するために，毎期計画的・規則的に実施するものである。減価償却については，監査・保証実務委員会実務指針第81号「減価償却に関する当面の監査上の取扱い」が公表されているものの，具体的な定め等はなく，現状の実務としては，多くの企業が法人税法の規定に準じて会計処理を行っているのが実情である。

法人税法において，規則的に費用化する減価償却方法として定額法と定率法が定められており，この定めに従い計算し，処理することになる。

しかし法人税法では，取得した減価償却資産の取得価額が10万円未満であれば，損金経理を要件として，当該減価償却資産を事業の用に供した事業年度において，その全額を少額減価償却資産として損金の額に算入することができるとされている。

また，取得価額が20万円未満の減価償却資産については，損金経理を要件として，その全部または一部を一括して，3年で償却することも法人税法上認められている。一括償却資産の取扱いを選択する場合は，会計上，取得時に全額を固定資産として計上し3年間で償却していく方法と，会計上取得時に全額を

費用処理し，申告調整として3分の2を加算調整する方法がある。後者の場合は，翌期以降は3分の1ずつ減算調整することになる。

以上のような法人税法上の取扱いを踏まえて，実務では固定資産の計上基準として，以下のような取扱いが考えられる。

① 取得価額10万円以上を固定資産として計上する
② 取得価額20万円以上を固定資産として計上する

上記①は少額固定資産の取扱いを，②は一括償却資産の取扱いを参考に定めたものである。実務上は固定資産管理の事務的負担を考慮して，こうした基準を設けている企業が多いものの，企業の実態を適切に貸借対照表に反映するためには，固定資産がオフバランスとなってしまうことは望ましいとはいえない。そのため，こうした基準を設ける場合においては，企業規模に応じた金額の設定が重要である。例えば，IPO準備会社においては比較的規模が小さい場合が多いため，規程や事務処理をシンプルにするために20万円未満ではなく10万円未満で基準を設けるなどの対応が考えられる。

◇ IPO準備実務でのよくあるケース

固定資産管理においては，固定資産管理台帳を作成し，資産番号や取得価額，事業供用日，耐用年数，減価償却方法などの各種情報を記載し管理するのが一般的である。IPO準備会社においては，固定資産台帳が未整備となっていたり，一部の固定資産が台帳に記載されておらず簿外となっていたり，また台帳に記載された資産が実在しないケースがある。固定資産台帳の整備にあたっては，固定資産実地調査を実施し，簿外資産や所在不明資産がないかどうかを確認すべきである。また資産ラベルによる連番管理も資産保全の観点から重要である。その他，総務が現物管理の台帳を持ち，経理が税務申告上の固定資産の償却資産管理台帳を持っている場合，同じ会社であるにもかかわらず，資産内容や所在場所が異なっている場合も多く，実地調査を行い，事実に合わせて双方の台帳を一致させる作業がIPO準備段階ではありうる。

また，IPO準備段階においては，ソフトウェアなどの無形固定資産の資産計上の可否について論点となるケースも多い。自社利用のソフトウェアについては，会計基準において資産計上の要件が定められており，将来の収益獲得また

は費用削減が確実であると認められるという要件が満たされないと資産計上ができない。自社利用ソフトウェアの取得形態は外部購入や外注制作，自社制作があるが，いずれの場合においても当該要件にあてはめて資産計上の要否を検討する必要がある。

そのほか，減価償却費の計算において，未上場会社の場合，会社の業績低迷により償却をストップしている場合や，業績が好調であるときに固定資産を一括償却してしまう場合など恣意的に処理を融通しているケースが見受けられるが，こうした処理は，適切な期間損益計算を歪めることになるため，企業会計上望ましい処理とはいえず，是正する必要がある。

▶▶ **ケーススタディ**

A社はアパレル会社であり，BはA社の代表取締役社長である。A社の業績はここ最近好調に推移しており，売上高も80億円を超えるまでになっている。Bは創業当初から将来的にはIPOをしたいと考えているものの，未だIPOに向けた取組みはしていない。しかし，ここ最近，資金調達と認知度の向上によるさらなる売上の拡大を目的に，本格的にIPOへの取組みを始めようと思っている。そこで，Bは会計士であるCに相談してみることにした。

B：C先生，私は創業当初からわが社のIPOを漠然と考えていたのですが，本格的にIPOのために動き始めようと考えています。今の時点で会社として行っておくべきことはありますか？

C：そうですね。それならば，決算スピードを早めるため，煩雑な税務申告を少し是正する会計処理を考えていきましょうか。御社はたしか，会計上の減価償却方法は定額法を採用していましたよね？

B：はい，定額法を採用しています。何か問題があるのでしょうか。

C：御社の場合，有形固定資産のほとんどがパソコンや机，椅子などの備品であり，毎期同程度に使用する固定資産として定額法でよいと思いますので，税務上の減価償却方法を定率法から定額法へ変更することで決算時の申告調整の負担を減らしましょう。

B：そうですか。一体それで，わが社にどんなメリットがあるのでしょうか。

問題の所在

　Cは，税務申告上も減価償却方法の定額法への変更を提案した。ここで，Cが定額法への変更を提案した理由は何であるか。また減価償却方法の変更にあたり，税務上どのような手続が必要になるのであるかが今回の論点となる。

改善ポイント

　本ケースにおいて，A社は会計上の減価償却方法は定額法を採用していた。一方で，A社は税務上の減価償却方法について何らの届出も行っていないため，法定償却方法である定率法での減価償却方法を採用している。このまま定率法で税務申告すれば，会計上と税務上で減価償却方法が異なるため，確定申告時において申告調整の事務負担が今後も毎期必要となる。そこで，税務上の減価償却方法を変更することで，減価償却に係る申告調整が不要となり，決算業務を効率的に行うことができる。

　税務上の減価償却方法を変更する場合には，原則として新たな償却方法を採用しようとする事業年度開始の日の前日までに償却方法を変更しようとする理由などを記載した「減価償却資産の償却方法の変更承認申請書」を所轄税務署長に提出して，所轄税務署長の承認を受けなければならない。

　定率法から定額法へと減価償却方法を変更した場合には，その変更した事業年度開始の日における帳簿価額を取得価額とみなして計算を行うこととなる。また変更した場合の耐用年数について，法人税法上は以下のいずれかを選択できることとされている。

① 当該減価償却資産について定められている法定耐用年数
② 当該減価償却資産について定められている法定耐用年数から経過年数を控除した年数（その年数が2年に満たない場合には2年）

　一方で，「減価償却に関する当面の監査上の取扱い」（監査・保証実務委員会実務指針第81号）において，減価償却方法を変更した場合で，変更後の償却計算を税法の取扱いに準じて行うと耐用年数が延長される結果になることがあるとしており，重要性が乏しい場合を除きこのような耐用年数が自動的に延長される結果となる会計処理は認められないとしている。

したがって，実務上は減価償却方法変更後の耐用年数として②の方法で算定することになる。結果として，会計と税務が一致して決算業務が効率化する。

▶▶ 応用 Q&A

Q1 税法上，少額減価償却資産の取扱いについて，取得価額が10万円未満という要件が存在するが，中小企業者等においては取得価額の金額について，時限的に特例が認められているが，それはどのような取扱いか？

A1 中小企業者等が取得価額が30万円未満の減価償却資産を取得して事業の用に供した場合，その取得価額に相当する金額を損金経理を要件として，損金の額に算入することができる。ただし，適用を受ける事業年度における少額減価償却資産の取得価額の合計が300万円を超える時は，その取得価額の合計額のうち損金の額に算入できる金額は，300万円が限度となる。また，現在の税制では平成18年4月1日から令和8年3月31日までの間に取得などして事業の用に供した減価償却資産に限られているものの，当該適用期限については，今後の税制改制により延長される可能性もあるため，留意が必要である。

この特例の適用を受ける資産は，租税特別措置法上の特別償却，税額控除，圧縮記帳と重複適用はできない。また，取得価額が10万円未満のもの，または一括償却資産の損金制度の適用を受けるものについても当該特例の適用はない。

▶▶ 確認テスト

問1：減価償却資産のうち，使用可能期間が1年未満である少額減価償却資産については，その減価償却資産を事業の用に供した事業年度において，全額費用処理している。これは税務申告上も損金経理を要件として損金の額に算入することができる。

問2：現在，IPO準備中で会社規模も小さく，税務上の中小企業者等に該当する。そのため，少額減価償却資産の特例を適用して，取得価額30万円未満の減価償却資産を少額減価償却資産として全額費用処理し，当該費用処理額の合計額500万円を税務申告上もすべて損金の額に算入し

ている。
問3：ソフトウェアを購入し自社で利用している場合には，計上額を外部への支払金額で客観的に把握できるため資産計上ができる。

解答1：○　法人が取得した減価償却資産のうち次のいずれかに該当するものについては，少額減価償却資産に該当し，その取得価額を事業の用に供した事業年度において損金経理をすることにより，損金の額に算入することができるとされている。
- 使用期間が1年未満のもの
- 取得価額が10万円未満のもの

解答2：×　中小企業者等の少額減価償却資産の取得価額の損金算入の特例において，対象となる資産は取得価額が30万円未満の減価償却資産であるが，その取得価額の合計のうち損金の額に算入できる金額は300万円が限度となる。

解答3：×　「研究開発費及びソフトウェアの会計処理に関する実務指針」11項では，「自社利用のソフトウェアの資産計上の検討に際しては，そのソフトウェアの利用により将来の収益獲得又は費用削減が確実であることが認められるという要件が満たされているか否かを判断する必要がある。」とされている。そのため，外部購入したソフトウェアを自社利用している場合であっても，「将来の収益獲得又は費用削減が確実である」と認められない場合，あるいは不明な場合には資産計上は認められない。

6 【固定資産関連】
減損会計の適用

サマリー説明

◇ 減損会計とは

　事業に用いる固定資産は，事業活動で長期にわたり利用することを目的として保有される。しかし，当初の想定通りに収益が獲得できない場合，つまり，収益性が低下することによって固定資産へ投資した金額の回収が見込めなくなる場合がある。その場合に，固定資産の帳簿価額の切下げによる損失計上を行うことで収益性の低下を財務諸表へ反映する会計処理である。

◇ 減損会計の流れ

　減損会計は適用対象となるすべての固定資産について回収可能性を検討するわけではない。これは，対象となるすべての固定資産を検討の対象とすると，実務上，過大な負担となるおそれがあるためである。そのため，最初に減損損失を認識・測定する単位として，資産または資産グループを決定する（固定資産のグルーピング）。そのうえで，資産または資産グループについて減損の兆候があるか否かを検討し，兆候がある場合には，回収可能性を検討する。具体的には，減損損失の計上が必要か（減損損失の認識の判定），計上が必要であれば具体的にいくらか（減損損失の測定）という点が検討されることになる。

◇ IPO 準備実務でのよくあるケース

　未上場会社においては，減損損失は税務上損金不算入となり節税効果がない等の理由で減損会計が適用されていないケースも多いため，決算業務を担当する管理部門や顧問税理士の減損会計に関する理解は必ずしも十分ではない。しかし，減損会計の適用は直前々期からとなるので，N-3期以前で必要な減損処理を決算修正として行うべきである。例えば，固定資産への多額の投資が行われたものの，採算の見通しが立たない事業がある場合は，減損会計の適用により巨額の減損損失の計上が必要となる可能性がある。当該事象の発生は損益イ

ンパクトが大きいケースもあり，上場スケジュールへ悪影響を及ぼす可能性があるため，IPO準備の際には，できる限り早い段階で減損会計を検討・適用する必要がある。

▶▶ ケーススタディ

　A社は高級和食店を国内で50店舗展開している未上場の会社であり，創業15年目を迎えたところである。今後のさらなる店舗開発と海外進出のための資金を調達するため，IPOを目指しており，この度，大手監査法人Bとショートレビューに関する契約を締結した。
　B監査法人の会計士Cが，A社の各店舗の数年分の決算書をレビューしたところ，ここ数年営業赤字となっている店舗の存在を複数店認識したが，当該店舗に関連する固定資産について，減損損失は認識されていなかった。そこで，A社の取締役CFOのDにヒアリングを行った。

C：赤字が継続している店舗がいくつかあるようですが，これはどのような要因によって発生しているものでしょうか。
D：以前，店舗拡大のため集中出店を行った際に，立地が悪いエリアへも出店しました。そのような店舗は赤字傾向にあります。特に，商業施設同士で競合が激しいエリアで別の商業施設の方が規模も集客力もある場合に想定よりも業績が伸び悩んでいます。
C：将来的に黒字化する見通しはあるのでしょうか。また，出退店の判断は店舗単位で行うのでしょうか。
D：黒字化させたいとは考えていますが，具体的な計画まで作成できていない状況です。また，出退店の判断は店舗単位で実施することになっています。
C：それでは，赤字継続店舗の黒字化が可能か，可能であればどのように黒字化するか教えてもらえますか。場合によっては，新たな会計処理として減損損失を計上することになるかもしれません。
D：会社全体の決算は毎年黒字なのに，赤字店舗だけを見て損失を追加計上しなければならないというのは理解できません。理由をきちんと説明してください。

問題の所在

本ケースでは，継続的に赤字を計上している店舗が存在しているが，A社の取締役CFOはそもそも減損会計を適用する認識はなかった。継続的に赤字を計上している各店舗は減損損失の計上の要否を検討すべきであり，その結果として減損の兆候に該当し，店舗固定資産の帳簿価額を上回る将来キャッシュ・フローの発生を合理的に説明できない場合には，減損損失の計上が必要となる。

改善ポイント

(1) 会計ルールの理解

減損会計を適用する際には，「固定資産の減損に係る会計基準」（以下「減損会計基準」という）および「固定資産の減損に係る会計基準の適用指針（企業会計基準適用指針第6号）」（以下「減損会計適用指針」という）の理解を徹底する必要がある。なお，減損会計適用指針はそのボリュームが非常に多いため，理解するためには相応の時間がかかることを理解したうえで，対応を進める必要がある。減損会計適用指針によれば，減損会計のフローは以下のとおりとなっている。

① 資産のグルーピング
② 減損の兆候の把握
③ 減損損失の認識の判定
④ 減損損失の測定
⑤ 開示

①から④の具体的な内容は以下のとおりである。

① **資産のグルーピング**

減損会計では，減損損失を認識・測定する単位として，資産グループを決定する必要がある。資産グループとは，他の資産グループのキャッシュ・フローからおおむね独立したキャッシュ・フローを生み出す最小の単位である。実務的には管理会計上の区分（場所別，事業別，製品別等）や投資の意思決定単位を用いることが多い。グルーピング単位は事実関係に変更（例えば，事業の再編成による管理会計上の区分の変更等）がない限り毎期継続する必要がある。

② 減損の兆候の把握

減損の兆候とは，資産または資産グループに減損が生じている可能性を示す事象のことで，減損会計基準では次の4つを例示している。減損の兆候を把握した場合には，「減損損失の認識の判定」が必要となる。

(i) 資産または資産グループが使用されている営業活動から生ずる損益またはキャッシュ・フローが継続してマイナスとなっているか，あるいは，継続してマイナスとなる見込みであること
(ii) 資産または資産グループの使用されている範囲または方法について，当該資産または資産グループの回収可能価額を著しく低下させるような変化が生じたか，あるいは生ずる見込みであること
(iii) 資産または資産グループが使用されている事業に関連して経営環境が著しく悪化したかまたは悪化する見込みであること
(iv) 資産または資産グループの市場価格の下落

③ 減損損失の認識の判定

減損の兆候がある資産または資産グループから得られる割引前将来キャッシュ・フローの総額がこれらの帳簿価額を下回る場合に，減損損失を認識する。

④ 減損損失の測定

減損損失を認識すべきであると判定された資産または資産グループについては，帳簿価額を回収可能価額[1]まで減額し，当該減少額を減損損失として当期の損失とする。

(2) 会計ルールの整備

既述のように，減損会計適用指針はそのまま実務に適用できるものではなく，適用指針を踏まえたうえで，会社の実態に合わせてルール化を行うことが実施の前提となる。ファーストステップとして，減損損失の認識・測定を行う「資産グループ」の決定が必要となる。また，これ以外にも減損会計においては「減損損失の測定」までのステップにおいて，将来キャッシュ・フローの見積り方

---

[1] 回収可能価額とは，正味売却価額（資産または資産グループの時価から処分費用見込額を控除した額）と使用価値（資産または資産グループの継続的使用と使用後の処分によって生ずると見込まれる将来キャッシュ・フローの現在価値）のいずれか高い方の金額をいう。

法等，会社の実態を踏まえて決定すべき項目が少なくない。決定したルールについては，文書化・マニュアル化を行い，内容については監査法人とタイムリーに協議を行うことがIPOスケジュールを円滑に進める上でも必要となってくる。

　なお，本ケースでは店舗ごとに損益を把握して出退店の判断を行っていることから，グルーピングの単位を店舗単位とすることが考えられる。継続して赤字を計上している店舗については，減損の兆候が認められるため，「減損損失の認識の判定」を実施する必要がある。したがって，Dは会社全体が黒字であっても赤字店舗があれば減損の検討をして，結果として損失処理することもあると理解する必要がある。

　次に，「減損損失の認識の判定」においては，割引前将来キャッシュ・フローと店舗の固定資産帳簿価額との比較によって判定されるため，将来キャッシュ・フローを見積る必要がある。将来キャッシュ・フローは減損会計適用指針36項によると「企業に固有の事情を反映した合理的で説明可能な仮定及び予測に基づいて見積る」とされている。そのため，継続赤字店舗の将来キャッシュ・フローが帳簿価額を上回るため，減損損失の認識は不要と判定する場合には，合理的で説明可能な仮定および予測に基づいて将来キャッシュ・フローが見積られていることを十分説明する必要がある。

(3) 減損会計適用のための社内体制の整備について

　減損会計適用のためには，減損会計の理解および理解に基づく社内ルールの策定，マニュアル化，将来キャッシュ・フローの前提となる中期計画の策定等社内体制の整備が必要となる。また，減損の判定単位ごとの損益やキャッシュ・フローをシミュレーションする判定シートを定型化することも重要であり，判定単位ごとに売上とコストを集計する情報収集やシステムの仕組み作りを早めに進めるべきである。本ケースの場合は，各店舗が減損のグルーピング単位と通常はなるため，店舗別の損益，キャッシュ・フローの状況を把握できるシートの作成が不可欠になる。

　そして，社内体制の整備には，これらに対応できる人材の育成・確保も含む。当該人材を自社で育成するか，時間がない場合には，減損会計の経験を有する

公認会計士の採用も選択肢としては考えられる。

▶▶ 応用Q&A

Q1 当社は店舗を展開している会社であるため、店舗の営業損益のみを詳細に把握して減損の兆候の有無を判定しているが、当該方針は正しいか。

A1 当該方針は認められない。減損の兆候を判定する営業損益の範囲について規定している減損会計適用指針12項(1)では、本社費の配賦を前提としているため、減損の兆候を店舗の営業損益のみで判定することは認められず、本社費を営業損益に加味して判定する必要がある。本社費の配賦基準の考え方は会社の実態を考慮して決める必要があるので、早い段階で配賦ルールを決定し、減損の判定シート上に配賦コストを判定単位毎に計上していくことになる。

> **減損会計適用指針12項(1)**
> 「営業活動から生ずる損益」は、営業上の取引に関連して生ずる損益であり、これには、当該資産または資産グループの減価償却費や本社費等の間接的に生ずる費用が含まれ、また、損益計算書上は原価性を有しないものとして営業損益に含まれていない項目でも営業上の取引に関連して生じた損益（例えば、たな卸資産の評価損）であれば含まれる。

▶▶ 確認テスト

問1：減損会計適用指針の「資産のグルーピング」の規定は詳細に定められていることから、会社がグルーピング単位を決定する必要はない。

問2：「将来キャッシュ・フロー」の見積りに際しては、取締役会等の承認が得られた中期経営計画を用いて減損の判定を必ず行うべきである。

解答1：× 減損会計適用指針70項によると「グルーピングの方法を一義的に示すことは困難であり、実務的には管理会計上の区分や投資の意思決定（資産の処分や事業の廃止に関する意思決定を含む。）を

行う際の単位等を考慮してグルーピングの方法を定める」とされており，事業の実態に応じて会社自らが減損会計適用指針を踏まえてグルーピング単位を決定する必要がある。

> **減損会計適用指針70項**
> 様々な事業を営む企業における資産のグルーピングの方法を一義的に示すことは困難であり，実務的には管理会計上の区分や投資の意思決定（資産の処分や事業の廃止に関する意思決定を含む。）を行う際の単位等を考慮してグルーピングの方法を定めることになると考えられる。

解答2：✕ 減損会計適用指針36項によると「将来キャッシュ・フローを，企業に固有の事情を反映した合理的で説明可能な仮定及び予測に基づいて見積る（減損会計基準二　4.(1)参照）にあたっては，以下のような点に留意」とされており，減損会計適用指針36項(1)では「企業は，取締役会等の承認を得た中長期計画の前提となった数値を，経営環境などの企業の外部要因に関する情報や企業が用いている内部の情報（例えば，予算やその修正資料，業績評価の基礎データ，売上見込みなど。以下同じ）と整合的に修正」とされている。

そのため，中期計画が取締役会等の承認を得た場合であっても，内外の情報と比較し，合理的でない目標ベースの数値で策定されている場合には，中期計画を修正した数値を前提に将来キャッシュ・フローを見積る必要がある。

7 【固定資産関連】
資産除去債務の適用

サマリー説明

◇ 資産除去債務の定義

　資産除去債務とは，有形固定資産の取得，建設，開発または通常の使用によって生じ，当該有形固定資産の除去に関して法令または契約で要求される法律上の義務およびそれに準ずるものをいう。つまり，有形固定資産を除去する法律上の義務のほか，有形固定資産を除去する際に当該有形固定資産に使用されている有害物質等を法律等の要求による特別の方法で除去するという義務なども含まれ，例えば，法律上の解釈により当事者間での精算が要請される債務に加え，過去の判例や行政当局の通達等のうち，法律上の義務とほぼ同等の不可避的な支出が義務付けられるものも該当すると考えられる。

◇ 資産除去債務の算定

　資産除去債務の算定にあたっては，当該資産除去債務の計上額を合理的に見積ることが要求されるため，決算日現在に入手可能なすべての証拠を勘案し，最善の見積りを行わなければならない。合理的に見積ることができない場合は，その旨の注記を行うことになるが，資産除去債務の履行時期や除去の方法が明確でない場合でも，履行時期の範囲および蓋然性について合理的に見積るための情報が入手可能なときは，資産除去債務を合理的に見積ることができる場合に該当するため留意が必要である。

　資産除去債務は，それが発生したときに，有形固定資産の将来における除去に要する割引前の将来キャッシュ・フローを見積り，割引後の金額（割引価値）を算定する。算定した資産除去債務に対応する除去費用は，資産除去債務を負債に計上するとともに，当該負債の計上額と同額を，関連する有形固定資産の取得原価に加える。すなわち，資産・負債の両建処理となる。

　したがって，まずは有形固定資産の除去に要する割引前将来キャッシュ・フローを見積ることになる。将来キャッシュ・フローには，有形固定資産の除去

に係る作業のために直接要する支出のほか，処分に至るまでの支出（例えば，保管や管理のための支出）も含まれるが，法人税等の影響額は含まれない。そして，当該割引前将来キャッシュ・フローの見積りは，以下のような情報を基礎に行われる。

① 対象となる有形固定資産の除去に必要な平均的な処理作業に対する価格の見積り
② 対象となる有形固定資産を取得した際に，取引価額から控除された当該資産に係る除去費用の算定の基礎となった数値
③ 過去において類似の資産について発生した除去費用の実績
④ 当該有形固定資産への投資の意思決定を行う際に見積られた除去費用
⑤ 有形固定資産の除去に係る用役（除去サービス）を行う業者など第三者からの情報

このような情報をもととして割引前将来キャッシュ・フローを見積ることができたら，次に割引前将来キャッシュ・フローを割り引くために，割引率を算定することになる。割引率としては，貨幣の時間価値を反映した無リスクの税引前の利率を用いるべきであり，一般的には将来キャッシュ・フローが発生するまでの期間に対応した利付国債の流通利回りなどのリスクフリーレートを参考に決定する。

さらに，①から⑤により見積られた金額に，インフレ率や見積値から乖離するリスクを勘案する。また，合理的で説明可能な仮定及び予測に基づき，技術革新などによる影響額を見積ることができる場合には，これを反映させる。

このように割引率を算定した後は，当該割引率を用いて割引前将来キャッシュ・フローを割り引き，算定された割引価値の金額が資産除去債務の計上額となる。

◇ 時の経過による資産除去債務の調整

発生時に固定資産と両建て計上した資産除去債務は割引価値であるため，時の経過とともに利息分だけ増加していくので，その利息費用を資産除去債務に加算するために「時の経過による資産除去債務の調整額」を計上することになる。当該調整額については，期首の負債の帳簿価額に当初算定した割引率を乗

じて利息相当分として計算して各期の費用として処理する。

◇　表示等

　固定資産と両建てで計上された資産除去債務は，貸借対照表日後１年以内にその履行が見込まれる場合は，流動負債に表示し，それ以外の場合（すなわち１年以内に履行が見込まれない場合）は，固定負債に表示する。

　また，損益計算書上の表示については，資産計上された資産除去債務に対応する除去費用に係る費用配分額および時の経過による資産除去債務の調整額はともに，損益計算書上，当該資産除去債務に関連する有形固定資産の減価償却費と同じ区分に含めて計上する。

　また，資産除去債務の履行時に認識される資産除去債務残高と除去費用として決済のために実際に支払われた額との差額は，損益計算書上，原則として，当該資産除去債務に対応する除去費用に係る費用配分額と同じ区分に含めて損益として計上する。

　なお，当初の除去予定時期よりも著しく早期に除去することとなった場合等，異常な原因により生じたものである場合には，特別損益として処理することになる。

◇　IPO準備実務でのよくあるケース

　IPO準備会社においては，経理人材の不足などにより資産除去債務の理解が十分ではなく，本来，資産除去債務の計上が必要な場合であっても，その計上の要否を十分に検討せずに，結果として資産除去債務の計上そのものが漏れているケースが多い。

　したがって，IPO準備にあたっては，資産除去債務として計上すべきものがないかどうかを最初の段階で検討し，資産除去債務を網羅的に把握する必要がある。資産除去債務に該当するものがあり，その計上が必要な場合は，将来キャッシュ・フローなどの見積りや計上後の償却計算などが必要となってくる。そのため，その計上根拠や計算方法を明確にするために管理体制の整備を行う必要がある。IPOするまで事業展開が加速する会社が大半であり，本社移転や拠点増設が発生し，資産除去債務の新たな対象が生じやすいため，その都度留

意すべきである。

▶▶ ケーススタディ

　A社は，東京を中心に店舗展開している居酒屋チェーンである。ここ数年，A社の業績は増収増益と好調であり，店舗も各地に出店し拡大してきている。このことからA社の代表取締役社長であるBは，将来IPOをすることを考えている。
　Bは，IPOをするにあたり，さらなる店舗拡大を目指して，首都圏に100店以上出店することを目標として掲げている。その取組みの一環として，以前から注目していた地域に新店舗をオープンすることにした。
　出店にあたっては，新店舗用に建物を賃借する。賃借した建物内は内装工事を施し，店舗用に改装することにした。なお，建物の賃借において敷金は支払っておらず，当該建物の賃貸借契約の解約時には，賃借人であるA社が原状回復することが契約上義務付けられている。
　このような状況において，Bは出店時には有形固定資産の計上のみを実施した。

問題の所在

　A社のように建物を賃借し，工事によって改装したうえで店舗を出している場合，通常は，内部造作として当該工事に係る有形固定資産が計上されている。
　今回のケースでは，賃貸借契約の解約時には原状回復することが契約上義務付けられている。したがって，解約時には原状回復のために，A社が店舗建物内の内部造作を除去する必要があり，その除去費用をA社が負担することになっている。
　このように，賃貸借契約で原状回復が義務付けられており，当該内部造作の取得によってA社に原状回復義務が生じている場合，資産除去債務の定義にあてはまると考えられる。
　したがって，退店時に生じる原状回復コストは賃借を解約する時ではなく，出店時に資産除去債務の計上が必要となる。そのため，計上にあたっては将来キャッシュ・フローや履行時期の見積り，割引率の算定を合理的に行わなければならない。A社は今後も店舗の新規出店を見込んでおり，これからも出店に

際して、同様の理由で資産除去債務の計上が必要になることも予想されるため、資産除去債務算定のための人材の育成・採用や関連する資料データを収集・作成できる社内体制の整備が必要となる。

改善ポイント

資産除去債務に該当するか否かについては、「資産除去債務に関する会計基準（企業会計基準第18号）」（以下「資産除去債務会計基準」という）等をよく理解し、当該会計基準等に定められている資産除去債務の定義に照らして、該当する事象であるかを慎重に検討する必要がある。

また、資産除去債務の算定のためには、将来キャッシュ・フローの見積りなどの見積要素が含まれており、かつ、計上後も償却計算や時の経過による調整の計算が必要となるため管理体制の整備も必要である。

償却計算や時の経過による調整の計算については、固定資産台帳のような管理台帳を作成し計算・把握することが望ましいと考えられる。

資産除去債務の見積りにあたっては、合理的な見積りが求められることになるため、資産除去債務の算定過程を計算シートとして保管し、算定過程を説明できるようにしておくことも重要である。

特に、将来キャッシュ・フローの見積りについては、過去の実績や第三者からの情報を用いて見積りを行ったり、一定の仮定のもとで見積りを行ったりなどさまざまな方法が考えられるため、必要に応じて、監査法人や外部の専門家等からの助言をIPO準備の早い段階から得ながら適宜協議をし、その見積方法を決定していくべきである。

▶▶ 応用Q&A

Q1　建物の賃貸借契約を締結するにあたり、敷金を支払った場合、資産除去債務および対応する除去費用を負債および資産に両建計上するという原則的な方法に代えて、簡便法が認められている。簡便法とはどのような処理か。

A1　通常、建物等の賃貸借契約において原状回復が求められており、内部造作などの有形固定資産を除去しなければならない場合は、当該有形固

定資産に関連する資産除去債務(負債)とこれに対応する除去費用に対応する部分(資産)を両建計上することになる。

しかしながら,賃貸借契約において敷金を支払っている場合は,敷金を資産として計上する。これにより,敷金と資産除去債務に対応する除去費用が二重に資産計上されることになる。そのため,資産除去債務に係る実務負担も考慮し,当初計上した敷金のうち回収が最終的に見込めないと認められる資産除去債務に相当する金額を合理的に見積り,そのうち各期の負担に属する金額を費用計上するという簡便法を認めている(資産除去債務に関する会計基準の適用指針9項)(以下「資産除去債務会計適用指針」という)。

なお,簡便法による場合の当期の負担に属する金額は,同種の賃借建物等への平均的な入居期間など合理的な償却期間に基づいて算定することが適当とされている(資産除去債務会計適用指針27項)。

▶▶ 確認テスト

問1:資産除去債務とは,有形固定資産の取得,建設,開発または通常の使用によって生じ,当該有形固定資産の除去に関して法令または契約で要求される法律上の義務をいい,法令または契約で要求される法律上の義務に準ずるものについては,資産除去債務の定義に含まれない。

問2:資産除去債務の履行時に認識される資産除去債務残高と資産除去債務の決済のために実際に支払われた額との差額は,損益計算書上,原則として,当該資産除去債務に対応する除去費用に係る費用配分額と同じ区分に含めて計上する。

問3:1つの会社の会計処理として採用する割引率は,資産除去債務や固定資産の減損会計等で当然に同じ割引率となる。

解答1:× 資産除去債務については,資産除去債務会計基準3項(1)において,「有形固定資産の取得,建設,開発又は通常の使用によって生じ,当該有形固定資産の除去に関して法令又は契約で要求される法律上の義務及びそれに準ずるものをいう。この場合の法律上の義務

及びそれに準ずるもの」と定義されている。必ずしも法律上の義務だけに限定されておらず、資産除去債務の対象には、法律上の義務に準ずるものも含まれることに留意が必要である。

解答2：○ 履行差額の表示については、資産除去債務会計基準15項においてこのように定められている。これは、除去費用が固定資産の利用期間にわたって費用配分され、将来キャッシュ・フローに重要な見積りの変更が生じた場合には資産除去債務の計上額が見直されることを前提とすれば、履行差額についても除去費用に係る費用配分額と性格が異なるものではないといえるためである。ただし、履行差額が異常な原因により生じたものである場合には、特別損益として処理することになるので留意が必要である。

解答3：× 資産除去債務の割引率は、将来キャッシュ・フローが発生すると予想される時点までの期間に対応する貨幣の時間価値を反映した無リスクかつ税引前の利率とされる（資産除去債務会計基準6項(2)、資産除去債務会計適用指針5項・23項）。無リスクであるのは、将来キャッシュ・フローがその見積値から乖離するリスクについては、将来キャッシュ・フローの見積りに反映されることからであり、無リスクの割引率の例示として、将来キャッシュ・フローが発生するまでの期間に対応した利付国債の流通利回りなどが挙げられる（資産除去債務会計適用指針23項）。

　一方で、固定資産の減損会計の場合は、その固定資産から得られると予想される収益率や資本コストを反映して割引率が計算されるため、資産除去債務で採用する無リスク、つまりリスクフリーレートとは同じ割引率という名称でも、その性質により計算方法が異なる。

8 【引当金】退職給付引当金の計上

サマリー説明

◇ 退職給付会計とは

　会社退職時または退職以降に支払われる退職給付金額は、従業員の勤務期間に応じて増加していくものであるため、労働対価の後払いとして位置付けられる。確定給付型の退職金制度では、退職一時金制度および退職年金制度の双方があるが、いずれも会社が将来負担すべき債務である。退職給付会計は、このような将来会社が負担すべき負債が生じる制度を前提に、各事業年度において負担すべき費用を合理的に見積るため一定の方法を定めたものである。これについては、「退職給付に関する会計基準（企業会計基準第26号）」（以下「退職給付会計基準」という）および「退職給付に関する会計基準の適用指針（企業会計基準適用指針第25号）」（以下「退職給付会計適用指針」という）等によりその会計処理が定められている。

◇ 原則法と簡便法

　退職給付会計では確定給付型の退職金制度の場合、原則的に退職により見込まれる退職給付債務の総額（以下「退職給付見込額」という）のうち、当期に発生していると認められる額を将来時点から現在までの時間価値を割り引いて計算し、当期の勤務費用として費用処理を行う。退職給付見込額は、合理的に見込まれる退職給付の変動要因を考慮して見積ることが必要である。そのため、退職給付債務の計算は非常に煩雑な作業となることから、一般的には生命保険会社や信託銀行といった第三者の専門家に計算を委託するケースが多い。

　それに対して、従業員が比較的少ない小規模な会社では、期末の退職給付の要支給額を用いた見積計算を行う等簡便な方法により退職給付債務および退職給付費用を計算することができる（退職給付会計基準26項）。この簡便法を適用できる会社は、原則として従業員数300名未満の会社であるが、従業員数が300名以上であっても年齢や勤務期間に偏りがあるなどにより、原則法による

計算の結果に一定の高い水準の信頼性が得られないと判断される場合には，簡便法により計算することができる（退職給付会計適用指針47項）。

◇ IPO 準備実務でのよくあるケース

未上場会社においては，退職給付会計を適用していないケースも多いと思われるが，退職金制度を導入している会社がIPOを目指す場合には，退職給付会計の適用が必要となる。

また，そもそも退職金制度自体がない会社も増えているが，IPOを機に従業員退職金制度を創設することを検討している会社は，退職金規程等を策定したうえで退職給付会計の適用を検討する必要がある。

▶▶ ケーススタディ

T社は医療用機械の製造および販売業を行っている会社である。創業48周年を迎え，売上高は240億円を超える規模となり，経常利益は15億円程度を計上し，従業員数1,250名程度を擁するまで成長しているが，子会社などグループ会社はない。なお，従業員の年齢や勤務期間に偏りはない。

T社の創業者兼代表取締役であるAは，さらなる成長を目指してIPOを目指すことを考えている。業績も好調に推移していることから，大手監査法人とショートレビューに関する契約を締結した。

監査法人の会計士Bが，T社の決算書をレビューしたところ，退職給付引当金が計上されていなかった。その一方で，規程類をチェックしたところ，T社には退職金規程が策定されていた。そこで，T社の取締役CFOのCにヒアリングを行った。

B：決算書には退職給付引当金が計上されていませんが，御社には退職金制度はないのでしょうか。
C：当社は創業以来従業員の会社に対する貢献に報いるため，確定給付型の退職金制度を作り，退職した従業員に対して退職金を支払っています。
B：御社では，48年前の創業時から退職金制度を導入しているのですね。退職金は，支払ったときに費用計上していたのですか。
C：その通りです。

問題の所在

本ケースでは、退職金規程を策定し、創業時から退職金制度を導入していたが、支払時点で費用処理を行っており、会社が将来負担すべき退職給付債務の認識をしていない。確定給付型の退職金制度の場合は、会社が将来負担すべき退職給付債務を計算し、当期負担額を費用処理するべきである。さらにＴ社の場合、従業員が1,250名であり従業員の年齢や勤務期間に偏りもないため簡便法は採用できず、原則法により計算する必要がある。

改善ポイント

管理部門において退職給付会計基準を早急に理解するべきである。そのうえで、確定給付型の退職金制度を導入している場合、従業員が300名以上であり従業員の年齢や勤務期間に偏りもないため退職給付債務を原則法により算定し、当期に発生した金額を費用計上する必要がある。

IPO準備会社においても、退職給付会計適用指針の内容を理解し、これに基づき退職給付債務を計算し、当期負担額を費用計上する必要がある。また、過年度分に関しては過去決算書の修正もしくは監査対象期である直前々期より前のN−3期以前で決算修正を行うことが求められる。

▶▶ 応用 Q&A

Q1　当社は確定拠出型の退職金制度を導入する予定であるが、IPOを目指すにあたり過去分を引当計上する必要があるか。

A1　確定拠出型の退職金制度の場合、会社が負担すべき債務は拠出すべき金額のみと考えられる。そのため、各事業年度において拠出した金額を退職給付費用として費用計上する必要がある（退職給付会計基準31項）。そのため、将来負担すべき退職給付債務はないことから、過年度に遡及して適用することは必要ない。

Q2　当社では、取締役に対してその在任期間や貢献度に応じて、退任時に役員退職慰労金を支給している。しかし、役員退職慰労金に関する規程

A2　は策定していない。
　役員退職慰労金を支払う以上は，役員退職慰労金に関する規程を策定したうえで企業会計原則注解（注18）の考え方に従い，役員退職慰労引当金を計上する必要がある。設立年数が長く，かつ社長をはじめとした取締役の在任期間が長い場合には計上すべき引当金が多額にあり，損益への影響が大きい可能性があるので，算定基礎となる支給倍率などを慎重に決めるべきである。

> **企業会計原則注解　注18**
> 　将来の特定の費用又は損失であって，その発生が当期以前の事象に起因し，発生の可能性が高く，かつ，その金額を合理的に見積ることができる場合には，当期の負担に属する金額を当期の費用又は損失として引当金に繰り入れる。

▶▶ 確認テスト

問1：確定給付型の退職給付制度を導入する会社は，上場会社であっても会社が小規模であれば，退職給付会計を適用しないことが認められている。

問2：退職給付債務の計算は自社で容易に行えるものである。

解答1：✕　会社が小規模であっても，確定給付型の退職金制度が存在する場合には会社が将来負担すべき退職給付債務が存在すると考えられるため，退職給付会計を適用する必要がある。ただし，従業員が300名未満又は原則法による計算の結果に一定の高い水準の信頼性が得られないと判断される場合には，簡便法を適用できるので期末時における要支給額に基づき退職給付債務を自社内の人事データのみで計算することができる。

解答2：✕　退職給付債務の計算は，その変動要因をすべて考慮したうえで計算を行う必要があり，その作業は非常に煩雑となる。そのため，上場会社でも一般的には年金数理人という専門家を有している生命保険会社や信託銀行に委託している。費用対効果を考えるとコ

ストが生じても専門家を活用すべきであり，その方が会社の決算業務の負担を軽くすることにつながる。ただし，これら第三者に計算を依頼する場合，一定の時間がかかるため，早めに依頼する等，留意が必要である。

9 【引当金】税効果会計の適用

サマリー説明

◇ 税効果会計とは

　税効果会計とは貸借対照表に計上されている資産・負債の金額と課税所得計算上の資産・負債の金額に差額[1]がある場合，法人税等を適切に期間配分することにより，法人税等控除前の当期純利益と法人税等を合理的に対応させることを目的とするものである。

◇ 繰延税金資産の回収可能性

　一時差異に法定実効税率を乗じることで，繰延税金資産，繰延税金負債が計上される。ここで，繰延税金資産について資産性が認められるのは，「将来の税金負担額の軽減効果が認められる」からである。そのため，将来の税金負担額を軽減する効果が認められるか否かについて慎重な検討が必要となる。将来の税金負担額の軽減効果が認められるかについては，「繰延税金資産の回収可能性」というように表現される。

◇ IPO準備実務でのよくあるケース

　未上場会社においては，税務申告書上の別表四における加減算項目がほとんどない会社が多いため，税効果会計が適用されていないケースも多い。IPO準備の際には，税務会計から企業会計に移行するため引当金，評価損，減損，繰越欠損金など税務上は否認されて別表四で加算される項目などが増えるため，企業会計と税務会計の違い（ズレ）を調整し，税金費用を適切に期間配分する手続が必要であり，そのため直前々期から税効果会計の適用がなされるように，N-3期以前において決算修正すべきである。そして，繰延税金資産を計上する

---

[1] 一時差異という。このうち，当該一時差異が解消する時にその期の課税所得を減額する効果を有するものを将来減算一時差異という。

際には，繰延税金資産の回収可能性も十分踏まえ，計上額を決定する必要がある。IPO の準備段階ではまだ赤字や業績が安定していない会社も多いため，繰延税金資産を計上できない場合も多い。そういう場合に税務申告書上の加算項目を対象に繰延税金資産を計上すると回収可能性に疑義が生じ，資産性が否定され取り崩し等の修正を余儀なくされるので，会計上は慎重な判断が求められる。

▶▶ ケーススタディ

> 　A社は宇宙ビジネスを手掛ける未上場の会社であり，売上はほとんど計上されておらず多額の赤字が続き，現在，創業4期目を迎えたところである。
> 　A社は，大株主であるVCの意向もあり，将来的にはIPO を目指しており，この度，大手監査法人Bとショートレビューに関する契約を締結した。
> 　B監査法人の会計士Cが，A社の決算書をレビューしたところ，多額の繰延税金資産が計上されていた。そこで，A社の取締役CFOのDにヒアリングを行った。
>
> 　C：決算書には多額の繰延税金資産が計上されていますが，これはどういったものでしょうか？
> 　D：当社は創業以来赤字となっているため，多額の繰越欠損金があり，この全額に対して，法定実効税率を乗じ，繰延税金資産を計上しています。
> 　C：御社（A社）は創業4期目であり，中期計画においても当面赤字を見込んでいる状況で繰延税金資産を計上していますね。黒字化して繰越欠損金の控除を税務上いつ行えるか知りたいですね。

問題の所在

　本ケースでは，多額の繰越欠損金があり，かつ，当面赤字を見込んでいる状況にもかかわらず，繰延税金資産が繰越欠損金全額に対して法定実効税率を乗じて計上されている。A社の取締役CFOは「繰延税金資産の回収可能性」について検討を実施せずに，機械的に繰延税金資産を算定，計上している。当該繰延税金資産については，回収可能性が見込めないと判断された部分について

は、会計上は資産性が認められないために取り崩す必要がある。

改善ポイント

(1) 会計ルールの理解

　税効果を計上する際には、企業会計基準適用指針第26号「繰延税金資産の回収可能性に関する適用指針」の理解を徹底する必要がある。

　繰延税金資産の計上に際しては、その回収可能性について慎重に検討しなければならない。回収可能性の判断は将来の課税所得という将来事象に依存するため、客観的な指針がない場合には、会社の恣意的な判断が介入するおそれがある。そこで、企業会計基準委員会では、企業会計基準適用指針第26号「繰延税金資産の回収可能性に関する適用指針」を公表し、会計実務上の指針とすることを求めている。

　IPO準備会社においても、この適用指針の内容を理解し、税効果を形式的に適用することなく、これに基づいた繰延税金資産の計上を行う必要がある。したがって、これらの検討の際には中期経営計画の損益が合理的かつ客観的に説明できるように策定されるべきである。

(2) 税効果会計に対応できる人材の育成、採用

　税効果会計の理解のためには、税務・会計の知見が前提として必要になる。そのため、税効果会計を適切に適用するためには、税務・会計の知見を有した人材の確保が必要となる。当該人材を自社で育成するか、時間がない場合には、公認会計士、税理士の有資格者の採用も選択肢としては考えられる。つまり、監査法人と会計処理について協議することができる経理人材がIPO上は必須といえる。

▶▶ 応用Q&A

Q1　当社は継続的に経常利益、課税所得を計上している。しかし、将来課税所得が発生するかは不透明であるため、回収可能性を検討せずに保守的に繰延税金資産を計上しないという会計処理の採用を検討している。当該処理は認められるか。

A1　繰延税金資産は回収可能性の検討の結果，回収可能性がある（将来の税金負担額を軽減する効果を有する）と判断される場合には，計上する必要がある。そのため，保守的に繰延税金資産を計上しないという会計処理は認められない。つまり，会社の恣意性はなくして，会計ルール通りに資産性を判断し繰延税金資産の計上水準を合理的に決めるべきである。

▶▶ 確認テスト

問1：繰越欠損金，貸倒引当金等の将来の税金負担額の軽減効果を有する項目がある場合には，必ず繰延税金資産を計上することができる。

問2：税効果会計は経理経験者であれば容易に対応できるものである。

解答1：×　繰延税金資産の回収可能性が認められない場合には，繰延税金資産を計上することはできない（例外的に連結財務諸表上の消去された未実現利益に係る繰延税金資産については，回収可能性を検討する必要がない）。なお，回収可能性は「繰延税金資産の回収可能性に関する適用指針」（企業会計基準適用指針第26号）に従い検討する必要がある。

解答2：×　税効果会計は会計と税務の知識を必要とするため，会計の中でも習熟するまでのハードルが高い項目となっている。そのため，対応できる人材の育成，確保がIPO準備，適時開示の観点から重要である。したがって，IPO準備が始まったら監査法人の助言を待つのではなく，決算開示に絡む会計論点の対話ができる管理人材を採用，育成する必要がある。

10 【連結会計】企業結合及び連結決算

サマリー説明

◇ 企業結合とは

「企業結合に関する会計基準（企業会計基準第21号）」（以下「企業結合会計基準」という）において、「企業結合」とは、ある企業またはある企業を構成する事業と他の企業または他の企業を構成する事業とが1つの報告単位に統合されることと定義されている（企業結合会計基準5項）。

1つのグループとして関係を形成するために行われる合併、会社分割、株式交換、株式移転、現物出資、事業譲受・譲渡といった組織再編行為について定める会計ルールとして企業結合会計基準があり、それらの再編に関する個別の会計処理や連結上の取扱いが定められている。そのほか、組織再編時の分離元企業の株主や配当の処理、連結上の移転損益や持分変動差額、株主の取扱いは「事業分離等に関する会計基準（企業会計基準第7号）」（以下「事業分離等会計基準」という）で別途定めている。

なお、組織再編の結果としてのグループ全体の決算を開示するルールとして

企業結合会計基準		連結会計基準
個別上の会計処理		**連結上の会計処理**
合併 株式交換 株式移転 現物出資（被出資側） 事業譲受 会社分割は 分離先企業のみ	合併 会社分割 株式交換 株式移転 現物出資 事業譲渡 の 連結上の取扱い	一般原則 連結の範囲 連結決算日 会計処理の原則及び手続の統一 子会社の資産及び負債の評価 投資と資本の相殺消去 非支配株主持分（非支配株主との取引） 債権と債務の相殺消去 税効果会計 持分法の適用 連結会社相互間の取引高相殺消去 未実現損益の消去 BS・PLの表示方法 連結財務諸表の注記事項
分離元企業 現物出資 事業譲渡 会社分割 株主の会計処理 現物配当など	移転損益 持分変動差額 株主の会計処理	
事業分離等会計基準		

は，「連結財務諸表に関する会計基準（企業会計基準第22号）」（以下「連結会計基準」という）があり，IPO時に連結決算が必要になる場合には，作成にあたって準拠していくことになる。

◇ **企業結合の種類**

企業結合会計基準における企業結合の会計処理の区分としては，(1)取得，(2)共通支配下の取引等，および(3)共同支配企業の形成の3つがある。

① 取　得

取得とは，ある企業が他の企業または企業を構成する事業に対する支配を獲得すること（企業結合会計基準9項）と定義されており，共同支配企業の形成（企業結合会計基準11項）および共通支配下の取引等（企業結合会計基準16項）以外の企業結合が該当する。

② 共通支配下の取引等

企業集団内における組織再編の会計処理には，共通支配下の取引と非支配株主との取引（以下，合わせて「共通支配下の取引等」という）がある。

「共通支配下の取引」とは，結合当事企業（または事業）のすべてが，企業結合の前後で同一の株主により最終的に支配され，かつ，その支配が一時的ではない場合の企業結合をいうこととされる（企業結合会計基準16項）。親会社と子会社の合併および子会社同士の合併は，共通支配下の取引に含まれる。これに対して，非支配株主から子会社株式を追加取得する取引を「非支配株主との取引」という。

③ 共同支配企業の形成

「共同支配企業」とは，複数の独立した企業により共同で支配される企業をいい，「共同支配企業の形成」とは，複数の独立した企業が契約等に基づき，当該共同支配企業を形成する企業結合をいうこととされる（企業結合会計基準11項）。

ある企業結合を共同支配企業の形成と判定するためには，共同支配投資企業となる企業が，複数の独立した企業から構成されていることおよび共同支配となる契約等を締結していることに加え，次の要件を満たしていなければならないとされる（企業結合会計基準37項）。

a．企業結合に際して支払われた対価のすべてが，原則として，議決権のある株式であること
　b．支配関係を示す一定の事実が存在しないこと

◇　IPO準備実務でのよくあるケース

　IPO準備会社においては，デューデリジェンスの重要性を認識せずに，安易にM&Aを行うことが多い。買収先の決算書はそのまま活用できない可能性があることをよく理解し，修正事項を反映した財務内容をもって買収判断がなされることがM&Aでは不可欠である。連結上の取扱いや会計方針の統一の必要性なども同時に検討を進めるべきである。さらに，買収した取得価額に「のれん」が含まれている場合も多いので，その場合には，連結決算では「のれん」の処理，個別決算では関係会社株式の評価が論点になる可能性が高い。

　また，IPO準備の途中段階でM&Aを行ってグループ化する際には，先方の内部統制，月次決算，本決算業務への対応力も見極め，必要に応じて人材投入や改善指示を早期に行わなければIPOスケジュールに支障をきたす可能性があるので十分留意する必要がある。子会社が多い場合には，連結決算の専任者の育成，採用も検討すべきである。

▶▶　ケーススタディ

　A社は，ソフトウェアの開発・販売・保守サポートを行う会社である。A社は，現サービスの認知度向上と優秀な開発エンジニアを獲得するため，数年前からIPOを考えている。

　A社は創業以来，増収増益であったが，当期に入り売上高の伸びが鈍化していることから，社長は事業領域や開発人員の相互乗り入れなどの相乗効果のある会社のM&Aを通じてグループ全体を成長させることを決定し，以前から提案のあった同業種のB社の株式を100％取得し，完全子会社化した。

　社長はIPOに向けての体制も整ったと判断し，本格的にIPO準備に取り掛かることを決め，監査法人によるショートレビューを受けることとした。ショートレビューではB社の財務内容等の調査も行われた。

以下はA社の社長と取締役CFOに対する監査法人担当者Cのヒアリング内容の一部である。このやり取りから問題を抽出し解決策を提示しなさい。

監 査 法 人：新規にM&Aをされているため、ショートレビューの一環としてB社の財務内容等の調査を行わせていただきます。
　　　　　　　今回B社を買収する目的やB社のビジネスの内容について教えていただけますか。

社　　　長：はい。B社は弊社と同業種の会社で、業務システムの受託開発を行っている会社です。B社側から事業統合の提案がありました。技術力はある会社ですが営業力が不足しているため、営業力に長けている弊社の子会社となれば、さらなる収益が見込めます。弊社の今後の成長にもマッチするM&Aであったと考えています。

監 査 法 人：なるほど。子会社化されたとのことですので、B社株式の取得価額の妥当性を検討する必要があります。取得価額を教えてください。また、B社について専門家である第三者が作成した株式価値算定書はありますか？過去数年分の決算書と併せて拝見させてください。

取締役CFO：はい、こちらに準備しました。取得価額は5億円を予定しています。

監 査 法 人：B社の取得時点の簿価純資産は2億円程度なので、その倍以上の価格で取得を決定したのですね。この金額で取得した根拠を教えてください。

取締役CFO：金額はB社から提示された株式価値算定書に基づいて決定しています。DCF法で算定されたと聞いています。

社　　　長：B社の株式価値算定書はM&Aでよく用いられるDCF法に基づいたもので、B社の顧問会計士が作成したものだから問題ないと聞いています。会計士が作成したものなので、何も問題はないでしょう。

　ショートレビューの結果、B社には複数の回収不能と思われる売掛金が存在し、すでに退職した元従業員との間で未払残業代に対する訴訟を抱えていることが判明した。また、退職金制度に基づく将来支払債務はあるが、それに備えた財務的な引当はなされていなかった。
　その結果を踏まえて、監査法人担当者CはA社の社長および取締役CFOに対し再度ヒアリングを実施した。

監査法人：社長，B社の財務内容を調査した結果，回収不能な売掛金が多数存在していました。また，元従業員に対する未払残業代について敗訴の可能性が高く損害賠償が発生するリスクが高いことも判明しました。さらに，本来計上すべき退職給付引当金も計上されていません。B社を子会社化する際には，B社の決算内容についてデューデリジェンスを行ったうえで意思決定をしないと予想外の将来コストを抱えることとなり危険です。また，今後IPOを目指すためには連結決算を組める体制を構築できるかどうかも同時並行で見極める必要があります。

社　　長：デューデリジェンスとは何でしょう？B社の株式価値算定書の結果通りに取得したのではいけなかったでしょうか？また，連結についてはB社がきちんと税務申告している決算書を活用するだけではだめなのですか？

問題の所在

(1) 他社のM&Aにもかかわらず，デューデリジェンスを実施していない

M&A取引に関する意思決定を行う際には，デューデリジェンスが不可欠である。デューデリジェンスとは，「買収監査」と呼ばれるもので，買収対象企業の実態を把握するために行う詳細な調査手続のことをいう。デューデリジェンスは，大きく以下の3つに分類できる。

① ビジネスデューデリジェンス

買収対象企業のビジネスそのものが買収目的に合致するか，現在の自社の事業にどのような影響を与えるか，将来の事業計画に与える影響は何かといったビジネス全般のリスク評価のために行う調査手続をいう。

② 法務デューデリジェンス

買収対象企業の各種の法律関係から生じる将来の訴訟リスクの評価や現在抱えている訴訟から生じる損害賠償リスクの評価など法務リスクの評価のために行う調査手続をいう。

③ 財務デューデリジェンス

買収対象企業の資産および負債を分析し，含み損の有無，表面化されていない将来債務の有無，税務リスクの有無等を評価する調査手続をいう。

このうち，基本となる手続は財務デューデリジェンスであり，これによりビジネスデューデリジェンス，法務デューデリジェンスに必要な情報も入手することができる。財務デューデリジェンスは，通常は公認会計士等の専門家に依頼して行う。

A社は，B社の提出資料や説明を鵜呑みにしているが，事前にA社独自の財務デューデリジェンスを実施しなければ，回収可能性に問題のある資産や架空資産および簿外負債があることを把握することが出来ないといえる。また，法務デューデリジェンスも実施していないため，訴訟に伴う損害賠償リスクも把握できていない。その結果，リスクの高い会社を簿価純資産の倍以上の金額で取得することになり，経営判断すべき多くの検討課題がある。

また，DCF法による企業価値評価は最も理論的といわれているが，評価作業は評価対象企業の事業計画に基づく将来キャッシュ・フローに大きく依存するため，事業計画次第で評価結果が大きく変わる。B社の企業価値5億円の妥当性については，B社へのデューデリジェンスの結果や事業計画の合理性を客観的に十分検討しなければならない。

(2) 連結決算を組める体制が整っているか同時に検討

グループ会社が存在する以上は連結決算を中心に会計制度を構築する必要がある。IPO準備会社においても，子会社が存在する場合は，連結財務諸表の作成と開示を行える体制を整えなければならない。

連結決算のためには，親会社の決算早期化のみならず，子会社の決算早期化，連結決算に必要な情報を子会社から適時に，かつ，正確に入手することができる体制の構築，さらには親会社における連結決算作業自体の早期化というように，IPO準備作業は大幅に増加する。また，連結決算のための人材確保も容易ではない。

A社においても，完全子会社であるB社が存在するため，原則として連結決算を行える体制を構築しなければならないが，社長の連結決算への現状認識も考えると，その道のりはかなり険しいと考えざるを得ない。つまり，買収にあたっては，短期間でB社の管理体制を連結決算に組み込める水準まで整備できるかどうかが重要になる。

改善ポイント

　A社としては，ショートレビューにより引き当てるべき将来債務が多額に及び，B社が債務超過に陥る可能性が高いことが判明したため，改めてB社をそのまま子会社として維持することがA社の経営戦略的に妥当か否か検討する必要性に迫られることとなる。

　M&Aは資本政策同様に不可逆性があるため，本来A社がM&Aにより連結子会社化する前に専門家に依頼してB社のデューデリジェンスを実施し，結果次第では，B社の買収中止も検討すべきであったといえる。

　また，B社のデューデリジェンスの結果，債務超過に陥る可能性は高いものの，買収価格の引き下げ交渉を行ったうえで，B社との経営統合のメリットの方が大きいとの判断に至った場合，そのまま子会社化するのかを検討する選択もあり得る。特に，上場審査においては赤字の子会社や事業部門については存在理由を厳しく審査されるため，早急に改善策や成長性を確保するプランが必要になる。そのうえで，B社の中期計画を合理的に策定して連結決算の「のれん」の会計処理や個別決算の関係会社株式の評価を十分検討すべきである。

　いずれにしても，早期のIPOを目指すのであれば，連結決算の体制を構築することに伴うIPO遅延を避けるため，短期間でB社の管理体制の整備や人員投入を行い，開示体制を確立する必要がある。なお，子会社としての存在理由をよく吟味して，事業シナジーや管理の統一などの理由で合併等により1つの会社の一事業部門にする選択もあり得る。

▶▶ 応用Q&A

Q1　IPO準備において，月次連結決算および連結予算の編成に関する留意事項は？

A1　まず，月次連結決算を行えるように主に次の情報が親会社にタイムリーに漏れなく，かつ，正確に集まるようにしなければならない。月次連結決算は翌月6日から10日営業日前後で終えることが望ましい。

　①　子会社の財務諸表に関する情報
　②　親会社・子会社間における債権債務に関する情報

③　親会社・子会社間における取引高の情報
④　未実現損益に関する情報
⑤　前期比較、予算比較の分析情報

また、月次決算に関するチェックポイントは以下のとおりである。

- 月次決算が正確かつ迅速に行われ、上場後の四半期報告制度への対応が可能な体制が整備されているか。
- 必要と判断した年度決算と同様の会計処理や親会社との会計処理の統一が行われているか。
- 月次決算が部門別、製品別等の細分化された単位ごとになされているか。
- 個社ごとに月次で予算対比がなされ、取締役会等へ報告されているか。
- 連結ベースでの月次決算がなされているか。
- 月次決算制度を確立するための前提となる、販売管理制度、購買管理制度、原価計算制度、棚卸資産受払制度等の諸制度が整備されているか。

なお、子会社での連結パッケージ作成のためには、相当程度の会計に関する知識と実務経験が必要となり、そのための人材確保やシステム導入の検討なども課題となる。また、親会社内には、主に以下のような実際の連結決算作業を行うことができる体制を整える必要がある。

①　親会社と子会社の財務諸表の合算
②　投資と資本の相殺消去
③　債権債務の相殺消去
④　取引高の相殺消去
⑤　未実現損益の調整
⑥　連結上の税効果の認識

以上のような連結決算作業を進めるためには、その特殊性から、必要な人材を確保することは困難であることも多いため、会計スキルのある人材の確保が重要であり、場合によっては公認会計士のような専門家の採用も考えられる。

Q2　決算短信・半期報告書・有価証券報告書作成のための準備に必要な事項は？

A2　決算短信・半期報告書の作成および有価証券報告書の作成については，月次決算よりもさらに詳細な情報の入手が必要となる。そのため，主に以下の情報も子会社から入手することができる体制を整える必要がある。

① 各種注記事項の作成に必要な情報（リース，金融商品，有価証券，デリバティブ，退職給付，ストック・オプション，税効果，セグメント，関連当事者，後発事象等）

② 連結キャッシュ・フロー計算書作成のための情報（資金の範囲，固定資産増減明細，有価証券増減明細，借入金増減明細等）

③ 連結附属明細表作成のために必要な情報

④ その他決算短信，半期報告書および有価証券報告書作成のために必要な情報（設備投資に関する情報，生産・販売に関する情報，人員に関する情報等）

これらの情報は通常，「連結パッケージ」という一覧表形式で子会社から入手するため，親会社にて所定のフォーマットをエクセル等で作成し，子会社に作成を依頼することで決算の効率化，早期化を図ることができる。

▶▶ 確認テスト

問1：他社のM&Aを実施する際は，買収先から株式価値算定書の提示があればデューデリジェンスを実施しなくとも問題はない。

問2：親会社と子会社の決算日は異なってはいけない。

問3：親会社と子会社の会計処理は統一しなければならない。

解答1：× M&A取引に関する意思決定を行う際には，デューデリジェンスを原則的に行うべきである。IPO準備会社においては，デューデリジェンスの重要性を認識せずに，安易に企業買収を行うことが多い。買収先の決算書はそのまま活用できない可能性があることをよく理解し，修正事項を反映した財務内容をもって買収判断が

なされることがM&Aでは不可欠である。その際に，会計上の修正点を把握するのと同時に管理体制の問題点も明らかにして，連結決算や月次決算の正確性や早期化に支障となる点をリストアップして改善させ，グループ全体の開示体制に短期間で取り込むべきである。

解答2：× 原則として，親会社と子会社の決算日の差異が3か月以内であれば認められる。ただし，国内子会社については決算日を統一している事例が多いと思われる。海外子会社の決算期について，早期化ができない，または現地国の特殊要因などでやむを得ない理由がある場合は，3か月以内を目途に異なる決算日もあり得るので，監査法人と協議のうえで判断していくべきである。

解答3：× 連結財務諸表作成にあたっては，「同一環境下で行われた同一の性質の取引等について，親会社及び子会社が採用する会計処理の原則及び手続は，原則として統一する」こととされている（連結会計基準17項）。親会社と各子会社は，それぞれの置かれた環境のもとで経営活動を行っているため，親会社と各子会社の会計処理を画一的に統一することは，かえって連結財務諸表が企業集団の財政状態，経営成績およびキャッシュ・フローの状況を適切に表示しなくなるということも考えられる。しかし，同一環境下の同一の性質の取引等について連結会社間で会計処理が異なっている場合，その個別財務諸表を基礎とした連結財務諸表が企業集団の財政状態，経営成績およびキャッシュ・フローの状況の適切な表示を損なうことになる。いずれにしても，統一すべき処理を特定し，監査法人とも協議のうえで重要性を判断して処理の見直しや適用を決定することになる。

11 【キャッシュ・フロー】
連結キャッシュ・フロー計算書

サマリー説明

◇ キャッシュ・フロー計算書とは

　企業は事業活動に伴いさまざまな取引を行っているが，企業の取引には当然キャッシュ（資金）が関連している。取引には，企業にキャッシュを流入（キャッシュ・イン）させる取引とキャッシュを企業から流出（キャッシュ・アウト）させる取引がある。キャッシュ・フロー計算書は一会計期間の企業のキャッシュ・インとキャッシュ・アウトを捉え，キャッシュの期首残高に加減算してキャッシュの期末残高を計算する形式で，企業のキャッシュの流れを計算して表示する財務諸表である。

　貸借対照表は期首時点（＝前期末時点）や期末時点といった「一時点」の資産，負債，純資産という財政状態の状況を示す財務諸表であるのに対し，キャッシュ・フロー計算書および損益計算書は1年や四半期会計期間等の「一期間」のキャッシュ・フローや損益の状況を示す財務諸表になる。それぞれの財務諸表の間には以下のような関係がある。

- 財務諸表間の関係（キャッシュ・フロー計算書と貸借対照表）
- 財務諸表間の関係（キャッシュ・フロー計算書と損益計算書）
- 財務諸表間の関係（貸借対照表と損益計算書）

◇ キャッシュの範囲

　キャッシュ・フロー計算書におけるキャッシュとは「現金及び現金同等物」のことを意味する。

　現金とは，手許現金，要求払預金及び特定の電子決済手段をいう。要求払預金には，例えば，当座預金，普通預金，通知預金が含まれる。現金同等物とは，容易に換金可能であり，かつ，価値の変動について僅少なリスクしか負わない短期投資をいう。現金同等物には，例えば，取得日から満期日又は償還日までの期間が3か月以内の短期投資である定期預金，譲渡性預金，コマーシャル・

ペーパー，売戻し条件付現先，公社債投資信託が含まれる。特定の電子決済手段は，資金決済法第2条第5項第1号から第3号までに掲げるものをいい，外国電子決済手段に該当するものにあっては電子決済手段等取引業者が取り扱うものに限る。

◇ 企業活動とキャッシュ・フロー計算書

　企業の活動は営業活動，投資活動，財務活動という大きく3つの区分に分けることができる。

　キャッシュ・フロー計算書では，それぞれの活動によるキャッシュ・フローを表示し，期首のキャッシュ残高に当該区分別のキャッシュの流入と流出の合計を加減算して，期末のキャッシュ残高を表示する形式をとる。

● 営業活動によるキャッシュ・フロー

　　営業活動によるキャッシュ・フローの主な内容は，営業損益計算の対象となる取引から生じたキャッシュ・フローになる。損益計算書に計上された収益および費用に伴うキャッシュ・フローのほか，営業損益計算の対象となった取引によって生じた売掛金や受取手形などの営業債権の回収による入金や，買掛金などの営業債務の支払による支出も含まれる。また，投資活動および財務活動以外の取引によるキャッシュ・フローについても，キャッシュ・フロー計算書の会計基準上，営業活動によるキャッシュ・フローに含まれることになる。

● 投資活動によるキャッシュ・フロー

　　投資活動によるキャッシュ・フローには，固定資産の取得および売却，有価証券の取得および売却，貸付けの実行・回収などの投資活動に関係するキャッシュ・フローの情報が記載される。固定資産には土地や建物，機械装置，備品などの有形固定資産やソフトウェアなどの無形固定資産が含まれ，有価証券には株式や社債などが含まれる。

● 財務活動によるキャッシュ・フロー

　　財務活動によるキャッシュ・フローには，資金の調達，返済および株主への配当金の支払などによるキャッシュ・フローが記載される。資金の調達には新規の借入れや借り換え，社債の発行，新株の発行などが含まれ，資金の返済には借入れの返済や社債の償還などが含まれる。

◇ 営業キャッシュ・フローの表示方法

営業キャッシュ・フローの記載方法には直接法と間接法の2通りがある。ただし，実務的には間接法が採用されることがほとんどである。

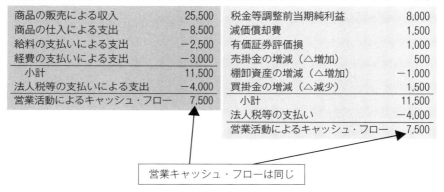

◇ IPO準備実務でのよくあるケース

　IPO準備会社においては，連結キャッシュ・フロー計算書の作成義務がないことから，経理担当者も連結キャッシュ・フロー計算書の作成に関する理解が十分ではないケースも多い。また，基本的な作成プロセスはある程度理解して作成できても，詳細を理解していないと貸借対照表の増減のうち，営業活動によるキャッシュ・フロー以外の項目に振り分ける必要がある項目，例えば固定資産取得における未払金の増減や固定資産売却に係る未収入金の増減を分離せずに営業活動によるキャッシュ・フローに含めてしまうミスなどが多くみられるため，作成ルールに習熟した人材が不可欠となる。そのため，キャッシュ・フロー計算書を作成できる人材を育成または採用すべきである。仮に，営業収入や仕入支出，人件費支出といった営業活動における重要なキャッシュ・フロー項目を把握することが金融機関提出用の資金繰実績表として必要な会社は，IPOと関係なく別途作成していくことも経営管理上はあり得る。

　なお，管理レベルの向上や決算早期化をより推進するために，月次でキャッシュ・フロー計算書を作成できる体制を整えることができれば，四半期ごとの公表用キャッシュ・フロー計算書は月次キャッシュ・フロー計算書の累計額に

決算修正を加味すればよいため，上場後の決算開示資料の作成を効率的に行うことができる。

▶▶ ケーススタディ

　A社はソフトウェアの開発・販売・保守サポートを行う会社である。A社は現サービスの認知度向上と優秀な開発エンジニアを獲得するため，数年前からIPOを考えており，監査法人と監査契約を締結し，IPO準備を始めている。
　A社の利用する会計ソフトはキャッシュ・フロー計算書の作成機能を有していたものの，過去にキャッシュ・フロー計算書を作成したことがなかった。そのような状況の中，A社の経理課長であるBは昨年度分のキャッシュ・フロー計算書を作成した。
　以下はA社の経理課長Bと監査法人担当者Cのやり取りの一部である。このやり取りから問題を抽出し解決策を提示しなさい。

経理課長：C先生，前期の決算数値を用いてキャッシュ・フロー計算書を作成してみましたが，意外と簡単に作成できるものですね。キャッシュの期首残高に調整項目を加減算したら，一度で貸借対照表の現預金残高と，キャッシュ・フロー計算書の現金および現金同等物の期末残高が一致しました。

監査法人：Bさん，確かに貸借対照表の現預金残高と，キャッシュ・フロー計算書の「現金及び現金同等物」の期末残高は一致していますが，中身をよく見てみると，営業活動によるキャッシュ・フローと投資活動によるキャッシュ・フローの増減項目に入り繰りが生じていますね。また，金額が合わない箇所の帳尻合わせを営業活動によるキャッシュ・フローのその他の項目ですべて調整していませんか？

　A社はショートレビューの結果，回収に懸念があると思われる売掛金が存在することが判明していたため，一部の売掛金を長期滞留債権に振り替えていた。また，多額の設備投資を行っていたため固定資産が増加していたが，ほとんどの代金が未払の状況であった。

監査法人：Bさん，投資活動によるキャッシュ・フローに「長期滞留債権の増加による支出」が表示されていますが，これは単なる科目の振替え

のため，キャッシュは減少していませんよ。
経理課長：どういうことでしょう？
長期滞留債権は，貸借対照表上，投資その他の資産なのだから，投資活動によるキャッシュ・フローに表示してはダメなのですか？

問題の所在

　流動資産の売掛金から投資その他の資産の長期滞留債権への振替えは，単なる科目間の振替処理であり，キャッシュ・フローを伴うものではない。したがって，本来はキャッシュ・フロー計算書には表示されない。

　最近の会計ソフトのほとんどはキャッシュ・フロー計算書の作成機能を有していることから，会計ソフトによりキャッシュ・フロー計算書を作成することが可能であるが，会計ソフトの設定を正確に行っただけでは，適切なキャッシュ・フロー計算書を作成することができず，人の手による修正が必要となる場合がある。

　なお，キャッシュ・フロー計算書は，貸借対照表および損益計算書等から精算表を用いて作成することも可能である。

改善ポイント

　会計ソフトで間接法によるキャッシュ・フロー計算書を作成する場合，会計ソフトは基本的に貸借対照表の各科目の前期末残高と当期末残高の増減額を計算し，これをキャッシュ・フロー計算書の各区分に割り振る作業を行う。その場合，基本的には流動資産項目の増減は「営業活動によるキャッシュ・フロー」の区分に割り振り，固定資産項目の増減は「投資活動によるキャッシュ・フロー」の区分に割り振ることが多い。このため，本ケースのように流動資産と固定資産との間で勘定科目の振替処理が行われている場合に会計ソフトでキャッシュ・フロー計算書を作成すると，「営業活動によるキャッシュ・フロー」の金額と「投資活動によるキャッシュ・フロー」の金額に入り繰りが生じる場合がある。簡単な例で考えると以下のとおりである。

[前提条件：間接法によるキャッシュ・フロー計算書の作成]

| 前期末売掛金 | 100 | 当期末売掛金 | 0 |
| 前期末長期滞留債権 | 0 | 当期末長期滞留債権 | 100 |

期中の仕訳は以下の仕訳のみ。

（借）長期滞留債権　100	（貸）売　掛　金　100

　上記の場合で，単純に貸借対照表の前期末残高と当期末残高の増減額を計算し，これをキャッシュ・フロー計算書の各区分に割り振ると以下のようになる。

> Ⅰ．営業活動によるキャッシュ・フロー
> 　　売上債権の減少額＋100
> Ⅱ．投資活動によるキャッシュ・フロー
> 　　長期滞留債権の増加による支出　△100

　上記の場合，実際は期中のキャッシュの動きはまったくないため，「営業活動によるキャッシュ・フロー」「投資活動によるキャッシュ・フロー」はともにゼロとなるはずであるが，「営業活動によるキャッシュ・フロー」の金額と「投資活動によるキャッシュ・フロー」の金額に入り繰りが生じ，期中のキャッシュの動きがあるように表示されている。このため，このような場合にはさらに調整を加える必要がある。

　本ケースのような振替処理の存在等により，いかに会計ソフトの設定を正確に行っても，適切なキャッシュ・フロー計算書を作成することができず，結局人の手による修正が必要となることが多い。

▶▶ 応用 Q&A

Q1　キャッシュ・フロー計算書が対象とする資金の範囲には，何が含まれるか？

A1　【1．資金の範囲に含まれる現金】
　キャッシュ・フロー計算書が対象とする資金の範囲に含まれる現金とは，手許現金，要求払預金及び特定の電子決済手段をいう。要求払預金とは，預金者が一定の期間を経ることなく引き出すことができる預金をいい，例えば，当座預金，普通預金，通知預金が含まれる。預入期間の定めがある定期預金は，要求払預金には含まれない。特定の電子決済手段は，資金決済法第2条第5項第1号から第3号までに掲げるものをいい，外国電子決済手段に該当するものにあっては電子決済手段等取引業

者が取り扱うものに限る。

【2．資金の範囲に含まれる現金同等物】

　キャッシュ・フロー計算書が対象とする資金の範囲に含まれる現金同等物とは，容易に換金可能であり，かつ，価値の変動について僅少なリスクしか負わない短期投資をいい，例えば，取得日から満期日または償還日までの期間が3か月以内の短期投資である定期預金，譲渡性預金，コマーシャル・ペーパー，売戻し条件付現先，公社債投資信託が含まれる。価値変動リスクが僅少といえない市場性のある株式等，その運用期間が比較的長期の金融商品への投資は，現金同等物には含まれない。なお，現金同等物に含まれるかどうかは，各企業の資金管理活動により異なり，換金が容易かどうか，価値変動リスクが僅少かどうか，運用期間が短期かどうか等，についての判断が入る。この経営者の判断を明らかにするために，資金の範囲に含めた現金および現金同等物の内容を会計方針として記載するとともに，その期末残高と貸借対照表上の科目別残高との関係について調整が必要な場合は，その調整を注記する必要がある。

根拠条文
- 連結キャッシュ・フロー計算書等の作成基準第二
- 「連結財務諸表等におけるキャッシュ・フロー計算書の作成に関する実務指針」2項

Q2　株式の取得により新たに連結子会社となる会社がある場合，連結キャッシュ・フロー計算書上どのように表示するのか？

A2　投資有価証券の取得の取引に係るキャッシュ・フローは「投資活動によるキャッシュ・フロー」の区分に記載される。そのため，子会社株式の取得の取引に係るキャッシュ・フローも「投資活動によるキャッシュ・フロー」の区分に記載する必要がある。

　新たに取得した連結子会社が，連結開始時点で保有していた現金および現金同等物は，子会社株式の取得取引で得たものであることから，子会社の取得に伴い支出した現金および現金同等物の額から控除し，その

控除後の金額をもって「投資活動によるキャッシュ・フロー計算書」の区分に「子会社株式の取得による支出」等の科目により記載する必要がある。

また，連結キャッシュ・フロー計算書に関する注記事項として，株式の取得により新たに連結子会社となった会社の資産および負債の主な内訳を記載する必要がある。

なお，子会社の重要性が増したことなどにより，非連結子会社を新たに連結する場合においては，支出がないことから連結開始時点の当該連結子会社の現金および現金同等物の残高を「現金および現金同等物の期首残高」に加算する形式で連結キャッシュ・フロー計算書において独立表示する必要がある。

> **根拠条文**
> - 「連結財務諸表等におけるキャッシュ・フロー計算書の作成に関する実務指針」8項，46項
> - 連結財規90条1項2号

Q3 株式の売却により連結子会社でなくなった会社がある場合，連結キャッシュ・フロー計算書上どのように表示するのか？

A3 投資有価証券の売却の取引に係るキャッシュ・フローは「投資活動によるキャッシュ・フロー」の区分に記載される。そのため，子会社株式の売却の取引に係るキャッシュ・フローも「投資活動によるキャッシュ・フロー」の区分に記載する必要がある。

株式の売却により連結の範囲から除外される当該連結子会社が，連結除外時点で保有していた現金および現金同等物は，子会社株式の売却取引で失ったものであることから，子会社の売却に伴い取得した現金および現金同等物の額から控除し，その控除後の金額をもって「投資活動によるキャッシュ・フロー計算書」の区分に「子会社株式の売却による収入」等の科目により記載する必要がある。

また，連結キャッシュ・フロー計算書に関する注記事項として，株式の売却により新たに連結子会社でなくなった会社の資産および負債の主

な内訳を記載する必要がある。

　なお，連結子会社に重要性がなくなったことなどにより，非連結子会社として連結の範囲から除外した場合には，売却等による収入がないことから連結除外時点の当該子会社の現金および現金同等物の残高を「現金及び現金同等物の期首残高」に減算する形式で連結キャッシュ・フロー計算書において独立表示する必要がある。

> **根拠条文**
> - 「連結財務諸表等におけるキャッシュ・フロー計算書の作成に関する実務指針」8項，46項
> - 連結財規90条1項3号

▶▶ 確認テスト

問1：固定資産の取得による支出の金額は，期末の固定資産残高から期首の固定資産残高を差し引けばよい。

問2：有価証券の取得も自己株式の取得も「投資活動によるキャッシュ・フロー」の区分に表示すればよい。

解答1：✕　固定資産を取得および売却した場合，「投資活動によるキャッシュ・フロー」の区分において，それぞれ「固定資産の取得による支出」および「固定資産の売却による収入」等の科目によって表示する。固定資産の取得に係る未払金がある場合，未払金の期首残高と期末残高の調整を行って，「有形固定資産の取得による支出」を算定する。

解答2：✕　有価証券を取得した場合，「投資活動によるキャッシュ・フロー」の区分において，「有価証券の取得による支出」等の科目によって表示する。一方で，自己株式を取得した場合，「財務活動によるキャッシュ・フロー」の区分において，「自己株式の取得による支出」等の科目によって表示する。

12 【純資産】ストック・オプション

サマリー説明

◇ ストック・オプションの会計上の性質

　「ストック・オプション」とは，自社株式オプションのうち，特に企業がその従業員等に，報酬として付与するものをいうとされる（ストック・オプション等に関する会計基準（企業会計基準第8号）以下「ストック・オプション等会計基準」）2項(2))。企業と雇用関係にある使用人のほか，企業の取締役，会計参与，監査役及び執行役並びにこれに準ずる者（ストック・オプション等会計基準2項(3)）が，ストック・オプションを対価としてこれと引換えに企業に労働や業務執行等のサービスを提供し，企業がこれを消費していることから，株式報酬費用を認識するものである。

◇ ストック・オプションの会計処理

　権利確定日以前においては，ストック・オプションを付与し，これに応じて企業が従業員等から取得するサービスは，その取得に応じて費用として計上し，対応する金額を，ストック・オプションの権利の行使又は失効が確定するまでの間，貸借対照表の純資産の部に新株予約権として計上することとなる（ストック・オプション等会計基準4項）。権利確定後においては，ストック・オプションが権利行使され，これに対して新株を発行した場合には，新株予約権として計上した額のうち，当該権利行使に対応する部分を払込資本に振り替えることとなる（ストック・オプション等会計基準8項）。

◇ IPO準備実務でのよくあるケース

　未上場会社においては，上場達成に向けたインセンティブプランの一つとして，創業初期や上場準備開始期に従業員等に有利な条件でストック・オプションの付与が行われることが多い。未公開企業における取扱いとして，ストック・オプションの公正な評価単価に代え，単位当たりの本源的価値の見積りに

基づいて会計処理を行うことができるとされることから、無償ストック・オプションの発行において行使価格を自社株式の評価額とすることで本源的価値をゼロとし、費用処理額をゼロとする事例が多くみられる。ここで、単位当たりの本源的価値とは、算定時点においてストック・オプションが権利行使されると仮定した場合の単位当たりの価値であり、当該時点におけるストック・オプションの原資産である自社の株式の評価額と行使価格との差額をいう（ストック・オプション等会計基準13項）。

近年は、税制適格ストック・オプションの特例方式（いわゆるセーフハーバー）（第Ⅳ章 資本政策 3【インセンティブプラン】ストック・オプション参照）の利用や税制非適格を前提とした有償ストック・オプションの利用などの選択肢の広がりから会計処理が複雑化しており、資本政策の不可逆性を踏まえると、早い段階からの専門家への相談が肝要である。税制適格ストック・オプションの要件充足性についてもインセンティブ効果に影響することから、法務や税務の専門家に相談すべきである。ストック・オプションの課税関係、法務面の留意事項については、「第Ⅳ章 資本政策 3【インセンティブプラン】ストック・オプション」を参照。

▶▶ **ケーススタディ**

A社はソフトウェアの開発・販売・保守サポートを行う会社である。A社は現サービスの認知度向上と優秀な開発エンジニアを獲得するため、数年前からIPOを考えており、監査法人と監査契約を締結し、IPO準備を始めている。A社では、上場達成に向けたインセンティブプランの一つとして、取締役及び従業員に無償でストック・オプションを付与した。以下はA社の経理課長と監査法人担当者のやり取りの一部である。このやり取りから問題を抽出し解決策を提示しなさい。

監査法人：ストック・オプションの会計処理について確認させて下さい。
経理課長：会計処理を行うにあたり、ストック・オプションの単位当たりの本源的価値を算出しました。本源的価値がゼロと算出されたため、株式報酬費用の計上は不要と考えています。

監査法人：ストック・オプションの単位当たりの本源的価値はどのように算出しましたか？
経理課長：ストック・オプションの付与日現在での，自社株式の評価額からストック・オプションの行使価格を差し引いて算出しました。
監査法人：株式の評価額はどのように算出しましたか？
経理課長：財産評価基本通達の例により，純資産価額をベースに算出しました。
監査法人：税務上の株式の評価額を算出するのはその方法でよいと思いますが，会計上の株式の評価額は算出していますか？例えば，会計上の株式の評価額を算出するため，外部の専門家等より，株価算定レポート等は入手していますか？
経理課長：そのようなものは入手していません。

問題の所在

近年，税制適格ストック・オプションの特例方式（いわゆるセーフハーバー）を利用して，より付与者に有利な条件でのインセンティブプランを設計することも可能となっています。そのため，税務上の株式評価額（財産評価基本通達の例により，純資産価額をベースに算出した額）を行使価格として，ストック・オプションが付与されるケースが想定されます。一方で，会計上の株式評価額は，実務上様々な方法（例えば，純資産法，キャッシュ・フロー法，配当還元法，取引事例比準法等，）が用いられますが，それぞれの企業の置かれた状況や，評価のための技法の発展状況等，様々な条件によって異なり得るため，当該株式を第三者に新規に発行する場合の価格を決定する際に用いられるような合理的な評価方法による必要があると考えられています（ストック・オプション等会計基準適用指針60項）。すなわち，税務上の株式評価額と会計上の株式評価額は必ずしも一致せず，会計上の株式評価額がストック・オプションの行使価格を上回る場合には，ストック・オプションの単位当たりの本源的価値がゼロではないため，株式報酬費用の計上が必要となります。

改善ポイント

会計上の株式評価額を算出し，これを用いてストック・オプションの単位当たりの本源的価値を算出し，会計処理を検討する必要があります。なお，会計

上の株式評価額は、それぞれの企業の置かれた状況や、評価のための技法の発展状況等、様々な条件によって異なり得るため計算が煩雑であり、外部の専門家に株価算定を依頼することが一般的です。各期の決算処理に間に合うよう、早めに株価算定を依頼し、株価算定レポートを適切なタイミングで入手することが必要と考えます。

▶▶ 応用Q&A

Q1 未公開企業において、単位当たりの本源的価値の見積りにより会計処理を行っており、ストック・オプションの原資産である自社株式の評価額が行使価格を上回る場合、会計処理上、どのような点に留意する必要があるか。

A1 単位当たりの本源的価値とは、算定時点におけるストック・オプションの原資産である自社株式の評価額と行使価格との差額をいう。

> 単位当たりの本源的価値＝自社株式の評価額－行使価格

この場合において、原資産である自社株式の評価額が行使価格を上回る状態で付与された場合を除き、ストック・オプションの価値がゼロとなることから（マイナスの場合もゼロとして評価）、事実上費用が計上されないことになる。一方で、自社株式の評価額が行使価格を上回る場合は、費用が発生することとなり、単位当たりの本源的価値にストック・オプション数を乗じた額のうち、当期に発生したと認められる額を費用計上することとなる。

ストック・オプションは、将来の株価の上昇を期待して従業員等に付与されるものであり、税制適格ストック・オプションの条件にもなることから、行使価格が付与時点の株式の評価額よりも高く設定されることが多い。

しかし、株式報酬型ストック・オプション（いわゆる1円ストック・オプション）のような場合は、行使価格が1円であり、一般的に、自社株式の評価額が行使価格を上回る状態となると考えられるため、費用計上が必要となる可能性が高いことに留意が必要である。

また，対象勤務期間を基礎とする方法の費用計上期間は，複数の権利確定条件が付されている場合には必要条件が満たされる日までの期間となり，税制適格ストック・オプションでは2年の勤務条件が必要とされることから，権利確定条件の一つを構成することにも留意が必要である。なお，条件の達成に要する期間が固定的でなく，かつ，その権利確定日を合理的に予測することが困難な権利確定条件（株式市場に上場していることや株価条件等）が付されている場合に，権利確定日を合理的に予測することが困難なため予測を行わないときには，当該権利確定条件は付されていないものとみなすこととなることに留意が必要である。

▶▶ 確認テスト

問1：単位当たりの本源的価値とは，算定時点においてストック・オプションが権利行使されると仮定した場合の単位当たり価値であり，当該時点におけるストック・オプションの原資産である自社の株式の評価額と行使価格との差額をいう。

問2：未公開企業のみならず，上場直後の企業においても，ストック・オプションの公正な評価単価に代えて，その単位当たりの本源的価値の見積りに基づいて会計処理を行うことが認められている。

問3：条件の達成に要する期間が固定的ではない権利確定条件が付されている場合には，当該権利確定条件は付されていないものとみなして取り扱うこととされている。

解答1：○　「単位当たりの本源的価値」とは，算定時点においてストック・オプションが権利行使されると仮定した場合の単位当たりの価値であり，当該時点におけるストック・オプションの原資産である自社の株式の評価額と行使価格との差額をいう，とされている。（ストック・オプション等会計基準13項）

解答2：×　単位当たりの本源的価値に基づいて会計処理を行うことができるのは未公開企業のみである。未公開企業については，ストック・オプションの公正な評価額について，損益計算に反映させるに足

りるだけの信頼性をもって見積ることが困難な場合が多いと考えられる。そこで，未公開企業では一般投資家がいないことも考慮し，ストック・オプションの公正な評価単価に代え，その単位当たりの本源的価値の見積りによることが認められている。

一方，上場後の企業については，上場後の日は浅くとも自社の株価を参照することができること，一般投資家のいない未公開企業と同列に考えることはできないこと，及び仮に上場から日の浅い企業についてもストック・オプションの本源的価値による算定を認めることとした場合には，その範囲を明確に画する必要があるが，一律にその範囲を画することは困難であること等の理由から，未公開企業に限ってストック・オプションの本源的価値による算定を認めることとされている。

解答3：✕ 業績条件等，条件の達成に要する期間が固定的ではない権利確定条件が付されている場合であっても，権利確定日を合理的に予測することができる場合には，当該予測日を権利確定日として勤務対象期間を判定することになる。

ただし，株価条件が付されている等，条件の達成に要する期間が固定的でなく，かつ，その権利確定日を合理的に予測することが困難なため，予測を行わない場合については，当該権利確定条件は付されていないものとみなす。

第V章
内部管理体制

全社統制
1 内部統制における全社的な内部統制

事業計画
2 中期経営計画
3 予算統制

業務処理統制
4 販売業務に関する内部管理体制
5 購買業務に関する内部管理体制
6 在庫に関する内部管理体制

IT 統制
7 内部統制における IT 統制

1 【全社統制】内部統制における全社的な内部統制

サマリー説明

◇ 内部統制における全社的な内部統制の勘所

　内部統制における全社的な内部統制については，具体的には企業会計審議会が公表している「財務報告に係る内部統制の評価及び監査に関する実施基準」（以下，実施基準という）の「参考1（財務報告に係る全社的な内部統制に関する評価項目の例）」に掲げられた42項目が参考となる。

　具体的には，統制環境，リスクの評価と対応，統制活動，情報と伝達，モニタリング，ITへの対応の内部統制の6つの構成要素ごとに評価項目が取りまとめられている。

　ここでポイントとなるのは，これらの42項目はIPO準備実務においても，以下のとおり主幹事証券会社の公開引受部門の指導や審査部門の審査において確認される項目であるという点である。また，上場後は内部統制報告制度（J-SOX）について監査法人の法定監査の対象になるため，それに堪え得るレベルにしておく必要がある。

　したがって，IPO準備の一環として内部統制報告制度（J-SOX）の準備を進めるにあたり，全社統制の文書化や評価は，IPO準備において主幹事証券から指導される内容と平仄を取りながら進めていくことが肝要である。また，必要に応じて，監査法人に助言を求めることも検討すべきである。

実施基準における例示42項目	左記に関連する上場準備での確認事項
統制環境 ● 経営者は，信頼性のある財務報告を重視し，財務報告に係る内部統制の役割を含め，財務報告の基本方針を明確に示しているか。 ● 適切な経営理念や倫理規程に基づき，社内の制度が設計・運用され，原則を逸脱した行動が発見された場合には，適切に是正が行われるようになっているか。 ● 経営者は，適切な会計処理の原則を選択し，会計上の見積り等を決定する際の客観的な実施過程を保持しているか。 ● 取締役会及び監査役等は，財務報告とその内部統制に関し経営者を適切に監督・監視する責任を理解し，実行しているか。	● 適切な経営理念，行動規範等の設定 ● 適切な会計処理の確立（経理規程等の整備運用） ● 取締役会等重要会議の適切な運営（取締役会規程，会議体規程等の整備運用）

1 【全社統制】内部統制における全社的な内部統制

・監査役等は内部監査人及び監査人と適切な連携を図っているか。 ・経営者は，問題があっても指摘しにくい等の組織構造や慣行があると認められる事実が存在する場合に，適切な改善を図っているか。 ・経営者は，企業内の個々の職能（生産，販売，情報，会計等）及び活動単位に対して，適切な役割分担を定めているか。 ・経営者は，信頼性のある財務報告の作成を支えるのに必要な能力を識別し，所要の能力を有する人材を確保・配置しているか。 ・信頼性のある財務報告の作成に必要とされる能力の内容は，定期的に見直され，常に適切なものとなっているか。 ・責任の割当てと権限の委任がすべての従業員に対して明確になされているか。 ・従業員等に対する権限と責任の委任は，無制限ではなく，適切な範囲に限定されているか。 ・経営者は，従業員等に職務の遂行に必要となる手段や訓練等を提供し，従業員等の能力を引き出すことを支援しているか。 ・従業員等の勤務評価は，公平で適切なものとなっているか。	・監査役会等，内部監査，監査法人の連携（三様監査） ・適時開示のための人員の確保・配置 ・適切な権限移譲，業務分掌（業務分掌規程，職務権限規程等の整備運用） ・公平な人事制度の確立（給与規程，人事考課規程等の整備運用）
リスクの評価と対応 ・信頼性のある財務報告の作成のため，適切な階層の経営者，管理者を関与させる有効なリスク評価の仕組みが存在しているか。 ・リスクを識別する作業において，企業の内外の諸因及び当該要因が信頼性のある財務報告の作成に及ぼす影響が適切に考慮されているか。 ・経営者は，組織の変更やITの開発など，信頼性のある財務報告の作成に重要な影響を及ぼす可能性のある変化が発生する都度，リスクを再評価する仕組みを設定し，適切な対応を図っているか。 ・経営者は，不正に関するリスクを検討する際に，単に不正に関する表面的な事実だけでなく，不正を犯させるに至る動機，原因，背景等を踏まえ，適切にリスクを評価し，対応しているか。	・リスク管理体制の構築（リスク管理規程，コンプライアンス規程等の整備運用） ・内部統制報告制度（J-SOX）の準備状況
統制活動 ・信頼性のある財務報告の作成に対するリスクに対処して，これを十分に軽減する統制活動を確保するための方針と手続を定めているか。 ・経営者は，信頼性のある財務報告の作成に関し，職務の分掌を明確化し，権限や職責を担当者に適切に分担させているか。 ・統制活動に係る責任と説明義務を，リスクが存在する業務単位又は業務プロセスの管理者に適切に帰属させているか。 ・全社的な職務規程や，個々の業務手順を適切に作成しているか。 ・統制活動は業務全体にわたって誠実に実施されているか。 ・統制活動を実施することにより検出された誤謬等は適切に調査され，必要な対応が取られているか。 ・統制活動は，その実行状況を踏まえて，その妥当性が定期的に検証され，必要な改善が行われているか。	・適切な組織体系，業務分掌状況，権限移譲の状況（組織規程，業務分掌規程，職務権限規程等の整備運用） ・適切な関係会社管理（関係会社管理規程等の整備運用）
情報と伝達 ・信頼性のある財務報告の作成に関する経営者の方針や指示が，企業内の全ての者，特に財務報告の作成に関連する者に適切に伝達される体制が整備されているか。 ・会計及び財務に関する情報が，関連する業務プロセスから適切に情報システムに伝達され，適切に利用可能となるような体制が整備されているか。 ・内部統制に関する重要な情報が円滑に経営者及び組織内の適切な管理者に伝達される体制が整備されているか。 ・経営者，取締役会，監査役等及びその他の関係者の間で，情報が適切に伝達・共有されているか。	・中期経営計画や予算等を通じた経営方針の伝達（予算管理規程の整備運用） ・適時開示制度の確立状況 ・内部通報制度の確立（内部通報規程の整備運用）

● 内部通報の仕組みなど，通常の報告経路から独立した伝達経路が利用できるように設定されているか。 ● 内部統制に関する企業外部からの情報を適切に利用し，経営者，取締役会，監査役等に適切に伝達する仕組みとなっているか。	
モニタリング ● 日常的モニタリングが，企業の業務活動に適切に組み込まれているか。 ● 経営者は，独立的評価の範囲と頻度を，リスクの重要性，内部統制の重要性及び日常的モニタリングの有効性に応じて適切に調整しているか。 ● モニタリングの実施責任者には，業務遂行を行うに足る十分な知識や能力を有する者が指名されているか。 ● 経営者は，モニタリングの結果を適時に受領し，適切な検討を行っているか。 ● 企業の内外から伝達された内部統制に関する重要な情報は適切に検討され，必要な是正措置が取られているか。 ● モニタリングによって得られた内部統制の不備に関する情報は，当該実施過程に係る上位の管理者並びに当該実施過程及び関連する内部統制を管理し是正措置を実施すべき地位にある者に適切に報告されているか。 ● 内部統制に係る開示すべき重要な不備等に関する情報は，経営者，取締役会，監査役等に適切に伝達されているか。	● 監査役会等による監査制度の確立（監査役会規程，監査役監査基準等の整備運用） ● 内部監査制度の確立（内部監査規程の整備運用） ● 諸規程の整備運用状況（規程等管理規程等の整備運用） ● 定量的なだけでなく定性的な情報を盛り込んだ予実再報告状況
ITへの対応 ● 経営者は，ITに関する適切な戦略，計画等を定めているか。 ● 経営者は，内部統制を整備する際に，IT環境を適切に理解し，これを踏まえた方針を明確に示しているか。 ● 経営者は，信頼性のある財務報告の作成という目的の達成に対するリスクを低減するため，手作業及びITを用いた統制の利用領域について，適切に判断しているか。 ● ITを用いて統制活動を整備する際には，ITを利用することにより生じる新たなリスクが考慮されているか。 ● 経営者は，ITに係る全般統制及びITに係る業務処理統制についての方針及び手続を適切に定めているか。	● 情報システムの適切な運用（情報システム管理規程等の整備運用） ● ITも含めた適切な資産管理（固定資産管理規程等の整備運用）

◇ IPO準備実務でのよくあるケース

　主幹事証券会社とのミーティングを中心とするIPO準備チームと，J-SOXコンサルや監査法人とのミーティングを中心とする内部統制報告制度（J-SOX）の準備チームが，それぞれ独立して社内に配備され，別々に課題解決に動いていたが，課題項目は両チームで重複しており，結果的に同じ課題にそれぞれが対応していたといったケースが散見される。それだけでなく，両チームが状況を共有せずに改善を図ったことにより，改善の成果物（規程・マニュアルやチェックリスト等）が似て非なるものとなってしまい調整に時間を要するケースも珍しくはない。

　また，内部統制報告制度（J-SOX）については，企業規模が一定未満であれ

ば，上場年度を含む3期間は猶予されていると誤解されているケースがあるが，猶予されるのは監査法人による内部統制監査のみであって，会社による内部統制報告書の提出は上場初年度から求められることから，IPO準備の段階で前もって準備を進めていく必要がある。

▶▶ **ケーススタディ**

　A社は，情報通信関連の商社であり，従業員は全国の営業拠点を中心に約300名を配し，売上は400億円規模の会社である。A社の商材は，ニッチな業界で脚光を浴びて業績もここ数年好調であり，創業者の息子である現社長への交代を機にIPO準備を開始し，当期を上場申請期として主幹事証券会社の引受審査部門の審査も終盤にさしかかっていた。

　しかし，「A社では不適切な営業活動が行われている」との複数の手紙が匿名で主幹事証券会社の引受審査部門に送られてきた。

　そこで，主幹事証券会社は公開引受部門を通じてA社の取締役管理本部長に実態を確認してもらったところ，以下の事項が発見された。

> 　地方支店のベテランの営業マンを中心に，仕入先および得意先と結託して，架空の発注を行うとともに架空の受注を出してもらい，実態の伴わない帳簿上だけの仕入と売上を発生させることで表面上だけで販売目標達成を偽装する行為が蔓延しており，その金額は売上高の1割程度を占めていた。
> 　また，それらの営業マンを統括する支店長達も薄々その状況を知りつつも，本社への業績報告が良くなるため，見て見ぬふりをしていた。

　当該実態を重くみた主幹事証券会社は，上場申請時期の延期をA社社長に通知した。

問題の所在

(1) **営業活動に対する過度なプレッシャーの存在**

　A社では，営業本部長である専務執行役員の脅迫に近いパワハラともいえる販売予算の達成命令や達成出来なかった者に対する極端な業績査定の引下げ等により，個々の営業マンには販売目標の達成に対する過度なプレッシャーがか

かっている状況であった。

　そのため、地方のベテランの営業マンを中心に、上述の手口が編み出され、支店長達も営業本部長からのハラスメントをおそれ、これらの財務報告の虚偽記載が行われる素地ができあがっていたものと思われる。

(2) 固定化した人事配置

　A社の人員配置は固定化しており、取引先との関係も外部からは見えにくいものであった。人員配置が固定化していると、不正行為や癒着の温床となり、業務上のリスクとなる。今回のケースも、地方のベテラン営業マンが取引先と緊密な関係を時間をかけて築きあげ、外部から見えにくい環境下だからこそ、実態のない受発注行為が成立していたと推測できる。

(3) 内部牽制の効かない組織体制

　A社の地方拠点においては、人材不足を理由に支店長や営業マンにも購買の発注権限を持たせていた。また、請求書も本社の財務部門ではなく、地方拠点に届き、本社へは請求書とともに総額の支払依頼のみがなされている状態であり、1人で仕入と売上の業務処理を進めることができた。

　そのため、内部牽制が働かない業務フローとなっていた。

(4) 情報システムの不備

　A社の業務管理システムは仕入情報と売上情報、会計情報が連動しておらず、また、在庫管理自体はシステム化がなされていなかった。そのため財務報告に必要なデータを適時に取得することはできず、情報伝達システムに不備があったことになる。そのため、仕入と売上の動きも在庫受け払いのデータで検証チェックすることは困難であった。

(5) 不十分な内部監査体制

　A社では、IPO準備の一環から内部監査制度が整備されていたものの、内部監査を担当する社員は購買や販売に関する業務経験の浅い若手の管理部門スタッフが兼任していた。そのため、不正が発生していた地方拠点には内部監査

がなされていたものの，不正発見には至らなかった。また，監査役は本社近隣エリアしか拠点監査を実施しておらず，不正が発生していた地方拠点の監査は，支店長が本社に会議等で訪れた際にヒアリングを実施している程度であった。

(6) 内部通報制度の未整備

　A社内で内部通報制度は存在していたが，その存在が周知されておらず活用されていなかった。支店の管理担当スタッフや取引先等から当該不正の通報を受け付ける窓口が存在し，営業本部長以外の経営陣や監査役に伝えられていれば，不正行為を未然に防ぐことができた可能性がある。

改善ポイント

- コンプライアンス態勢の強化
- 人事ローテーション
- 内部監査の充実
- 内部牽制とシステムの見直し
- スキルアップ
- 内部通報制度化

　まず，法令遵守を中心とした経営理念，行動憲章等を制定し，経営者としての姿勢を示す必要がある。そのうえで，不正を許さない正しい財務報告を求める行動規範の遵守や定期的なコンプライアンス研修の実施などで折に触れ周知を図ることにより，「目標達成のためなら何でも行う」というような社風の形成を防止する。財務報告の信頼性を傷つけてまでして是が非でも業績目標を達成させる指導が評価されないような人事評価制度を構築する。

　また，人員配置の固定化が原因で不正が発生するリスクについて検討を行い，当該リスクの高い部署については，実際に2～3年程度を目途に定期的な人事異動を行うキャリアプランを基本方針とする。加えて，不正リスクの高い部署に対する内部監査については，統制面の確認を充実させた監査チェックリスト等を整備し，監査役や監査法人とも連携の上，監査にあたるべきである。

　さらに，組織体系と業務管理システムについても見直しを行い，内部牽制を意識した組織体制，業務分掌および決裁権限を整備するとともに，売上情報，

仕入情報，在庫情報，会計情報を連動させ，不適切な会計処理を適時に発見可能な検証チェックの仕組みを構築する。

また，従業員に対し階層に応じた業務理解に関する教育研修・訓練等を行い，業務に応じた従業員等の能力を身につけるような仕組み（スキルアップ・プログラム）を構築するとともに，内部通報制度の存在を社内に周知し，適時に利用できる環境を整え，社外関係者も通報制度を利用できる仕組みを構築し周知する。仮に，通報制度がすでに機能していたら，主幹事証券会社に指摘される前に社内的に是正できた可能性はある。

▶▶ 応用 Q&A

Q1 会社法で求めている「取締役の職務の執行が法令及び定款に適合することを確保するための体制その他株式会社の業務の適正を確保するために必要なものとして法務省令で定める体制の整備」と，金融商品取引法で求めている「財務報告に係る内部統制の評価」との違いは何か？

A1 内部統制について，会社法と金融商品取引法との主な相違点は，次のとおりである。

	会社法	金融商品取引法
根拠法	会社法第362条第4項第6号，同条第5項 会社法施行規則第100条	金融商品取引法第24条の4の4
報告目的	業務の適正性確保	財務報告の信頼性確保
対象企業	会社法上の大会社（資本金5億円以上又は負債総額200億円以上の会社）	金融商品取引所上場企業
開示方法	事業報告	内部統制報告書
有効性の評価	経営者は行わない	経営者が行う
監査対象	公認会計士，監査法人の監査対象外 監査役等の監査対象	公認会計士，監査法人の監査対象（※） 内部統制監査報告書を作成

（※） 2015年5月29日施行の改正金融商品取引法により，新規上場会社については，上場後3年間は内部統制報告書に係る監査の免除（資本金100億円以上又は負債総額1,000億円以上の企業を除く）を選択できることとなった。

▶▶ 確認テスト

問1：内部統制報告制度（J-SOX）の準備は，将来の監査法人の監査に備えて準備するものであることから，IPO準備とは切り離して進めるべきである。

問2：例えば，20X1年3月期を申請期として，20X1年4月に上場する場合（いわゆる期越え上場の場合），20X1年3月期の内部統制報告書・内部統制監査報告書の作成は必要ない。

問3：内部統制報告書の提出義務は，新規上場企業に限り3年間すべて免除されている。

解答1：✕　内部統制報告制度（J-SOX）の準備状況は，Ⅱの部等の申請書類においても記載欄が設けられており，主幹事証券や取引所の審査においても内容の確認が行われる。また，本章の冒頭にも記載のとおり，特に全社統制に関しては，IPO準備に必要な項目との重複が多いことから，IPO準備とは密接不可分と理解したうえで準備を同時に進めていく必要がある。

解答2：◯　新規上場会社は上場日の属する事業年度に係る有価証券報告書の提出と併せて初めて内部統制報告書を提出するため，本問における内部統制報告書・内部統制監査報告書の提出は20X2年3月期の有価証券報告書提出時となる。

解答3：✕　内部統制報告書については，すべての上場会社に対して，事業年度ごとに提出が求められており，公認会計士による監査が義務付けられている。金融商品取引法の改正により，内部統制報告書の提出義務自体は維持することとし，新規上場後，3年間に限り内部統制報告書に係る公認会計士監査を免除することが選択可能になっている。なお，社会・経済的影響力の大きな新規上場会社，具体的には，上場日の属する事業年度の直前事業年度末の資本金100億円以上または負債総額1,000億円以上の企業は内部統制監査免除の対象外とされている。

2 【事業計画】中期経営計画

サマリー説明

◇ **中期経営計画の概要**

投資家・株主や金融機関等への説明を念頭において、簡潔・明瞭な表現でグラフや表を用いてわかりやすい内容とすることが大切である。一般的には以下の流れで作成すると流れが出て読み手に伝わりやすい。

① 経営理念、ミッション・ビジョン・バリュー等の提示
② セグメント別の外部環境・内部環境分析、SWOT 分析等
③ ②を踏まえてのセグメント別の売上戦略（グループ会社別、エリア別、販路別、主要顧客別等）
④ ②③を踏まえての原価・販管費戦略、組織別人員計画、研究開発計画等
⑤ PL 計画
⑥ 設備投資計画、資金計画（借入金の返済スケジュールを含む）
⑦ BS 計画、CF 計画

◇ **中期経営計画の具体的な立案方法**

計画策定にあたり経営陣として目指すべき理念、重視している経営指標等の内容、目安としている水準および当該指標を重視している理由を明確にし、各部門や関係会社に伝達する必要がある（トップダウン）。

また、経営陣の策定方針を受け、各部門や関係会社は、過年度の業績の変動要因や設備投資計画、人員計画等を加味して実現可能な計画数値を策定し、スケジュール期限内に計画の取りまとめ部門に提出する必要がある（ボトムアップ）。実務的には、トップダウンとボトムアップを折衷して策定し、折衷案のバランスを効果的に検討することが重要である。

そのうえで、経営陣は計画の取りまとめ内容を審議し、必要な調整を行ったうえで、事業年度末までに取締役会に上程し、決議を行う必要がある。

そのため、計画の取りまとめを所管する部門（経営企画部門等）は、これら

の策定プロセスを実現するための標準的なスケジュールや折衷案の合意形成・決裁の手続きについて明確化し，予算管理規程等の規定にもその内容を織り込んでおく必要がある。

◇ IPO準備実務でのよくあるケース

IPO準備の初期段階では税務会計が中心の会社が多く，企業会計で通常は計上される引当金，税効果，資産除去債務，減損会計，経過勘定項目等の検討ができておらず，それらの財務的な影響を加味した中期経営計画が策定されないケースが多い。これらの点については，会計専門家である公認会計士等に早めに助言を仰ぐことが肝要である。

▶▶ **ケーススタディ**

B社はコンシューマー向けにITサービスの提供を行っているサービス業の会社である。従業員数は約150名，売上は約20億円規模の会社であるが創業以来黒字は実現していない。B社は現サービスの認知度向上と優秀な開発エンジニアを獲得するため，IPO準備を進めている。

以下は主幹事証券の公開引受部門による現状の中期経営計画に関するB社取締役CFOへのインタビューの内容の一部である。このやり取りから問題を抽出して解決策を提示しなさい。

主幹事証券：現状の中期経営計画について説明してください。
取締役CFO：先日のベンチャー・キャピタルからの投資の際に，社長と私で作成したものがありますのでそちらを説明します。
主幹事証券：社長とCFOとで作成されたのですね。取締役会での決議は経ていますか？
取締役CFO：いいえ。これまではファイナンスの際に社長が多忙でも最優先で対応してもらい，私と一緒にその都度作成しています。
主幹事証券：そうですか。では，計画の内容と利益計画の策定根拠について説明してください。
取締役CFO：はい。最近は業績が好調なので，社長の指示で当期は前年比

10％増，来期は新サービスも展開するので前年比20％増，3年目は海外展開も視野に入れていますので前年比30％増の売上増を見込んでいます。利益計画については，売上原価と販管費はそれぞれ効果的な人員配置や費用削減を徹底する予定なので，売上の伸び率の半分程度で見込んで計画を立てています。その結果，今は赤字ですが3年後には10億円の経常利益を実現できる予定です。
主幹事証券：そうですか。人員計画や開発・設備投資計画はありますか。
取締役CFO：いえ，人員は入退社が多いですし，開発の内容や設備投資も社長の意向で随時変わりますので特に立ててはいないですね。
主幹事証券：わかりました。この計画は社内には周知されていますか？
取締役CFO：いいえ，経営上の重要事項のため，この内容は社長と私だけで極秘に作成しており，他の者には内部でも一切伝えていません。
主幹事証券：そうですか。有り難うございました…。

問題の所在

本ケースでは，まず年度末の取締役会で決議された中期経営計画ではなく，また，その策定の合理性も乏しく，社内にも周知されていないことから，客観的に見て，実現可能性が高いとは評価できない。つまり，社長とCFOだけで作成されたものでは客観性が乏しく，赤字脱却ありきで逆算されただけの計画の可能性があり，組織的に計画達成に取り組まないと判断される可能性がある。

改善ポイント

上場審査においては，適切な方法とプロセスを経て，新事業年度が始まる前，すなわち事業年度末の取締役会のタイミングで，一般的に以下の事項を毎期更新した新たな計画が決議されるべきである。

- 申請会社のビジネスモデルの特徴（強み・弱み）や収益構造
- 過年度の業績の変動要因等
- 今後の事業展開に際して考慮すべきさまざまな要素（業界環境や競合他社の状況，対象とする市場規模や市況，製商品・サービスの需要動向，原材料市場等の動向，主要な取引先の状況，法的規制の状況）

そのうえで、利益計画、販売計画、仕入・生産計画、研究開発計画、設備投資計画、人員計画、資金計画などの各計画が整合的であるかどうかについても検討して計画に反映させるべきである。

また、当該事業計画が、一部の経営者や特定の部署の独断的な立案による社内の努力目標的な計画でなく、従業員の実際の行動計画につながるように申請会社内の組織的な手続を踏んだ合理的な計画で現場に周知されていることが必要といえる。

▶▶ 応用 Q&A

Q1 IPO準備において、中期経営計画はどの時期に策定すべきか？

A1 上場審査においては、事業年度末の取締役会までに翌期の年度計画が決議されていることが確認される。したがって、そこから逆算し、事業年度末の2〜3か月前には策定準備に取り掛かる必要がある。また、基本的には計画数値は年度計画をもとに月次予算にも展開しておく必要があり、翌事業年度の取締役会における最初の月次報告（例えば、3月決算の会社であれば5月の定例取締役会における4月の月次報告）より予実分析（大きな乖離があればその改善検討）がなされる必要がある。

Q2 中期経営計画はどのようなプロセスを経て策定すべきか？

A2 以下のように、経営陣の方針（トップダウン）を受け、各部門にて検討された内容（ボトムアップ）が、きちんと検討・折衷調整され、十分に審議されるプロセスが求められる。

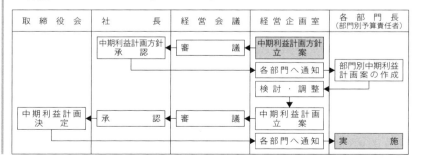

Q3　合理的な中期経営計画を策定する際のポイントは？

A3　以下のチェックポイントをクリアしているかどうかを確認することがポイントとなる。

　　□経営者の理念が反映されているか
　　□SWOT分析を実施し，強みをさらに伸ばし，市場機会を創出する戦略，弱みを改善し，市場の脅威に対処する方策が練られているか
　　□事業ごとにビジネスモデルや収益構造が整理され，業界や競合他社の動向，仕入・外注先や得意先の動向が分析されているか
　　□過年度の業績の変動要因等は今後の動向に即して反映されているか
　　□法的規制の状況が把握され，必要に応じて織り込まれているか
　　□研究開発計画，設備投資計画，人員計画などが策定され，PL計画との整合性が確保されているか
　　□BS計画やCF計画も策定され，PL計画との整合性を確保したうえで，無理のない実現可能な計画となっていることを確認できているか

Q4　中期経営計画は期中で修正する必要があるか？

A4　予算修正を余儀なくされた際に，その影響が一過性のものではなく，業界環境や競合他社の状況，対象とする市場規模や市況，製商品・サービスの需要動向，原材料市場等の動向，主要な取引先の状況，法的規制の状況等に大きな変動がみられ，現状の中期経営計画の前提から乖離がかなり生じている場合には，予算修正のタイミングで中期経営計画についても修正が求められることとなる。また，予算修正すべき事象について経営陣が状況判断として事前に把握できたか否かも審査されることとなる。

▶▶　確認テスト

問1：中期経営計画は株主や金融機関に対して提出すれば十分である。
問2：中期経営計画は上場後必ずしも公表しなくてよい。
問3：IPO準備中の中期経営計画は先3年間を計画し，当該3年間は変更してはならない。

解答1：×　中期経営計画は上場審査にあたって提出を求められる。また，当該経営計画は，企業経営の重要な指針であるため，対象事業年度の開始前，すなわち年度決算月の取締役会において決議されていることが求められる。また，当該取扱いが取締役会規程等に規定されていることも上場審査上は求められる。

解答2：〇　中期経営計画は上場審査上の審査項目の1つではあるが，適時開示資料と異なり，上場後必ずしも公表が義務付けられるものではない。他方，IRの一環で投資家との対話を円滑にするために任意で中期経営計画（あるいはその一部）を公表している事例は多数存在する。なお，上場会社は来期の単年度業績予想（売上高，営業利益，経常利益，当期純利益）を決算短信において，やむを得ない理由がない限り公表することが求められる。

　なお，グロース市場においては，事業計画および成長性に関する事項の開示が求められている。

解答3：×　上場会社の中には中期経営計画に関して期間を設定して策定する，いわゆる固定方式の事例は多数存在する。ただし，IPO準備において，主幹事証券や監査法人より，1年を経過するごとに中期経営計画の見直しを図る，いわゆるローリング方式を採用するよう指導を受けることが一般的である。これは，IPO準備を進める中で出てくる課題点の改善やそれに伴う業績管理精度が向上，あるいはコーポレートストーリーの模索を進める中で，固定方式を採用してしまうと，これらの状況を中期経営計画に織り込めなくなり，結果として実態と乖離した中期経営計画となってしまう可能性が高くなる。また，ローリング方式を採用していないと経営環境が年々変化する中で，これらの外部環境に応じた中期経営計画を策定できる能力が企業に備わっているか否かを判断できにくい。また，上場前は策定ノウハウが通常は不足しているため，計画・実績の乖離内容を詳細分析して，次の計画の改善見直しをすることで，策定能力が徐々に向上していく。これらの理由により，IPO準備の過程においては，毎年中期経営計画の見直しが求められる。

3 【事業計画】予算統制

サマリー説明

◇ 予算の策定

予算は，中期経営計画の初年度計画と整合させ，2期目，3期目の計画に比してより詳細に策定する必要がある。前年度の実績を踏まえて予算年度の具体的な行動計画や財務的なイベント等の増減を勘案しつつ，月次・四半期に展開して策定されなければならない。また，対象事業年度開始に合わせて月次単位での予算・実績分析ができるように中期経営計画と合わせて対象事業年度の開始前の月（決算月）までに取締役会にて決議する必要がある。

◇ 月次予算の分析

月次決算を早期化し，翌月の月中には取締役会を開催し，予実差異については，数値のみの定量的な分析にとどまらず，KPIとの乖離状況やその要因等も含めて定性的かつ多面的に分析した内容が報告され，社外役員も含めその対応策についてしっかりと協議する必要がある。

また，予実分析の視点は，数量要因（販売量，消費量等が予算と異なったことによる差異），価格要因（販売単価，原材料単価等が予算と異なったことによる差異）に大別できるので，売上金額を単純に増減分析するだけでなく，要因別に可能な限り詳細に分析して経営実態を把握するべきである。また，外的要因（急激な経済環境の変化，自然災害による影響，戦争・紛争，パンデミックなど）による分析が必要な場合がある。

◇ 月次予算の修正

業績が期初予想と比較して一定割合以上乖離した場合は，投資情報として極めて重要であるため，その事実を投資家に向けて開示する必要が生じ，タイムリー性が要求される。業績見通しと予算は表裏一体の関係を持っており，合理的な根拠をもって作成，修正されなければならない。

◇ IPO準備実務でのよくあるケース

　監査法人や主幹事証券の指導により，形式的な予算は作成されているものの，単に前年同月の実績に対する一律の比率をかけて算出した内容であったり，多少の個別事象は加味されているものの，その説明が記載されず単なる数値の羅列となっていたりする予算が散見される。

　当該内容では，実際の業績に対し，意味のある分析（経営戦略の確からしさの検証）が実施できず，経営に活かすことができない。IPO準備の過程においては，予算策定プロセスを月次レベルで精緻化し，IPOまでに自社の業績の見通しを行える管理能力を磨くことが重要であり，そこを怠たると上場後に業績修正を繰り返すことになり，結果，投資家に信頼されない会社になってしまうので十分留意すべきである。

▶▶ ケーススタディ

　C社は将来的にIPOを考えている企業である。C社における月次の予算管理の手続は，以下のとおりである。

[予算と実績の差異分析]
- 毎月次決算が翌月末に締まるため，これを待って予算と比較。
- 実績と予算を比較するもののその結果を報告するのみであり，特段指示がない限り原因の分析は行わない。
- 月次予算は年間予算を12等分したものであるが，実績には季節的変動があるため月によっては大きな超過もしくは未達となる。

[予算見直し]
- 一度策定した予算は期末まで見直さない。

　上記の場合の問題点につき，予算管理から適時開示までの流れを踏まえて説明しなさい。

問題の所在

① 決算が締まるのが遅いため，タイムリーに予実差異分析を行うことができず，次の改善策の立案・実行が慢性的に遅れる。
② 予実比較の結果，異常な増減が検出されたとしても，原因の分析を行っていないため，その原因がわからず具体的な対策を協議することができない。
③ 季節的変動のある会社が月次予算として年間予算を12等分したものを使っている場合，そもそも月次予算の合理性に乏しいため，予実差異分析の実効性が薄れる。
④ 期末まで予算を見直さないため，実績が予算から乖離した場合に環境の変化を反映した予算を組み直すことができず，予実差異分析の実効性が薄れ，利益管理に資することができない。

改善ポイント

以下の点を改善する必要がある。
① 月次決算の早期化
→月次決算が遅延する要因（社内の報告・精算業務の締日の不徹底，請求書到着の遅延，立替経費精算の遅延，営業報告の遅延，経理オペレーションの不効率，人員不足等）を把握し，トップダウンにより全社一丸となってその改善を抜本的に図る。
② 各部門単位での予実差異の分析とその報告
→予実分析は経営企画部門や財務経理部門のみで実施できるものではないため，月次予算が固まった時点で各部門に予実分析とその報告を求める体制を構築し，経営企画部門や財務経理部門等予実差異を取りまとめる部門は，その内容をわかりやすく集約して取締役会に毎月報告する。
③ 季節的変動要因の織り込み
→月次予算策定の際には，過年度の業績の月別変動要因や対象事業年度に予定されているイベントや販促等の戦略の変化を対象月に織り込んだ形で策定し，その根拠を文書化する必要がある。人員計画，研究開発計画，設備投資計画や借入金返済スケジュールと人件費，償却費，利息等を整合させ

ることも重要である。

④ 機動的な予算修正

→ IPO後の適時開示制度を意識して、東証の業績修正ルールに合わせて、上期あるいは通期の業績着地見込が予算売上高と10％以上乖離する場合や、営業利益、経常利益、当期純利益が30％以上乖離することが見込まれる場合には、予算修正を図る必要がある。また、当該プロセスは予算管理規程等にも明記されることが求められる。

▶▶ 応用Q&A

Q1 予実分析において、材料の仕入価格上昇に伴い、ある月の材料原価が3,000千円程度予算と比べて超過してしまったことが判明した。しかし、教育研修費の予算は、同じく3,000千円余剰が生じている。この余剰分を流用して原材料価格の上昇に充てたいと考えているが、問題だろうか？

A1 予算の流用の問題である。基本的には予算の流用は認めないのが原則である。予算の流用を認めてしまうと、予実差異金額を埋めることは可能になるが、「仕入価格の上昇」という本質的な事象が隠れてしまい、その対策について適切な経営判断を下すことができない。また、このケースの場合は原価項目と販売管理費の流用であり、原価管理上も正しくない行為である。原因分析を徹底し、経営環境の変化を今後は予算に極力反映できる管理能力を磨くべきである。

Q2 当社は事業の特性上、上半期は売上計上が少なく、下半期に年間の売上高の大半を計上するという特徴がある。投資家にこのような事業特性を理解してもらいたいが、どのように対応したらよいだろうか？

A2 事業の特性上、業績に季節変動や四半期ごとに特徴がある場合、「事業等のリスク」に記載することになる。例えば、不動産・住宅関係では、新学期、新年度に備えるため、物件の引渡時期が3月末に集中する傾向があるため、時期により業績が変動することをリスク情報に記載する。予算を設定する際にも自社の業務の特徴を捉え、季節変動や四半期ごと

の変動に対応した予算編成を行うことを意識する必要がある。IPOまでに極端な業績となる特徴がある四半期については，改善施策を打つか戦略の見直しを検討する努力も重要である。年度決算は意識するが，四半期決算の損益までは注視しないケースがIPO前にはよくあるので留意すべきである。

Q3　上場会社の決算短信をみると，翌事業年度における「売上高」「営業利益」「経常利益」「当期純利益」「1株当たり当期純利益」および「1株当たり配当金」の予想値を「次期の業績予想」として開示する形式が多いが，この形式は決まっているのだろうか？

A3　東京証券取引所は「業績予想開示に関する実務上の取扱いについて」（2012年3月）を公表し，その中で，将来予測情報の開示の具体的な方法は，決算短信等における「次期の業績予想」の形式に限定されるものではないとし，「次期の業績予想」を表形式で表示している様式か，自由記載形式の様式のいずれかを選択できるようになった。予算統制がしっかりできれば通常は業績予想の数値は形式的に記載できるが，次期の経営環境が極めて不透明な事態に陥る可能性がある場合は的確な予算編成が短期的には困難な局面もある。よって，予測不能な状況を説明し，示すことができる範囲で予想値を記載するほうが，投資家の判断をミスリードしないケースもあるということである。

▶▶ 確認テスト

問1：予算制度の導入にあたり，業務分掌規程，職務権限規程，稟議制度との連携が必要となる。

問2：月次の予実分析において，累計実績と累計予算との乖離が売上高で±10％以上，営業利益，経常利益，当期純利益で±30％以上の乖離が発生した場合には，直ちに予算修正の取締役会決議が必要となる。

問3：関係会社がいくつかあるが，事業計画の作成はIPOする親会社の分があれば足りる。

解答1：○　予算策定については，予算内の金額であれば現場で決裁が行われるといった仕組みを構築するうえで，これらの規程・制度が必要となる。これらの規程や制度と一体に予算を立てなければ，予算制度の実行性が伴ってこないため留意すべきである。せっかく作る予算なので，機動的に経営するためにも役立てるべきである。

解答2：△　適時開示制度において求められる業績予想の修正発表は，あくまで上期あるいは通期の着地ベースでの業績予想が，売上高で±10％以上，営業利益，経常利益，当期純利益で±30％以上見込まれる場合である。したがって，問題文のように月次段階で大きな乖離が生じるケースであったとしても，その後の対応策や期ずれの影響の収斂等により，着地ベースでの予想が前述の乖離の枠内に収まるようであれば直ちに予算修正を取締役会で決議する必要はない。ただし，当該対応策や期ずれの影響については慎重に検討する必要があり，これらの見通しが立たない場合には，経営陣は予算修正を社内に求め，必要に応じて対外的に業績修正をするか検討する。

解答3：×　投資家はグループ全体を見て投資判断をするので，連結ベースでの事業計画が必要であり，上場審査上も同様である。

4 【業務処理統制】販売業務に関する内部管理体制

サマリー説明

◇ **販売業務に関する内部管理体制構築の勘所**

　一般的には，販売業務は，受注→売上計上→債権回収といった流れで整理でき，それぞれのプロセスにおける内部管理上のポイントは以下のようなチェックリストで確認していくことが効率的である。なお，見込販売のビジネスや飲食業，SaaSビジネス等の場合には，必ずしもこのようなプロセス整理とはならないケースもあるが，その場合であっても確認する視点は下記チェックリストを参考にしつつ，具体的な評価のポイント（キーコントロール）は，監査法人や会計専門家等に相談することが肝要である。

◇ **販売業務に関する内部管理体制のチェックリスト**

受注時の内部管理体制チェックポイント	チェック
・反社チェック未了の相手先とは取引できないルールとなっているか ・権限者は以下の事項を確認のうえ見積を承認し，その履歴が確認できるか →見積書は採算が取れる内容か，相手先与信限度額を超過していないか ・権限者は以下の事項を確認のうえ受注を承認し，その履歴が確認できるか →実現可能な納期設定がなされているか，回収サイトに異常はないか，注文書の内容は見積書と一致しているか	
売上計上時の内部管理体制チェックポイント	**チェック**
・システムへの売上入力は，出荷担当者とは別の者が実施しているか	
・権限者は以下の事項を確認のうえ売上を承認し，その履歴が確認できるか →取引を裏付ける外部証憑は入手されているか，販売単価，販売数量，販売日付は受注承認時の書面や納品書控等と一致しているか，売上計上時期は収益認識基準に照らして問題ないか，	
・納期遅延の受注残が発生していないかを確認するルールとなっているか	
・売上情報は会計システムに適切に連動あるいは転記されているか	
債権回収時の内部管理体制チェックポイント	**チェック**
・システムへの入金入力は，回収担当者とは別の者が実施しているか	
・権限者は以下の事項を確認のうえ入金を承認し，その履歴が確認できるか →入金元，入金口座，入金額，入金日付は請求書控えの内容と一致しているか，入金遅延が生じていないか，入金額は売上明細ごとに債権消込がなされているか	
・入金過不足や入金遅延があった場合には，財務部門は営業部門に連絡し，適時に原因調査がなされ権限者に書面等での報告がなされているか	

◇ IPO準備実務でのよくあるケース

　上述したポイントは上場会社では当然の実務であるが，IPO準備段階では内部牽制や承認・決裁などの通常の業務プロセスが確立していなかったり，システムが構築されていなかったり，必要な人員が配備されていなかったりして，業務フローの手順の中から抜け落ちていることが多い。

▶▶ ケーススタディ

　D株式会社は，製造卸売業であり，IPOの準備を行っている。IPOの準備担当者は同社管理本部長N氏である。
　N管理本部長は主幹事証券会社より，業務フローの作成を求められた。D株式会社の主な業務の中で，とりあえず，受注から回収までの販売業務フローチャートを現場の担当者へのヒアリングと社内規程を頼りに次頁のとおり作成した。
　なお，D株式会社においては，受注管理，売上管理はすべてスプレッドシート上で行っており，経理規程によれば，売上計上基準は出荷基準となっている。

> **（参考）フローチャートの作成ポイント**
> ● 一連の業務フローを会計情報として理解・分析し，情報をどのように捕捉・入力・転換・計算・起票されるかに着目し，その情報の転換点ごとに業務のプロセスを分解して記載する。
> ● 情報の転換点ごとに会社の内部統制としてリスクコントロールを行う必要があるので，そのコントロール手続を記載する。
> ● 上記コントロール手続として記載するものがない場合は，必要な内部統制を記載し，IPOまでに整備する前提で記載する。
> ● 業務フローに登場する取引先，担当部門ごとに発生するプロセスを記載する。
> ● 債権，債務，資金の流れ，モノの流れやそれらが発生・消失する時点がわかるように記載する。

304 第Ⅴ章 内部管理体制

[D社の販売業務フローチャート]

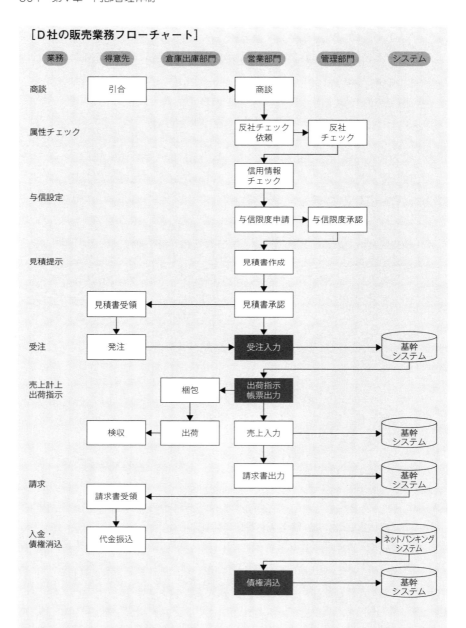

D株式会社では，おおむねフローに沿って業務が行われているものとN氏も安心していたところ，主幹事証券の審査担当者が現場担当者に対しヒアリングを行いたいというので了承した。
　以下そのやり取りである。

　主幹事証券：上長の方の承認印などが見当たらないのですが。上長の方は，注文書を見ていますか？
　現場担当者：上長は現場にほとんど顔を出さないので，特に見ていません。
　主幹事証券：口頭による商談後，注文書が来たらすぐに受注入力するのですか？　注文書と見積書との一致は確認しないのですか？
　現場担当者：すぐに受注入力しています。忙しいので見積書との一致なんて確認できませんよ。受注内容が変わることは，普通はありません。
　主幹事証券：受注票を発行したら，どなたがその内容を確認していますか？
　現場担当者：自分の目視による再確認でしっかりやっています。
　主幹事証券：業務フロー上では，納品書，請求書等を先に出力してから出荷していますが，それは何故ですか？
　現場担当者：少人数で出荷対応しているので，出荷の都度書類を出力する時間がないんですよ。書類は週初めにすべて出荷予定の日付で出力しています。それでも時間が足りなくて，ピッキングが追い付かず，出荷が予定の翌日以降になってしまう時がよくありますね。ただ，繁忙期だとパートさんが入ってくれて効率が上がるので，社長の指示で出荷予定日よりも数日前に出荷するケースもあるようですよ。
　主幹事証券：そうですか…。顧客からの入金の遅れは生じていないですか？
　管理本部長：それはないです。ただ，入金額が請求額と一致することの方が少ないですね。多少のずれは毎月起こっています。でも順次入金されているので調査まではしていません。

　その後，N管理本部長は，社長とともに主幹事証券から呼び出され，販売管理業務に係る内部管理体制に問題があることを告げられた。

問題の所在

　本ケースでは，受注→売上計上→債権回収のそれぞれの局面で，以下の問題が発生している。

① 受注プロセス上の問題

権限者による受注承認行為がなされておらず、その履歴も残っていない。

② 売上計上プロセス上の問題

取引（出荷）時点を裏付ける納品書や請求書が出荷予定日でまとめて出力されているため、売上計上日が実際と異なる可能性がある。また、出荷時の運送伝票控などの外部証憑が入手・保管されていない。また、権限者による売上承認行為がなされておらず、その履歴も残っていないことから、現状では、出荷基準による売上計上が行われていない可能性がある。

③ 債権回収プロセス上の問題

入金額について、売上明細ごとに債権消込がなされておらず、また、入金過不足について、適時の原因調査がなされていないため、相手先の債権残高の個々の未回収明細が不明確である。

改善ポイント

問題点を改善した業務フローチャートは次頁のとおりである。

具体的な内容は、以下のとおりである。なお、中長期的には受注から回収までがシステム連動する基幹システムの導入が統制を強化するうえでは望ましい。

① 受注プロセス上の改善

権限者が見積書と注文書とを確認し、問題がなければ受注伝票に承認印を押印することを徹底し、販売管理規程、職務権限規程上も明文化した。

② 売上計上プロセス上の改善

権限者が納品書控、運送伝票控と受注票とを確認し、問題がなければ売上伝票に承認印を押印することを徹底し、販売管理規程、職務権限規程上も明文化した。

③ 債権回収プロセス上の問題

入金情報と請求書控や売上明細とを確認し、問題がなければ入金伝票に承認印を押印すること、個々の債権別で入金過不足や入金遅れの発生時には、適時に書面での社内報告および得意先への照会や督促を行うことを徹底するとともに、債権管理規程、職務権限規程上も明文化した。

4 【業務処理統制】販売業務に関する内部管理体制　307

[D社の改善後の販売業務フローチャート]

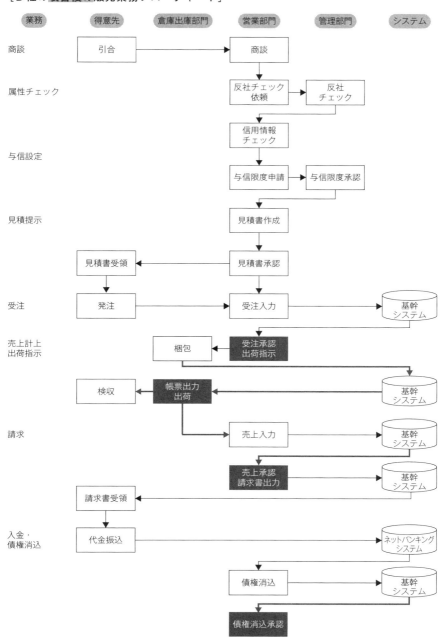

▶▶ 応用Q&A

Q1 部下から，入金が毎月遅れがちな得意先の業績が急遽好調に転じたということで，商談が盛り上がり，販売予算を大幅に超過する受注が取れそうなので当社に大量に注文したいとの報告が上がってきた。この際，営業管理者として留意すべき事項は何か？

A1 当該得意先の与信限度額を確認し，今回の受注が与信限度額を超過するレベルにないかを確認する。特に，入金が遅れがちな相手先ということもあるので，債権回収リスクを最優先で検討し，部下の情報を鵜呑みにせず，当該得意先の信用情報等を確認すべきである。また，在庫状況等の確認により，要求納期通りに納品ができるかを報告させ，在庫が存在しない場合には，発注分の支払が先行することから財務部門に運転資金面での懸念がないかを確認する。

▶▶ 確認テスト

問1：業務フローは，上場審査時において実際の業務の流れと整合をとる必要があるが，社内規程との整合をとる必要はない。

問2：見積書と注文書は，受注条件が見積り時と異なる可能性があるので，双方確認することが望ましい。

解答1：✕ 実際の業務の流れと規程の内容，使用する帳票類とは整合をとる必要がある。販売フローに関しては，販売管理規程，与信管理規程，債権管理規程，職務権限規程，業務分掌規程などとの整合性に注意する必要がある。上場審査において，実際の業務が規程に沿っているか詳細にヒアリング，検討される。

解答2：〇 見積書はあくまでも見積りにすぎないので，実際の注文に沿って売上計上がなされる必要がある。ここで牽制が効いていなければ，不正の温床にもなり得るため注意する必要がある。

5 【業務処理統制】購買業務に関する内部管理体制

サマリー説明

◇ **購買業務に関する内部管理体制構築の勘所**

一般的には，購買管理業務は，発注→仕入計上→債務支払といった流れで整理でき，それぞれのプロセスにおける内部管理上のポイントは以下のようなチェックリストで確認していくことが効率的である。

◇ **購買業務に関する内部管理体制のチェックリスト**

発注時の内部管理体制チェックポイント	チェック
・反社チェック未了の相手先とは取引できないルールとなっているか ・権限者は以下の事項を確認のうえ発注を承認し，その履歴が確認できるか →発注内容は複数の相手先から見積りを入手して検討・決定された見積書と一致しているか，発注数量，納期設定，支払サイトは適切か	
仕入計上時の内部管理体制チェックポイント	チェック
・システムへの仕入入力は，検収担当者とは別の者が実施しているか	
・権限者は以下の事項を確認のうえ仕入を承認し，その履歴が確認できるか →仕入単価，仕入数量，仕入日付は発注書控や納品書等と一致しているか，仕入計上時期は仕入認識基準に照らして問題ないか，	
・納期遅延の発注残が発生していないかを確認するルールとなっているか	
・仕入情報は会計システムに適切に連動あるいは転記されているか	
債務支払時のポイント	チェック
・システムへの支払入力は，支払担当者とは別の者が実施しているか	
・権限者は以下の事項を確認のうえ支払実行及び支払記帳を承認し，その履歴が確認できるか →支払先，支払口座，支払額，支払日付は請求書の内容と一致しているか，支払金額は仕入明細ごとに債務消込がなされているか，滞留債務が生じていないか	

◇ **IPO準備実務でのよくあるケース**

上述したポイントは上場会社では当然の実務であるが，IPO準備段階では通常の業務プロセスが確立されていなかったり，システムが構築されていなかったり，必要な人員が配備されていなかったりして，業務フローの手順の中に抜

け漏れていることが多い。また，仕入により在庫が発生する場合に，在庫の受払管理が適切になされていないケースが多く，改善に時間を要することが多いので，IPO準備の早い段階で検討すべきである。

▶▶ ケーススタディ

　E社は，大学発の創薬系バイオベンチャーであり，ベンチャー・キャピタルの出資を受け，IPOを目指すこととなった。E社は，現状は基礎研究が中心であり，試薬を中心に複数の化学メーカーから研究材料を仕入れ，すべて研究開発費として処理している。

　E社のCFOは監査法人から依頼され，発注から支払までの業務フローチャートを次頁のとおり，現場ヒアリングをもとに作成した。E社では，購買業務に関して，購買管理規程や発注マニュアルといった管理文書を整備されておらず，複数の研究員がそれぞれ自身が必要とする研究材料の購買を担っているため業務内容にばらつきがあり，管理者も正確にはその内容を把握せず担当者に任せている状態である。そのため，フローチャートの作成には非常に時間を要し，また，作成したフローチャートについては，監査法人から多くの改善事項を求められた。

　現状のフローチャートはどこに問題があるだろうか。

　なお，E社の主なシステムである売上管理，購買管理は会計システムと連動しているものの，在庫管理はシステム化がなされていない。また，E社の仕入計上基準については，経理規程において検収基準である旨が明記されている。

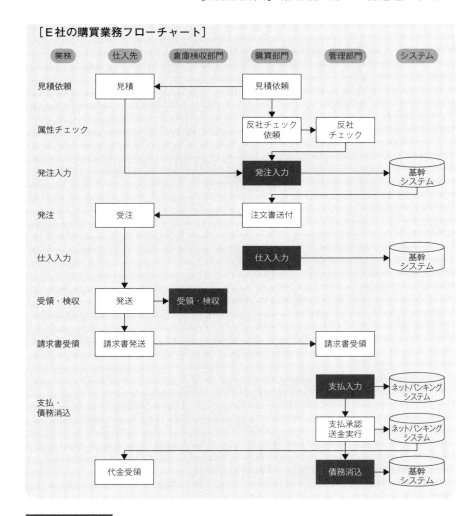

問題の所在

本ケースでは，発注→仕入計上→債務支払のそれぞれの局面で，以下の問題が発生している。
① 発注プロセス上の問題
権限者による発注承認行為がなされておらず，その履歴も残っていない。
② 仕入計上プロセス上の問題
検収前に仕入入力が行われ，納品書との照合は行われていないため，現状で

は，検収基準による仕入計上であるとは主張できない。
③ 債務支払プロセス上の問題
　請求額について，購買部門に確認することなく管理部門にて支払処理がなされ，債務消込入力について，承認行為がなく履歴も残っていない。

改善ポイント

　問題点を改善した業務フローチャートは次頁のとおりである。
　具体的な内容は，以下のとおりである。
① 発注プロセス上の問題
　購買（発注部門）および管理部門の権限者が，それぞれ見積書と注文書との一致を確認し，問題がなければ発注伝票に承認印を押印することを徹底し，購買管理規程，職務権限規程上も明文化した。
② 仕入計上プロセス上の問題
　権限者が納品書と注文書控との一致を確認し，仕入れた現物が納品書通りかチェックして問題がなければ仕入伝票に承認印を押印することを徹底し，購買管理規程，職務権限規程上も明文化した。
③ 債務支払プロセス上の問題
　管理部門は届いた請求書を購買部門に回付し，内容に問題がないかについての購買部門長の承認を確認したうえで送金手続きに入ること，また，債務消込入力について，管理部門長が送金履歴との一致を確認したうえで，支払伝票に承認印を押印することを徹底し，職務権限規程上も明文化した。

5 【業務処理統制】購買業務に関する内部管理体制　313

[E社の改善後の購買業務フローチャート]

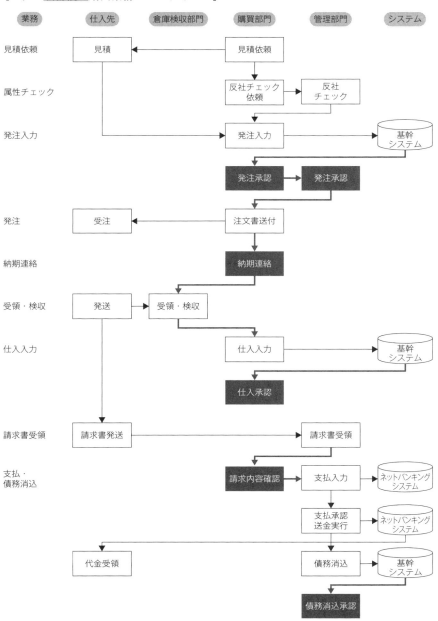

▶▶ 応用Q&A

Q1 ケーススタディのE社では，一部の試料を海外から輸入している。輸入時の管理において留意すべき事項は何か？

A1 輸入の場合は，仕入計上時の為替レートの適切性，B/L（Bill of Lading：船荷証券），インボイス，パッキングリスト等をもとにした通関処理や輸入仕掛の処理等を経て，仕入入力が行われることに留意が必要である。

Q2 仕入先からの請求書受取り窓口は，購買部門と管理部門ではどちらが望ましいか？

A2 購買品の内容にもよるが，高額な購買品等については，購買部門に請求書が届く場合には，改ざんや隠ぺい等による不正の温床にもなりかねないことから，管理部門に到着するように窓口を設定することが望まれる。

▶▶ 確認テスト

問1：購買を検討するにあたり，見積書は取引のある1か所に依頼すれば足りる。

問2：倉庫部門による検収行為は，発注数量や発注品の品質確認のみならず金額の確認も必須である。

解答1：✕ 馴れ合い等を防止する観点，市況や品目特性を理解する観点から，見積書は複数の仕入可能先から取り寄せることが望まれる。これは相見積りと呼ばれ，取引価格を比較することで客観的に相手先の選定を行うことができるとともに，いざという時の代替候補との関係構築も同時に行えるメリットがある。

解答2：✕ 倉庫に到着する購買品に添付される納品書には通常金額が掲載されないことが多いため，倉庫部門では適時の数量確認や品質確認を優先させ，金額の確認は購買部門等が実施する方が効率的である。

6 【業務処理統制】在庫に関する内部管理体制

サマリー説明

◇ 在庫に関する内部管理体制構築の勘所

　一般的には，在庫管理は，在庫の受払管理，原価計算，実地棚卸，在庫の評価といったプロセスごとに整理されることが多い。特に，原価計算プロセスは原価計算の方法や在庫の計算方法が多岐にわたることから，適切な内部管理体制を構築するには，監査法人や会計専門家等との協議に多くの時間を要することに留意が必要である。また，在庫の評価プロセスは，評価いかんによって業績にダイレクトに影響が及ぶため恣意性が介在しやすく，内部管理体制の合理性，透明性が上場審査においても慎重に確認されるプロセスである。

　それぞれのプロセスにおける内部管理上の大まかなチェックポイントを示すと，以下のとおりである。

◇ 在庫に関する内部管理体制のチェックリスト

在庫の受払に関する内部管理体制チェックポイント	チェック
・在庫名称，属性，数量単位，倉庫等のマスタが整理，統制されているか ・権限者は以下の事項を確認のうえ受払を承認し，その履歴が確認できるか →受払数量，受払日時，受元，払先等の情報は，入出庫指示や製造指示書等と整合しているか	

原価計算に関する内部管理体制チェックポイント	チェック
・会社の実態に応じた原価計算方法が規程等で明文化されているか	
・汎用パッケージシステムの場合は，適切な在庫評価方法を設定しているか	
・スクラッチ開発，あるいは大幅にカスタマイズした自社特有の原価計算システムの場合には，以下の事項が確認できる環境となっているか →原価計算ロジックに関する詳細な仕様書が存在するか，導入時のテスト履歴は残っているか，仕掛品の加工進捗度の考え方や原価差額の発生ロジック，間接費の配賦基準，配賦方法，返品や評価減等の例外対応方針等が確立しているか，システムのテスト環境においてテストデータを用いた検証が可能か	
・原価計算をスプレッドシートで行っている場合には，計算式の設定状況や計算結果のダブルチェック体制が構築されているか	

	・原価計算結果に伴う単価の推移等は,毎月経営陣に報告され変動理由や異常値の有無がモニターされているか
実地棚卸に関する内部管理体制チェックポイント	チェック
・棚卸の時期,場所,方法,差異発生時の対応方法等が文書化されているか	
・システム入力が必要な場合には,その方法が明確に文書化されているか	
・カウント者とは別の者がカウント(あるいはテストカウント)する体制か	
・権限者は棚卸差異が発生した場合には,以下の事項を確認のうえ棚卸差異及び棚卸調整仕訳を承認し,その履歴が確認できるか →棚卸差異の発生場所,発生対象,発生要因,再発防止策が妥当であるか(なお,発生要因が不明瞭な場合は再調査を命じ,安易に承認してはならない),仕訳金額は適正であるか,貸借は逆ではないか	
・在庫差額の数量調整に関しシステム入力を伴う場合には,権限者は,以下の事項を確認のうえ入力内容を承認し,その履歴が確認できるか →棚卸差異の入力メニュー,入力対象,時期,数値と入力元資料との一致	
在庫評価に関する内部管理体制チェックポイント	チェック
・在庫評価の時期,場所,方法,決裁権限者等が文書化されているか	
・システム入力が必要な場合には,その方法が明確に文書化されているか	
・権限者は以下の事項を確認のうえ評価内容及び評価減等の仕訳を承認し,その履歴が確認できるか →陳腐化在庫,滞留在庫の場合にはその理由,再発防止策が妥当か否か,収益性評価に伴う評価減の場合は,収益性評価プロセスの妥当性,計算の正確性	
・在庫評価に関しシステム入力を伴う場合には,権限者は,以下の事項を確認のうえ入力内容を承認し,その履歴が確認できるか →在庫評価の変更入力メニュー,入力対象,時期,数値と入力元資料との一致	

◇ IPO準備実務でのよくあるケース

　IPO準備段階では,在庫に関する適切な継続記録がなされておらず,大量の棚卸差異が発生したとしてもその原因が解明出来なかったり,信頼性の高い原価計算制度の構築が間に合わなかったりして,監査法人や主幹事証券から上場時期の見直しを言い渡されてしまうケースが散見される。さらに,管理レベルが低い場合も多く,期末に実地棚卸を行なって期末在庫を確定し,期首在庫と当期仕入の合計から期末在庫を差し引いた金額をすべて売上原価とする方法を採っているケースもある。この場合,紛失した在庫やカウントミスの事実があっても一切不明なため,極めてぜい弱な内部統制といえる。特に製造業にとっては,在庫管理業務に係る内部管理体制は,高度な専門知識を要すること

から社内での検討が先送りされがちであり，早期に監査法人，会計専門家や主幹事証券を巻き込んで協議を始めることが重要である。

▶▶ ケーススタディ

> F社は，事業承継の手段としてIPOを検討している金属加工組立業を営むメーカーである。
> F社では，在庫の受払や原価計算については，大手ベンダーのパッケージソフトを導入し，ベンダーから紹介された外注先に委託して，F社特有の製造工程等に関する実際の作業の特徴・癖を反映させ，かなりカスタマイズしたうえで業務システムを構築している。しかし，導入当時に外注先と交渉していた原価計算担当の従業員はすでに退職しており，社内にはカスタマイズの内容や原価計算のロジック自体を理解している者がいない状況である。なお，ここ数か月，在庫の単価が大きく乱高下しているが，経営陣はその理由について管理部門より納得のいく説明は受けられていない。
> また，棚卸資産に関して，棚卸資産管理規程や棚卸実施マニュアルといった管理文書を整備しておらず，期末の実地棚卸は現場に任せている状態である。
> この状況を重く見た監査法人は，IPOのためには監査を開始する前にかなりの時間をかけて業務改善をすべきであると社長に説明した。

問題の所在

まず，F社の在庫管理業務に係る内部管理体制については，原価計算がブラックボックス化しており，在庫単価の変動についても原因分析ができない状態であり，適正な原価計算であるか確かめられないため，財務報告を適切に実施できる環境とは評価できない。また，実地棚卸に関しても，現場の判断で勝手に決めた手続で行なっており，当該プロセスの妥当性を会社として主張できず，結果として在庫数量の実在性は乏しいと言わざるを得ない。

改善ポイント

早急に，原価計算に詳しい人材を採用するとともに，原価計算の構築・改善

について経験豊富な会計専門家を監査法人等に相談して紹介してもらい、現状のブラックボックス化の解消に取り組まなければならない。その場合には、作業工数等を見直し、現状カスタマイズしている機能の必要性を吟味し、なるべく標準的なシステム入力で足りるような原価計算自体の再構築も念頭に置くべきであり、部分最適ではなくTCO（Total Cost of Ownership）を考慮した全体最適を志向する必要がある。

また、在庫数量の実在性についても、適切な財務報告を実現するうえでは、必ず確保すべきアサーション（評価の命題）であるため、実地棚卸については、詳細なプロセスをマニュアルとして整備し、棚卸の確認のためにダブルチェック体制を構築して、外部の第三者にそのプロセスの妥当性をしっかりと合理的に説明可能な体制を構築する必要がある。

▶▶ 応用 Q&A

Q1 ケーススタディのF社では、無償支給の材料を下請先に渡している。このような場合、どのように棚卸を行えばよいか？

A1 下請先に対し、預けている在庫の保管証明書を提出してもらい、F社が下請先に渡している材料の内容、数量の証憑とする。実在数量に疑義がある場合や金額的に重要性がある場合には、実地棚卸を自ら行うことも必要である。

Q2 下記の例において、月次総平均法で計算した場合、払出単価と当月在庫評価額はいくらになるか。
① 月初残高は100個（1個当たり100円）
② 月中において300個受入（1個当たり110円）
③ ②の後、200個払出
④ ③の後、100個受入（1個当たり150円）

A2 下記表参照。払出単価は116円、当月在庫評価額は34,800円となる。

	数量（個）	金額（円）	単価（円）
月初	100	10,000	100
受入（上記②）	300	33,000	110

受入（上記④）	100	15,000	150
上記計	500	58,000	116
払出（上記③）	△200	△23,200	116
月末	300	34,800	116

Q3　F社における入出庫，在庫管理担当者は1人のスタッフ（W氏）のみであり，入社以来10年近く，この業務を担当している。この場合，どのようなリスクが考えられるか。

A3　同一人物が長期にわたり同じ業務を行うことは，一見熟練度が増して効率的にみえるが，W氏の業務が不明瞭になりがちであり，不正行為が行われてもわかりにくい状態である。1人で一連の業務を担うと自らの判断で不正もしやすいため，2人以上で業務を分担したり一定期間で人事ローテーションすることが内部統制として必要である。

▶▶ 確認テスト

問1：棚卸除外するものには，棚卸を除外する表示をする必要がある。

問2：棚卸のカウントは2回行うが，同一人物が行うことが望ましい。

問3：期末時点で架空在庫を計上した場合，売上原価が減少して，売上総利益が増加する。

問4：期末の在庫数量については実地棚卸で確認すればよく，普段の受払記録は不要である。

解答1：○　棚卸に含めるもの，含めないものをエリア分けやタグ付けをして一目でわかる状態にする。

解答2：×　同一人物が2回カウントする場合，思い込みによるミスを繰り返す可能性があるため，違う人物によるカウントを行うことが望ましい。

解答3：○　売上総利益，売上原価は以下のように計算される。

　　　　売上総利益＝売上高－売上原価

　　　　売上原価＝期首棚卸高＋当期仕入高－期末棚卸高

期末棚卸高を実際より増加させれば，売上原価は減少し，売上総利益は増加する。在庫の水増しは古典的な不正事例といえるが，現在でもよく使われる手法であるため，在庫管理は内部統制上も重要といえる。

解答4：✕ 貯蔵品のような金額的影響が乏しいものを除き，在庫については，常に受払を帳簿・システム上で管理し，あるべき理論在庫を算出したうえで，適正な財務報告の観点から，在庫の実在性を確認しなければならない。

　なお，受払管理を伴わない売価還元法などを採用する場合には十分留意する必要がある。

7 【IT統制】内部統制におけるIT統制

サマリー説明

◇ 内部統制におけるIT統制

　ITに対する統制活動は、一般的にIT全般統制（ITGC：IT General Control）とIT業務処理統制（ITAC：IT Application Control）に大別される。

　IT全般統制とは、業務処理統制が有効に機能する環境を保証するための統制活動と定義されており、通常、複数の業務処理統制に関する方針と手続をいう。

　企業会計審議会が公表している「実施基準」では、ITに係る全般統制の具体例として

- システムの開発、保守に係る管理
- システムの運用・管理
- 内外からのアクセス管理などシステムの安全性の確保
- 外部委託に関する契約の管理

を挙げている。

　また、ITに係る業務処理統制とは、業務を管理するシステムにおいて、承認された業務がすべて正確に処理、記録されることを確保するために、業務プロセスに組み込まれたITに係る内部統制を意味する。

　実施基準では、ITに係る業務処理統制の具体例として

- 入力情報の完全性、正確性、正当性等を確保する統制
- 例外処理（エラー）の修正と再処理
- マスターデータの維持管理
- システムの利用に関する認証、操作範囲の限定などのアクセスの管理

を挙げている。

　なお、情報システムの開発・運用・保守などITに関する業務の全てまたは一部を外部組織に委託するケースではITの委託業務に係る統制が重要になるため留意すべきである。

◇ システムの開発，保守に係る管理のポイント
- 開発の意思決定は，規程に定める決定権限者によってなされ，その履歴が残されているか
- 開発部門と運用部門は隔離されているか
- 開発完了時に運用部門のテストを受け，その履歴を残しているか
- 開発を外部に委託している場合には，検収履歴が双方に残っているか
- 開発や保守に関するトラブルや内容変更についてその履歴が確認できるか
- 開発や保守に関する連絡窓口が明確化されているか

◇ システムの運用・管理のポイント
- プログラム，トランザクションデータ等のバックアップが適時適切になされているか
- 障害発生時の履歴とその対応内容が適切に文書化されているか
- 有事の際のバックアップデータからの復元手順が明確化されているか
- ディザスタリカバリ等BCP（事業継続計画：Business Continuity Plan）対策が図られているか

◇ 内外からのアクセス管理などシステムの安全性の確保のポイント
- ユーザーIDの権限階層が適切に設定されているか
- ユーザーIDの棚卸が適切に行われているか
- パスワードポリシーが明確に定められ運用されているか
- ハード面，ソフト面から適切なセキュリティ対策が講じられているか

◇ 外部委託に関する契約の管理のポイント
- 外部委託先との契約が保証範囲や保守範囲も含め適切に締結されているか
- 外部委託窓口が明確化され周知されているか

◇ IPO準備実務でのよくあるケース
　IPO準備会社においては，上場会社等に比べて相対的に役職員の入退社頻度が多い。そのため，適時にパソコンの支給・回収や社内ITシステムのユーザー

IDの発行，廃止がなされずに，結果的に業務効率の低下や機密情報の流出といったトラブルが発生しがちである。

当該状況を回避するには，ITの窓口担当を明確化し（あるいは窓口業務自体をアウトソーシングし），役職員の入退社時の作業マニュアルを整備するとともに，特にユーザーIDについては，毎月棚卸を実施し，実態との不整合が生じていないかを確認する必要がある。

特に，情報データが多く集積し，情報セキュリティが事業上も重要なIT系の会社などは，情報漏えいを防ぐ仕組みを制度化し，Pマーク（JISQ 15001）やISMS（ISO/IEC 27001）などの認証取得をIPOするまでに実現することが審査上も求められることが多い。

▶▶ ケーススタディ

> G工業株式会社（従業員数300名，以下G社とする）は，スマートフォン向け小型部品を製造しているIPO準備会社である。
> G社は，ここ数年で急成長を遂げた企業である。銀行出身の現社長に交代して以降，スマートフォン向け部品がヒットして業績が伸長したものの，急激な仕事環境の変化に馴染めない従業員も多く，経理・総務部門においても退職者が毎月1～2人出ている状況である。
> G社の管理部門に所属する情報システム課長は，このように毎月退職者が出ている状況なので，会計システムの退職者のユーザーIDの削除はまとめて四半期ごとに行う方が効率的であると考えた。ちなみに，G社には，ユーザーIDの取扱いを記載した情報システム管理規程等は今のところ見当たらない。

問題の所在

本ケースの場合，ユーザーIDの取扱いを定めた情報システム管理規程が存在しない点，退職者のユーザーIDの削除をまとめて四半期に行う点が問題である。

退職者のユーザーIDが長く利用できる状態にあることは，退職者のユーザー

IDを利用した退職者自身または第三者による不正な情報の入力・情報の改竄，情報の漏えい行為が可能となり内部統制上のリスクと考えられる。特に，情報の利用価値を知り得る退職した本人が退職後に会社の情報にアクセスするリスクが存在するのは大きな問題といえる。

改善ポイント

実施基準では，アクセス管理に関連して次のような記述がある。
- 経営者は，識別したITに係る業務処理統制が，適切に業務プロセスに組み込まれ，運用されているかを評価する。具体的には，例えば，システムの利用に関する認証・操作範囲の限定など適切なアクセス管理がなされているか。
- 監査人は，企業がデータ，システム，ソフトウェア等の不正使用，改竄，破壊等を防止するために，財務報告に係る内部統制に関連するシステム，ソフトウェア等について，適切なアクセス管理等の方針を定めているか確認する。

したがって，システムの利用に関する認証・操作範囲の限定，適切なアクセス管理等の方針を文書化する必要がある。

▶▶ 応用 Q&A

Q1 基幹システムや会計システムについては，取引データのみバックアップ体制を構築すれば足りるか？

A1 取引データのバックアップについては，本番データを誤って消去してしまったり，不適切なデータ入力を入力したまま上書き更新してしまったりした場合等の復旧手段として有効である。他方，基幹システムや会計システムがインストールされているサーバー等のハードウェアがクラッシュしたり災害等で物理的に滅失したりしてしまった場合には，ソフトウェア自体を再構築する必要があり，その場合には取引データのみでは環境は復元できない。したがって，ソフトウェアのプログラム自体も定期的にバックアップを取る体制を構築する必要がある。また，有事に備えて，バックアップデータからの復旧方法についてもマニュアル化

し，実際に復旧訓練を実施して，マニュアルの有効性についても確認しておく必要がある。

Q2　システム管理者が使用する特権IDとは何か？　また，特権IDはどのように管理したらよいのだろうか？

A2　特権IDとは，すべてのマスター情報や各種データの作成，変更，削除およびそれらの権限の設定といった特殊権限を付与されたIDをいい，一般的にはシステム管理者のみが使用する。特権IDの使用者は原則としてシステム管理者に限定したうえで，ユーザー部門で特権IDの使用を必要とする場合には，その都度に使用できる特権IDを定め，システム管理者が特権IDの貸出および返却を管理することが考えられる。そのほか，特権IDの操作に関しては，操作内容を文書化し，ユーザー部門上席者およびシステム管理者の承認を受けること，システムのログの取得機能を活用し，事後的にモニタリングする等の発見的な統制を組み込むことも重要である。

▶▶ 確認テスト

問1：業務システムの刷新を図る際，その開発を実績豊富な大手システム開発会社に委託した場合には，完成システムの検収時にユーザーサイドでのテストによる確認まではしなくてもよい。

問2：ユーザーIDはできる限り共有し，ユーザーアカウント数の圧縮に努めることが効率的でコスト削減もできる。

問3：例えば，外部作業者に臨時にユーザーIDを付与する場合，ユーザーIDの貸出および返却管理を厳格にする必要がある。

解答1：✕　大手システム開発会社であったとしても，依頼した要件通りにシステムが機能しているかどうかの検収前の時点での受入テストは必須である。当該テストを経ずして検収書を発行し，その後不具合が発生した場合には，補償交渉上不利になる可能性がある。したがって，検収時のユーザーテストは必須のプロセスとして，情

報システム管理規程等に明記する必要がある。
解答2：× ユーザーIDは個人ごとに付与し，原則として共有しないことがIT統制上は望ましい。
解答3：○ 経営上，作業効率も大事ではあるが，セキュリティ管理の観点からユーザーIDの発行・削除は随時行うべきである。

第VI章 資本政策

資本政策
1 資本政策の策定手順

資金調達
2 ベンチャー・キャピタルからの資金調達
3 資金調達手段の多様化

インセンティブプラン
4 ストック・オプション
5 従業員持株会制度

種類株式の活用
6 種類株式

財産保全会社
7 資産管理会社の活用

その他
8 特殊な資本政策

1 【資本政策】資本政策の策定手順

サマリー説明 ……………………………………………………………………

◇ 資本政策の基本的な考え方

　IPOを目指すなら資本政策の策定は必須である。事業計画を立て資本政策を策定する。具体的には，計画上の利益および想定されるPERからIPO時の時価総額を試算し，それに基づいて望ましい資金調達額・キャピタルゲイン・株式比率をイメージする。資本政策はこのIPOイメージからスタートし，現在まで逆算する流れで策定するものである。必要に迫られて場当たり的に資本政策を実施する積み上げ型では思うようなIPOは実現できないのである。

　資本政策の基本は，なるべく株式はオーナーを含めた経営陣で確保しておくということである。例えば，株主総会における普通決議（過半数賛成で可決）および特別決議（3分の2以上賛成で可決）を左右する議決権割合を確保できるのかどうかは極めて重要である。特に，デッドロック状態（「応用Q&A」参照）に陥ると解消することは容易ではなく，重要な意思決定が可決されず，事業停滞の大きな要因となるので，そのような状態に陥らないように事前に対処することが大切である。

　また，資産管理会社の活用に代表されるように，株価が上がった後では必要資金が多額となり，実行しにくい資本政策もあるため，IPOに向けて株価が上昇していく前提で各資本政策の実行する時期について優先順位付けが重要となる。

◇ IPO準備実務でのよくあるケース

　全体的な資本政策の検討をせずに資金調達やストック・オプション発行などの具体的な施策を当座の資金やインセンティブのために実行してしまうケースが非常に多い。必要に迫られて時間に余裕のない中で資本政策を実行せざるを得ないために，専門家への相談も事後相談になりがちである。実行した資本政策は軌道修正しにくく，特に，持株比率を事後的に調整することは非常に難し

いので，専門家への事前の検討・相談は欠かせない。

▶▶ ケーススタディ

> A社は都内で3店舗の立飲み居酒屋を営んでいる。同社はB氏が5年前に創業した会社で現在B氏が100％の株式を保有している。これまでは会社員時代の蓄えと地元信用金庫からの借入れによって店舗拡大してきたが，ぼんやりとではあるが5年後位にIPOをしたいと考えており，成長スピードを加速させるために次の資金調達を考えている。
> 幸い，いつも親身になって相談に乗ってくれる同業の先輩経営者C氏から個人で3,000万円出資してもいいとの話があった。C氏からは3,000万円出資する代わりに株式30％が欲しいと言われている。創業以来お世話になっている顧問税理士に相談したところ，財務状況からすると銀行借入れも限界に近づいてきており，IPOを目指すのであればC氏からの経営アドバイスも期待できるであろうし提示された条件を呑んでもいいのではないかとのアドバイスがあった。
> B氏はどのように意思決定すべきであろうか？

問題の所在

B氏は将来のIPOをぼんやりと考えているとのことであるが，資本政策は一度実行してしまうと後戻りできないものである。特に，新たに誰かに株式を渡す際には慎重な検討が必要である。どの程度の企業規模（売上，利益）で，どのような株主構成で，IPOでどれ位の資金を調達するのかをイメージしていないB氏は，C氏に30％の株式を渡す重みを理解できていない。また，顧問税理士もおそらくIPO支援の経験が少ないのであろう。こういう時にこそ，顧問税理士は自らスキルアップするか，専門家を招いてB氏と一緒になって，事業計画および資本政策の策定に尽力すべきである。

改善ポイント

(1) ケーススタディへの対応

事業計画および資本政策を策定し，まずは本当にC氏からの資金提供が必要

かどうか，顧問税理士が言うように銀行借入れが難しいのかどうかをしっかりと検討する必要がある。付随する経営アドバイスや業務提携に過度な期待を寄せて安易に株式を渡してはならない。増資の本質的な目的は資金調達である。

そのうえで，本当にC氏からの資金提供が必要なのであれば，資本政策として選択肢を作り，30％発行・20％発行・10％発行の各パターンでシミュレーションしてみる。今の30％の株式がIPOで何％の株式になってその価値はおおよそどの程度になるのかがイメージでき，おそらく30％は多すぎると感じるであろう。

ここで重要なことは，IPO時の時価総額や資金調達額そのものではなく，事業計画から資本政策への流れを理解し，資本政策の策定シートを見なくても自分の頭の中でイメージできるようになることである。一度資本政策を策定することで，事業計画が動けば何が変わるのか，IPO時期を1年後ろにずらすとどこにどういう影響が出てくるのか，ここでC氏に30％の株式を発行すると自分の株式比率にどう影響してくるのかがイメージできるようになる。

IPOまでに2度目3度目の増資が必要なのかどうか，役員・社員へのストック・オプションや持株会はどうするのかも含め一度資本政策を策定し，そのうえでC氏との交渉に臨む必要がある。

(2) **事業計画の策定**

将来のIPOを考えるなら，事業計画を策定し，どのタイミングでIPOするのかをイメージする必要がある。この段階での事業計画は精緻なものである必要はなく，現時点でおおよそ想定できるIPOするまでの各期の売上，経常利益，人員，必要資金額などの予定で十分である。事業計画ができたらIPOのタイミングをイメージする。

何のためにIPOをするのかによってタイミングは異なるが，IPO時の時価総額がどの程度になるのかは非常に大きな判断要素となる。一般的に，IPO時の時価総額（公開価格）は「上場申請期の予想税引後純利益×PER（株価収益率）×（1－IPOディスカウント）」で決まる。PERはその会社の成長可能性が市場からどう評価されているのかを表すものであり，業種業態によって大きく変わる。ここでは同業上場会社のPERを参考に保守的に決めておくとよい。

IPO する市場にもよるが，一般的には10倍〜20倍程度，市場の成長期待が高ければ30〜50倍もありうる。IPO ディスカウントとは，上場会社に比べて公開されている情報が少ないことによるリスクや公開価格決定日から上場日までの期間リスク，購入者へのインセンティブ付けのために設定されるもので，一般的には20％〜30％程度になる。これらの要素をもとに計算される株式時価総額が下記(3)の資金調達額や売出額に大きく影響してくるため，どの程度の時価総額になるのか各年度の事業計画に基づいて算出し，どのタイミングで IPO すれば，そもそもの IPO の目的が果たされる資本政策になるのかをイメージすることが必要である。

(3) 資本政策の策定

上記(2)で事業計画および IPO のタイミングがイメージできたら，これらを資本政策に落とし込む。資本政策の策定シートに事業計画，会社の財務状況，株主構成などを時系列に並べて，IPO までに予定する増資，ストック・オプションの発行，株式移動などの資本政策イベントを書き込んでいく。

IPO する時点の資本政策で重要なのは，次の3つの要素のバランスである。

① 資金調達額（公募）

IPO 時には，会社が新たに株式を発行することで会社にお金が入ってくる。いわゆる増資である。公開価格に公募株数を掛けた金額から証券会社手数料（通常7％〜8％程度）が差し引かれて会社に入金される。そして，実務上はこの入金額の50％が資本金，残りの50％が資本準備金の増加額として処理される。IPO でどの程度の資金調達をしたいのかをイメージすることが大切である。

② キャピタルゲイン（売出し）

IPO 時には，既存株主がその所有株式の一部もしくは全部を売却することで既存株主にお金が入ってくる。特に，創業オーナー株主にとっては株式を資金化する限られた機会なので，どの程度の資金をオーナー個人として確保したいのかを考える必要がある。売出しにおいても上記①同様に証券会社手数料が差し引かれて入金され，加えてキャピタルゲインに対する税金の支払も必要になる。創業オーナーの場合にはおおよそ売却金額の20％

程度の税金がかかるので，証券会社手数料も合わせると30％弱が引かれて売出し金額の70％程度がオーナー個人の手元に残る。

③ 経営株主比率（オーナー比率）

IPO後に経営陣もしくは創業オーナー家でどの程度の株式比率を確保するのかをイメージする。株主構成によるがストック・オプションも含めて発行済株式の過半数（普通決議の可決割合）もしくは3分の2以上（特別決議の可決割合）を確保することが1つの目安となる。①と②を希望どおりに実現しようとすると，③で希望する株主比率を確保できない可能性が生じる。したがって，①，②，③のバランスをどうするかが実務上のポイントになる。

IPO時の上記①～③をイメージし，そこに向けていつ何を実行していくのかを組み立てていくことが資本政策である。資本政策は決して現在から将来に向けた積み上げ型で作成するものではなく，将来あるべき形から現在に引き戻す逆算型で策定しなくてはならない。資本政策の失敗要因の多くは，必要に迫られて資本政策イベントを積み上げ型で実行してしまっていることにある。

▶▶ 応用Q&A

Q1 【共同創業の資本政策上の留意点（デッドロック問題）】

D社はE氏が学生時代の友人F氏と持株比率50％：50％で共同創業した会社である。プライベートなことで仲違いしてしまい，F氏はD社株式を所有したまま会社を去ってしまった。E氏はどうしたらいいのだろうか？　また，どうしていればよかったのだろうか？

A1 【1．デッドロック解消】

いずれも支配権を確保できない，いわゆる「デッドロック」の状態である。デッドロック状態になると株主総会における普通決議ですら承認することができず，決算承認や役員選任などの株主総会決議事項はすべて否決されてしまう。この状態を脱するためには1株でもいいのでE氏の持株を増やす必要がある。選択肢としては増資または株式売買が考えられるが，非公開会社における第三者割当増資においては原則的に株主総会決議が必要とされることから，本ケースにおいてはE氏がF氏より

株式を譲り受けるしかない。E氏はF氏に株式を買い取りたい旨を申し出て価格交渉がまとまればデッドロックは解消される。交渉決裂の場合には、改めてF氏と会社を解散・清算することを協議したうえで新たに会社を立ち上げるなど、その選択肢は限られる。

【2．共同創業時の留意点】

知人友人との共同創業の場合には、どうしても当初持株比率を均等としたくなるものである。事業が上手くいっているときは問題ないが、本ケースのように仲違いとなった場合にその所有株式を巡って問題になりがちである。誰か中心になって主導権を握るべき者がいれば、当初よりその者にきちんと経営権を持たせることが重要である。それでも均等にする場合には、必ず創業者間で株主間契約を締結し役員・従業員いずれの地位も失った場合の株式の扱いを決めておくべきである。株主間契約の中では、その退職予定の共同創業者が所有する株式を残る創業メンバーが指定する相手方に譲り渡す旨を決める。この場合の株価は、退職時点の1株当たり純資産価額や専門家による鑑定価格とするケースもあるが、事業業績の状況によっては当初出資額もしくは無償とするケースも多い。また、譲り渡す株数も、一律全株とすることもあれば勤続期間に応じて一定の株数は残すというケースもある。

Q2 【資産管理会社の活用】

ケーススタディにおいて、A社のB氏は個人で100％の株式を所有している。IPOを目指すなら資産管理会社を設立しておいた方がよいと聞くが、そのメリットは？ またB氏の場合にも活用可能なのだろうか？

A2 資産管理会社とは、IPO準備会社の株式を保有するためだけのオーナー家が支配する会社である。財産保全会社ともいう。資産管理会社用の会社（株式会社または合同会社が用いられる）をオーナー家出資で新たに設立し、その新設した資産管理会社にオーナーが個人で所有するIPO準備の株式を売却する。ここでの売却価格はその時点での時価となるため、株価が高くなっている場合には、オーナー個人にIPO準備会社株式の売却益が発生するため、その売却益の約20％の税金の支払が必

要となる。したがって株価が比較的安いタイミングで実行しないと税金の支払がネックとなり資産管理会社への株式売却ができないという事態になる。

　資産管理会社を活用するのであれば，資金調達をして株価が上がる前に実行すれば，株式売却に係る税金の支払を抑えることができる。資本政策策定の中で資産管理会社の活用を検討するべきである（「7　【財産保全会社】資産管理会社の活用」参照）。

▶▶　確認テスト

問1：資本政策はIPOの直前期に入ったら策定が必要となる。遅くとも申請期に入るまでには策定する。
問2：資本政策を策定するうえで重要な3つの要素を挙げよ。
問3：共同創業における資本政策上の留意点は？

解答1：✕　資本政策は，IPOを考え始めたらとにかく早く策定をスタートさせ，必ず事業計画とセットでIPOまでのイメージを作り上げる。手順としては，まずIPOをイメージし，そこから逆算して策定する。
解答2：①資金調達額（いくら資金調達したいのか），②キャピタルゲイン（株主個人としていくら資金化したいのか），③経営株主比率・オーナー比率（どこまでの株主で何％の株式を確保するのか）
解答3：● 主導権を握るべき者へ経営権を集約して迅速な意思決定をする
　　　　● 創業メンバーが分散することも当初から考え，創業者間で株主間契約を締結し，共同創業者が会社を離れる場合の扱いを定めておく

2 【資金調達】ベンチャー・キャピタルからの資金調達

サマリー説明

◇ 資金調達における留意事項

ここ数年ベンチャー・キャピタル（以下「VC」という）およびコーポレート・ベンチャー・キャピタル（以下「CVC」という）の数および投資金額ともに急激に増加しており，IPO準備会社にとって資金調達がしやすい環境が整ってきている。

一般的に，前回ラウンド（実行した資本政策）からバリュエーションを上げて資金調達をすることになるが，資本政策の中には株価が安い方が実行しやすいものがあるために，資金調達で株価が上昇する前に実施しておくべき資本政策がないかを確認する必要がある。また，IPOの直前々期以降は資本政策の開示対象期間に入るために，直前々期前（N-3）までに実行すべき資本政策を確認することも忘れてはならない。直前々期以降の資本政策は，より慎重に手続を踏むべきである。実務的には，その取引株価が適正であることを示す専門的な第三者による株価算定書の入手が必須となる。

また資金調達の手続の中では，投資契約や株主間契約が締結される。これらの中には株主による株式売買に関する先買権や共同売却権，同時売却権などの各種の株主としての権利に関する規定が置かれ，またIPOに至らずにM&AによるExitに備え優先株式が用いられることもあり，権利関係を明確にするため，取得請求権や取得条項を付すこともある。それらの内容を正しく理解したうえで調達手続を進めることが肝要である。

◇ IPO準備実務でのよくあるケース

「資金調達をしたのでそろそろ資本政策を検討しようと思います」という相談を受けることが意外と多い。本来は資金調達前にIPOまでの資本政策の全体像を描くべきである。

当事者間の合意のみで手続を進めてしまい株価算定書が作成されていないこ

とがある。また，優先株式を普通株式と同一種類の株式として評価している事例も多い。特に，IPO上は株式移動内容の開示対象期間となる直前々期以降の資金調達においては株価算定に関する説明が必要なので，専門的な第三者による株価算定書は必須である。

また，資金調達の手続の中ではさまざまな契約書類が投資する側の主導で作成される場合が多く，これらをしっかり理解せずに資金調達をしているケースもある。想定通りに事業が進捗しなかった場合の株式買戻しに関する条項やM&AでのExitを想定した条項など重要事項が含まれることが多いのでこれらの理解は必須である。

▶▶ ケーススタディ

A社はオンラインの資格試験講座ビジネスを展開している3月期決算のベンチャー企業である。来期を直前々期としてIPOの準備中であり，監査法人のショートレビューを受けているところである。

現在創業者であるB氏が80％，創業時に資金支援してもらったエンジェル投資家2名が各々10％という株主構成で，直近の純資産価額は5,000万円あるが，手元資金にはそれほど余裕がある状況ではない。

追加のシステム開発コストに充てるための資金として来期半ばまでに最低1億円を調達したいと考えており，調達バリュエーション（会社全体の株式価値）は7～8億円でメインバンク系のVCに話を持っていくつもりである。資金調達を完了させた後，資産管理会社の設立を検討する予定である。

問題の所在

増資による資金調達において誰に株主になってもらうかは重要である。株主によって投資の狙い・目的が異なるため慎重な見極めが必要である。そうは言っても，一瞬にして調達環境が変わり調達そのものが困難になることもあり得るので，とにかく資金調達は早めに動くことを心掛ける。さらに，将来的に資金調達があり得るなら早めに投資家と接触しておくことも大切である。

また，資金調達後に資産管理会社を検討するとのことだが，個々の資本政策イベントは必ずIPOイメージを持って実行することが大切であり，資金調達後では取り返しがつかないこともあり得る。特に，外部からの資金調達が可能になる際には，株価が上昇することが想定されるので，株価上昇前に実行すべき資本政策を検討すべきである。

改善ポイント

(1) 投資家の選定

　純粋に投資に対するリターンを追求するVCのほか，事業会社が自己資金で事業シナジーを期待できる企業へ投資するCVCも候補になる。ここ数年で両者は急増しており，投資金額や投資方針，得意とする事業領域や期待できる経営支援の内容も異なることから，どの投資家が自社にとってメリットがあるかを見極めることが重要である。また，一般的にVCは純粋に投資リターンを追求するのに対し，CVCは投資リターンより事業シナジーを狙うことから事業計画や投資バリュエーションの見方にも違いが出てくる。これらの要素を勘案して投資家を選定することになるが，余程優れたビジネスでない限りこちらから投資家を選択するというスタンスより，とにかく多くの投資家に会って話を聞いてもらうというスタンスが重要である。また，投資家からの各種経営支援に過度の期待を寄せることは禁物で，まずはフラットに投資条件で判断したいところである。

(2) 資金調達による株価の上昇

　既存株主からすると資金調達時の株価が高い方が自分たちの持ち分比率も維持されるために，通常それまでのバリュエーションを引き上げて資金調達を実行すべきである。IPO準備会社において一度株価が引き上がると，その後の資本政策は業績が悪化しなければ，原則としてすべてその株価以上で実行することが要請される。株価が乱高下してIPOを果たすということは，株価理論上説明がつかない。

　株価が上昇することはA社にとって良いことのように見えるが，必ずしも良いことだけではない。資本政策の中には株価が安い方が実行しやすい，もしく

は，より効果を発揮するものがある。代表的なものがオーナー家の資産管理会社である。オーナー家が資産管理会社の設立を活用する場合，オーナー個人が所有する株式を資産管理会社へ売却することになる。その際，株価が高いと売却に伴いオーナーに多額のキャピタルゲイン課税が行われることがある。したがって，来期を直前々期とするタイミングであれば，資金調達前にIPOまでの資本政策を具体的に策定し，調達前に実行すべき施策の洗い出しをする必要がある。ケーススタディにおいては直近の純資産価額が5,000万円であることから，資金調達前の株価は純資産法では5,000万円程度と推察される。一方，B氏の狙い通り資金調達が進んだ場合には，株価は7〜8億円に引き上がることが想定される。増資前である当期中にB氏の資産管理会社や，その他に実行すべき資本政策がないか，その必要性を検討するべきである。

(3) 直前々期前後の資本政策の留意点

直前々期の期首からいわゆる「開示対象期間」に入る。特別利害関係者等による株式または新株予約権の譲渡または譲受けおよび第三者割当等による新株発行または新株予約権の割当てが行われた場合には，その取引内容を開示する必要がある。開示項目の中でも実務的には「株価の算定方法」の影響が大きい。具体的にどのような算定方法で算定されたのかを開示する必要があり，かつその算定方法の妥当性は監査および審査対象となることから，専門家による株価算定書の入手が必須となる。株価算定書の入手にはある程度の期間が必要となり，コストも当然かかってくることから，これらへの事前の準備も必要である。

なお，直前期中からIPO前日までに第三者割当増資等およびストック・オプションとしての新株予約権の割当を引き受けた者はその資本政策の実行日から一定期間は当該株式等を継続保有する義務（制度ロックアップ）が生じるので，その制約を知ったうえで資本政策を策定すべきである。

▶▶ 応用Q&A

Q1 【株価算定方法の選択】
当社は当期を直前期としてIPO準備中の会社である。当期後半でVCから追加出資を受けることを検討している。この場合，適用する株価算

定方法として妥当と考えられる手法は何か？

A1　一般的に用いられる株価算定方法としては，次のものが挙げられる。

評価方法の種類	評価手法	特徴
① 純資産法	評価対象会社の貸借対照表の資産・負債を時価評価し，時価ベースの純資産価値を算出する方法	伝統的手法だが，その評価額は過去からの蓄積利益を意味し，資産積上げで収益を得る業界以外は不向
② 類似業種比準法	事業の種類が類似する複数の上場会社の株価の平均値に比準する方式であり，税務上認められている評価方法	類似会社比較方式に比べ精度が落ち，IPO準備会社への適用はオーナー家取引など限定的
③ 類似会社比較法	株式を公開している類似会社が，売上や純利益，営業利益の何倍で取引されているかといった指標から評価する方法	市場重視のため客観性あり。相対的評価
④ DCF法（ディスカウント・キャッシュ・フロー法）	会社の将来収益を資本コストで割り引いて企業価値を算出する方法	将来収益の客観性確保が難しいが，事業計画に基づく評価となり将来利益を重視するIPO準備会社やM&A向き。絶対的評価

　各々の評価方法には特徴があり，取引目的によって適切な算定方法の選択が求められる。①純資産法および②類似業種比準法は，過去の実績数値に基づいて算定する方法であり，どちらかというと税務を意識した評価方法である。一方，③類似会社比較法および④DCF法は，基本的には将来の事業計画に基づいた算定方法であり，IPO準備会社やM&Aにおいて多く用いられる評価方法である。したがって，株式評価理論上はIPO準備会社の増資株価の算定においては，将来計画に基づく③類似会社比較法または④DCF法が適切な算定方法と考えられる。特に，直前々期以降のIPO準備会社においては，上記2法のいずれかの選択が求められると考えるのが妥当である。

Q2　【優先株式の評価】

　当社は資金調達交渉の中で，投資家から優先株式での出資の申出を受けた。当社では，資金調達の後で社員向けに普通株式目的のストック・オプションの発行も予定している。この場合の各々の株式評価の考え方はどうなるのか？

A2　　最近では，VC等が出資するラウンドにおいて優先株式が用いられるケースが増えてきた。従来は普通株式も優先株式も同じものとして株価算定を行う実務が浸透していたが，最近では優先株式と普通株式の経済的価値の差異を株価算定に織り込む手法が一般的になっている。実務においては，後述「6　【種類株式の活用】種類株式」にあるように優先残余財産分配の定めのある優先株式に財産分配契約等を併せて締結することで，M&AによるExit時に残余財産の分配と同様に優先株主に対して優先的にM&Aの対価を分配することができる。この普通株式に対して優越する優先株式の経済的価値を株価算定に織り込むことで，1株当たりの優先株式の価値を普通株式より高く設定することが合理的に可能となる。

　　したがって本ケースにおいて，増資株価は優先株式として算定され，増資後に予定しているストック・オプションの権利行使価格設定における普通株式の株価は，増資株価より安い価格を設定できることになる。このように優先株式の評価実務が定着してきたことで，普通株式の株価と優先株式の株価を区分して，各々の取引に各々の株価を適用することが可能である。なお，優先株式の評価実務は近年定着してきたものであり，株価算定機関によっては対応できないことも考えられる。その点について，株価算定書を入手するにあたって留意する必要がある。

Q3　【資金調達の際の契約】
　　ベンチャー・スタートアップがVCから資金調達する際にはどういった契約を締結するか？

A3　　ベンチャー・スタートアップが資金調達する際に締結する契約は，大きく(1)投資契約，(2)株主間契約，(3)財産分配契約の3つに分けられる（平成30年3月・令和4年3月改訂経済産業省「我が国における健全なベンチャー投資に係る契約の主たる留意事項」参照）。

　　大まかにいうと，資金調達するまでの投資条件等を定める契約が(1)の投資契約で，資金調達した後のベンチャー・スタートアップと株主間の権利義務関係を定める契約が(2)の株主間契約である。

(3)の財産分配契約については,財産分配契約書という独立した契約書を作成すべきであるが,実務上はそういうケースはまだまだ少数で,株主間契約書に財産分配に関する約定を入れ込むことが多い。財産分配契約は,IPO に至らずに M&A による Exit(事業譲渡等の場合は,その先の会社清算)に関する内容を取り決めるもので,具体的には,残余財産分配に関する「優先分配」の定めをしている種類株式を発行し,財産分配契約書で,「みなし清算条項」と「同時売却請求権」と呼ばれる M&A による Exit 時の規定を設ける。

　財産分配契約は,優先分配の機能を有効なものとするために,株主間契約の当事者には入っていない少額投資の個人株主(例えば,エンジェルや従業員株主等),その他の普通株主も含めた全株主が原則として締結する必要があり,その契約の効力は株主間契約以上に広範に及ぶものであるため,株主間契約と別途契約するのが合理的である。投資ラウンドが進めば,従前の財産分配契約や財産分配に関する約定が入れられている株主間契約を合意解除して,全株主との財産分配契約にまき直すことが必要である。

Q4 【投資契約上の権利】

　ベンチャー・スタートアップがベンチャー・キャピタルから資金調達する際に締結する投資契約において,先買権,共同売却権,同時売却権が規定されている。それぞれどういったものか?

A4 1. 先買権

　先買権は,優先買取権とも呼ばれ,譲渡希望株主(経営株主[1]も含まれる)が第三者に株式を譲渡しようとする場合に,他の株主が当該株式の全部または一部を買い取ることができる権利である。この権利は,好ましくない者に株式が譲渡されることを防ぐことが主目的である。そのため,経営株主に先買権を認めることもある。

---

[1] 経営株主は,経営に責任を負っているため,自ら保有株式について,一定の範囲で譲渡が制限されていることが多いが,ここでは一定の範囲で譲渡することが可能な場合を前提としている。

先買権を行使する株主が複数名存在する場合は，持株比率に応じて按分される。誰も先買権を行使しない場合は，譲渡希望株主は第三者に譲渡することが可能となるが，後述する共同売却権を行使された場合には希望通りの株式数を譲渡できない可能性もある。

2．共同売却権

共同売却権は，譲渡参加権やタグ・アロング・ライトとも呼ばれ，譲渡希望株主（経営株主も含まれる）が第三者に株式を譲渡しようとする場合に，他の株主が，譲渡希望株主と共同してその保有する株式を当該第三者に譲渡する権利である。この権利は，株主に平等に投資回収の機会を与えることが主目的である。そのため，先買権と異なり，経営に責任を負っている経営株主に共同売却権が認められることはない。

他の株主が共同売却権を行使した場合には，譲渡希望株主は，他の株主が希望する一定数の株式を当該第三者に譲渡した後でなければ自らの株式を譲渡できないとされるのが通常である。そのため，譲渡できなかった株式については再度，先買権の手続と共同売却権の手続を経なければならず，譲渡希望株主が経営株主の場合には，事実上，譲渡を断念させる効果があるともいわれている。

3．同時売却権

同時売却権は，強制売却権やドラッグ・アロング・ライトとも呼ばれ，株主全員に対して株式の売却等に強制させることができる権利である。特に，M&Aにおいて，買主は100％の株式取得を希望することが多いため，M&AによるExitの際に活用される。

同時売却権は全株主と合意されなければ意味がないが，強力な権利であるため，一定割合以上の株主にしか認めないとか一定金額以上のM&Aでなければ発動できない等の要件を定めることが多い。

▶▶ 確認テスト

問1：資金調達をするにあたって，直前々期以降か否かで何が変わるか？
問2：IPO準備会社が資金調達をする際に適用される株価算定方法に，何かルールはあるのか？

問3：優先株式で資金調達をする際に留意すべきことは？
問4：ロックアップとは，取引所ルールに定める継続保有義務のことである。

解答1：直前々期以降は資本政策の開示対象期間に入ることからより慎重な手続が求められる。実務的には，株価算定書の入手が必須となる。直前々期に入ったからといって実施できない資本政策があるわけではないが，直前々期前に実施しておくべき資本政策がないかどうか確認すべきである。

解答2：資本政策の実行にあたり採用すべき株価算定方法について，一律に定まったルールはなく取引内容に適した方法を採用すべきである。将来の成長可能性の高いIPO準備会社においては，株価算定に将来計画の要素を織り込む類似会社比較法またはDCF法の採用が妥当である。

解答3：● 株価算定

普通株式より経済的に価値の高い優先株式の場合には，普通株式より高い株価の算定が合理的に可能である。株価算定書を入手する際には，この算定ができる専門家を選定する必要がある。

● 法的手続

例えば，会社法上の種類株式（優先残余財産分配）を発行する場合，財産分配契約を締結する必要がある。そうすることで，M&AによるExit（事業譲渡等の場合は，その先の会社清算）時に優先株主に優先的にM&A対価が分配される設計が可能となる。

解答4：× ロックアップとは，一定条件で取得した株式等を一定期間は継続保有する義務が課せられることをいうが，制度的ロックアップと任意的ロックアップの2つがあり，取引所ルールは前者にあたる。後者は，主幹事証券がIPO後の株式の需給バランスを安定させるため，対象としたい株主と契約を締結して一定期間だけ継続保有を確約してもらうもので，実務的には株主である経営陣やVCに対してロックアップが設定されることが多い。

3 【資金調達】資金調達手段の多様化

サマリー説明

◇ ベンチャーやスタートアップの資金調達手段の多様化

近年，ベンチャーやスタートアップの資金調達手段が，金融機関からの融資，社債・転換社債型新株予約権付社債（CB：Convertible Bond）発行，新株発行以外も広がってきた。これらは株式（Equity）による資金調達ラウンドとラウンドの間で，つなぎ資金としてブリッジ・ファイナンスとして用いられることもある。

本稿では，よく利用されているJ-KISS型新株予約権と今後利用の増加が見込まれるベンチャーデットを取り上げる。

◇ J-KISS型新株予約権

J-KISS型新株予約権は，投資家に新株予約権を発行して資金調達し，一定期間経過後に次回の資金調達（ラウンド）が実行されることを行使条件（前提条件）として，次回ラウンドに一定の条件の下，株式に転換する手法である。

◇ ベンチャーデット

ベンチャーやスタートアップ向け新株予約権付き融資のことであり，エクイティとデットの両方の性格を持つ手法である。

◇ 上場準備会社によくあるケース

上場準備企業は，初期の段階では，赤字を掘っているため金融機関による融資が難しい。

また，プロダクツが未完成であったり，いまだ事業が成り立っていなかったりして，希望するバリュエーションがつかないため，エクイティによる資金調達も困難であることが多い。この観点では，バリュエーションの算定を先送りにして資金調達を行うニーズがある。さらに，ラウンドとラウンドの間で資金ニーズが

3 【資金調達】資金調達手段の多様化　345

ある場合もあり，その間のブリッジ・ファイナンスとしてのニーズもある。

▶▶ ケーススタディ

> ITスタートアップ企業であるX社は，普通株式によるエンジェルラウンドまでの資金調達を終えているが，当初想定していた以上に業績の進捗が鈍い状況で（トップラインの伸び率が鈍化していて，黒字化も数年単位で遅れる見込みである），事業計画とズレが発生している。
> 他方，ここにきて，開発コストや事業をスケールするための人材確保等で資金調達する必要性が出てきたが，業績の進捗と事業計画との間でズレがあり，X社が希望するバリュエーションとならない可能性が高いため，まだシリーズAを行うには早いと考えている。
> このような場合の資金調達手法としては，どのような方法があるだろうか。

問題の所在

ベンチャーやスタートアップにおける資金調達の手法としては，金融機関からの融資（Debt＝デット）か新株発行（Equity＝エクイティ）による資金調達がよく用いられている。

しかしながら，健全な財務状況が求められがちなデットでは赤字継続のタイミングで事業を成長させるための先行投資を行いたいといった理由での調達は，難しい場合も多い。

また，株式の希薄化が起こるエクイティでは株式の希薄化を抑えて資金調達を行うことは難しく，また，事業計画通りに業績が進捗していない場合に，Equityによる資金調達を行おうとすると想定してないバリュエーションでの資金調達を強いられ（正確にはバリュエーションは発行体と投資家の合意が必要となるため，投資家の合意が得られるバリュエーションまで縮減されてしまうという趣旨である），希望していない割合での新株発行を余儀なくされることもあり得る。

従来は，VCラウンドが開始される前のシードステージにおける資金調達の

手法やラウンドとラウンドの間のブリッジ・ファイナス（つなぎ資金調達）の手法としては，金融機関からの融資，社債ないしはCB（Convertible Bond。転換社債型新株予約権付社債）の発行くらいしかなかった。

しかしながら，ベンチャーやスタートアップのような赤字を掘り続けて成長していくような企業の場合，金融機関からの融資は簡単ではなく，社債やCBは社債管理者設置等の管理コストが発生してしまうことから利用しにくいという問題がある。

改善ポイント

1　ケーススタディへの対応

ケーススタディのような場合には，①J-KISS型新株予約権，②ベンチャーデットといった，新株予約権を活用し，株式に転換できるコンバーティブル投資手段[1]による方法があり，近年，徐々に普及しつつある。

2　J-KISS型新株予約権

(1)　概要

J-KISS型新株予約権は，投資家に新株予約権を発行して資金調達し，一定期間経過後に次回の資金調達（ラウンド）が実行されることを行使条件（前提条件）として，次回ラウンドに一定の条件の下，株式に転換する手法である。バリュエーションを先送りすることが可能であるため，簡易迅速で機動的な資金調達が可能である。また，融資や社債と異なり，貸借対照表上の負債への計上も不要である。

J-KISS型新株予約権を発行する際の契約書の雛形は公表されていて[2]，500 Startups（現CoralCapital）が考案したCE（Convertible Equity）の雛形「KISS」を日本法に沿うよう修正したものである。シリコンバレーではKISSやSAFE

---

[1]　「「コンバーティブル投資手段」活用ガイドライン」（令和2年12月28日）32頁では，他に，無議決権種類株式方式コンバーティブル・エクイティやみなし優先株式方式コンバーティブル・エクイティといった手法も掲載されているが，利用頻度に鑑みて，本稿では取り上げない。

[2]　https://coralcap.co/j-kiss/。2016年4月にバージョン1.0を公開され，2022年4月にバージョン2.0が公開された。現在，最新のものはバージョン2.0である。

など様々なCEがあるが、異なるVCがそれぞれ考案したために異なる名称となっているだけで、概念的には同様のものである。

そして、J-KISS型新株予約権もCEの1種であるといえる。

(2) 転換事由

J-KISS型新株予約権の雛形では、株式に転換される転換事由として、以下の3つの事由が定められている。

① 一定金額以上の次回資金調達（次回ラウンド）

基本的に、J-KISS型新株予約権を発行する際は、次のラウンドの優先株式に転換することを目的とすることが多く、その場合の転換価額はディスカウントされる。

次回資金調達、すなわち一定金額以上の株式による資金調達が行われた場合、J-KISS型新株予約権は株式に転換される。「一定金額」は任意に定められるところ、シード期の場合はシリーズAでの転換を狙って、「1億円以上」と設定するケースが多い。

次回資金調達に伴う転換によって発行される株式の株価・株式数は、①「ディスカウント」と②「バリュエーション・キャップ」とのより低い方の転換価額により決定される。①ディスカウントとは、次回資金調達での発行条件と比べて、どれだけ安価に株式を取得することができるかという割引率を指す。リスクに見合ったリターンを得るという趣旨である。ディスカウント率は任意に定めることができるが、既定値の通り0.8倍、すなわち20％を採用しているケースが多数である。他方、10〜15％等スタートアップ・ベンチャーサイドに有利に交渉しているケースも存在する[3]。②バリュエーション・キャップとは、J-KISS投資家による株式の取得価額（「転換価額」）に、一定の上限を設ける仕組みである。バリュエーションが上昇すればするほど取得する株式が減ってしまうことを回避するため、バリュエーション・キャップを設ける必要がある。これによりJ-KISS投資家としては、次回資金調達時の株価にかかわらず、一定の価格以下での株式の取得を担保できることになる。シード期のキャップ設

---

[3] 前掲「「コンバーティブル投資手段」活用ガイドライン」54頁

定水準の平均値は，約3～7億円のようである[4]。J-KISS型新株予約権では，転換価額の算定方法について，ディスカウントに加えて，バリュエーション・キャップを設け，その低い方の額と規定することが多い。

例えば，払込金額の総額1,000万円，ディスカウント20％，バリュエーション・キャップ2億円でJ-KISS型新株予約権を発行した後，発行済株式総数が1万株の時点で，A種優先株式を株価10万円で発行する場合（Preバリュエーションは10億円），ディスカウントベースの転換価額は10万円×（1－20％）＝8万円となる一方で，キャップベースの転換価額は2億円÷1万株＝2万円となるため，8万円と2万円のうち小さい方の金額2万円を採用することになり，転換株式数は払込金額の総額1,000万円÷2万円＝500株となる[5]。

② 転換期限の経過

転換期限として定めた期限（任意に定められるが，「18か月」としている例が多い）が経過した場合，J-KISS投資家は他の転換事由の発生を待たずに，J-KISS投資家全体のうち，出資金額ベースで過半数の賛成を得て，J-KISSを普通株式に転換することができる。

一定期間内に次回資金調達が発生しない場合に，投資家がその裁量により普通株式に転換をできる選択肢を設け，投資家の保護を図っていると考えられるが，バリュエーション・キャップによる転換となる点には注意が必要である。

③ M&Aの発生

発行会社がM&Aで売却することを決定した場合，J-KISS投資家はバリュエーション・キャップによって，普通株式に転換でき，M&Aに参加することができる。転換期限後の場合には，前記②の通り，J-KISS投資家の過半数による賛成によって転換する必要がある。発行会社は普通株式に転換されなかったJ-KISS型新株予約権を取得条項に基づいて出資金額の2倍の金銭で取得することになる。

(3) 転換時の払込金額

J-KISSの場合，発行時に既に金銭を払いこんでおり，行使価額は「1円」

---

4 前掲「「コンバーティブル投資手段」活用ガイドライン」54頁
5 前掲「「コンバーティブル投資手段」活用ガイドライン」34頁

3 ベンチャーデット
(1) 概要

　広義にはベンチャーやスタートアップ向けデットファイナンスを指すこともあるが，狭義には新株予約権付融資，すなわちコンバーティブル（株式転換）な権利を有する融資のことであり，本稿ではエクイティとデットの両方の性格を持つ，狭義の意味で用いる。バリュエーションを先送り可能なため，簡易迅速で機動的な資金調達が可能である。

　ベンチャーデット資金提供者は，次回ラウンドでの調達資金を返済原資とすることが多く，返済後は新株予約権を継続保有できると設計する場合もあれば，できないと設計する場合もある。継続保有できれば，ベンチャーデット資金提供者にとってはアップサイドの利益を取得でき得る。すなわち，新株予約権をそのまま売却したり，IPOやM&Aに際して新株予約権を行使し株式に転換した後に株式を売却することが可能となるためである。

　逆に，融資を返済できない場合には新株予約権の行使を認めて株式に転換することも可能であるが，融資を返済できないような会社は，Equityによる売却益をとることも難しいであろう。

　また，新株予約権は，付与されてもすぐには行使されず，上場の確度が高まって初めて，行使されるケースが多い。

　ベンチャーデットは，シード期よりもシリーズA以降のブリッジ・ファイナンスで利用されることが多い。

　ベンチャーデット資金提供者は，通常の融資より高い％（とはいえ数％程度）の金利に加えて新株予約権や株式の売却によるキャピタルゲインを得ることで，リスク／リターンの確保を図り，実際にも投資判断の目線はエクイティ出資に近い。そのため銀行グループが資金提供を行う場合，融資審査と切り離すべく，本体ではなく，ファンドを組成して行うことが多い[6]。ベンチャーデットには，

---

[6] 「期待高まる「ベンチャーデット」，健全な実務の確立は道半ば」（金融財政事業2023年10月24日号6頁）

このように銀行グループがファンドを組成して資金提供する場合と事業会社がファンドによる資金調達をしてから資金提供する場合の大きく2パターンがある。

(4) スキーム

一般的に，融資契約により融資を実行するとともに，ベンチャー・スタートアップから新株予約権割当契約により，無償で新株予約権を割り当てるスキームをとられることが多い。

▶▶ 応用Q&A

Q1 【買収時の取扱い】
　　Y社がX社の全株式を買収することになった場合，J-KISS型新株予約権はどのようになるか？

A1 　X社が買収に応じることを決定した場合，J-KISS投資家はJ-KISSを普通株式に転換でき，M&Aに参加することも可能である。普通株式への転換がなされなかったJ-KISS型新株予約権は，取得条項に基づき，出資金額の2倍の金銭と引き換えにX社が取得することになる。

Q2 【多数投資家からJ-KISSによる資金調達】
　　X社が50名以上のエンジェル投資家からJ-KISSで資金を調達しようとする場合，何に注意をすればよいか？

A2 　50名以上の投資家から1億円以上となる資金調達を行う場合，株式ではなく新株予約権であっても（新株予約権の場合には発行価額と行使価額の合計額），金融商品取引法上，有価証券届出書の提出義務を負うこととなる。そして，有価証券届出書提出以降は，毎年，有価証券報告書を提出する必要がある。

　有価証券届出書においても有価証券報告書においても監査法人による監査証明が必要となり，シード期のベンチャー・スタートアップでは対応が非常に難しいため，できる限り回避して，50名未満から[7]資金調達を行うべきである。

▶▶ **確認テスト**

問 1：J-KISS 型新株予約権が株式に転換される際にディスカウントが設定されている場合，必ずディスカウントされるか？

解答 1：✕　J-KISS が株式に転換されるのは，①次回資金調達の発生，②転換期限の徒過，③M＆Aの発生であるが，①はディスカウントの適用があるが，②③はないのが通常である。

7　もちろん 1 億円未満の資金調達ということでも回避可能であるが（但し，1,000 万円以上の調達額の場合は有価証券通知書の提出が必要となる場合がある），資金ニーズの高いベンチャー・スタートアップにとって，資金調達額を必要以上にセーブすることは好ましくない。

4 【インセンティブプラン】ストック・オプション

サマリー説明

◇ ストック・オプションの課税関係

　ストック・オプションとは，会社が役員や従業員等に対し，将来の職務執行の対価としてあらかじめ定められた価額（権利行使価額）で自社の株式を取得する権利（新株予約権）をいい，役員や従業員に対するインセンティブプランとして多くのIPOした会社やIPO準備会社で導入されている。

　役員や従業員に付与するストック・オプションとしては，税務面でのメリット（以下①参照）がある税制適格ストック・オプションで設計するのが一般的であるが，税制適格ストック・オプションを付与するには，その要件（以下②参照）を満たさなければならず，要件を満たさない場合には，税制非適格ストック・オプションとなり，権利行使時に課税が生じる。

　なお，類似するインセンティブプランとして，一定期間の譲渡制限が付された現物株式を報酬として付与するリストリクテッド・ストック（RS）があるが，税務上法人の費用にできる譲渡制限付株式は上場株式に限られているため，上場前で活用するケースは極めて少ない。

[①税制適格ストック・オプションと税制非適格ストック・オプションの課税関係]

	権利付与時	権利行使時	株式譲渡時
税制適格ストック・オプション	―	―	譲渡所得（譲渡価額－権利行使価額）に対して20.315%（復興特別所得税含む）
税制非適格ストック・オプション	―	給与所得（権利行使時の株式時価－権利行使価額）として課税。累進税率（最高55%）	譲渡所得（譲渡価額－権利行使時の株式時価）に対して20.315%（復興特別所得税含む）

[②税制適格ストック・オプションの要件（概要）]

税制適格ストック・オプション要件	
1．付与対象者	① 自社の取締役または使用人 ② 50％（議決権のあるものに限る）超の株式または出資を直接または間接に保有する関係会社の取締役または使用人 ③ ①および②の相続人 ④ 中小企業等経営強化法に規定する認定新規中小企業者等が同法の認定を受けた認定社外高度人材活用新事業分野開拓計画に従って活用する外部協力者（特定従事者） ただし、上記①，②，③のうち、大口株主および大口株主の特別関係者を除く ● 大口株主 　当該付与決議のあった日において、上場企業などについては発行済株式総数の10分の1、未上場企業については3分の1を超える数の株式を有している個人をいう ● 大口株主の特別関係者 　※大口株主の親族（配偶者、6親等内の血族および3親等内の姻族）、大口株主と事実上婚姻関係と同様の事情にある者、大口株主の直系血族と事実上婚姻関係と同様の事情がある者、大口株主から受ける金銭その他の財産によって生計を維持している者およびその直系血族、大口株主の直系血族から受ける金銭その他の財産によって生計を維持している者をいう
2．権利行使価額	1株当たり権利行使価額が契約締結時の1株当たり価額（時価）以上であること
3．新株予約権の発行価額	無償
4．権利行使期間	付与決議の日から2年経過後10年以内 ただし、設立5年未満の未上場企業においては付与決議の日から2年経過後15年以内
5．年間権利行使限度額	年間1,200万円以下 ただし、 設立5年未満の未上場企業及び上場企業が付与したものは、当該新株予約権の行使に係る権利行使価額を二で除して計算した金額とする（年間2,400万円以下） 設立5年以上20年未満の企業（未上場又は上場後5年未満の企業）が付与したものは、当該新株予約権の行使に係る権利行使価額を三で除して計算した金額とする（年間3,600万円以下）
6．譲渡制限	譲渡禁止
7．その他の税制適格要件	① 新株予約権の行使が会社法に反しない付与決議のもとで行われるもの ② 権利行使により取得した株式は、一定の方法によって株式の取得後直ちに付与会社を通じて証券会社等に保管の委託などがなされること 　ただし、譲渡制限株式について、発行会社による株式の管理等がされる場合には、上記株式の保管委託要件を満たす ③ 権利者が新株予約権の付与決議日において大口株主およびその特別利害関係者に該当しないことを誓約し、かつ、新株予約権行使日の属する年における新株予約権行使の有無について記載した書面を会社に提出すること

権利行使価額要件については，一定の条件のもと，未上場企業については財産評価基本通達の例によって算定することもできる（特例方式。いわゆるセーフハーバー）。そのため，直近の資金調達などにより株価が高かったとしても，未上場会社においては，特例方式により純資産価額などの低い価額で権利行使価額を設定し，税制適格ストック・オプションを付与することが可能である。

【原則方式と特例方式】

取引相場のある株式	上場株式	取引相場価額	採用できない
	気配相場等のある株式	気配相場価額 公募等の価額	
取引相場のない株式	売買実例のある株式[※1]	売買実例価額	採用可能
	売買実例のない株式	類似会社の株式の価額	
		純資産価額等を参酌して算定した価額[※2]	

（表頭：原則方式／特例方式）

※1．売買実例のある株式とは，最近（概ね6月以内）において売買の行われた株式をいい，1事例であっても売買実例に当たる。なお，増資は売買実例として取り扱われるが，その株式を対象とした新株予約権の発行や行使は，売買実例には該当しない。
※2．原則方式においても，一定の条件のもと財産評価基本通達の例によって算定した価額とすることができるが，特例方式とは異なり，著しく不適当と認められる場合，例えば，財産評価基本通達の例により算定した普通株式の価額が会計上算定した普通株式の価額の2分の1以下となるような場合には選択することはできない。
（出典）　国税庁「ストックオプションに対する課税（Q&A）」

【特例方式を採用するための条件】
①　「1株当たりの価額」につき財産評価基本通達179の例により算定する場合（同通達189－3の(1)において同通達179に準じて算定する場合を含む。）において，新株予約権を与えられた者が発行会社にとって同通達188の(2)に定める「中心的な同族株主」に該当するときは，当該株式会社は常に同通達178に定める「小会社」に該当するものとしてその例によること。
②　発行会社が土地（土地の上に存する権利を含む。）又は金融商品取引所に上場されている有価証券を有しているときは，財産評価基本通達185に定める「1株当たりの純資産価額（相続税評価額によって計算した金額）」の計算に当たり，これらの資産については，新株予約権の付与に係る契約時における価額によること。
③　財産評価基本通達185の本文に定める「1株当たりの純資産価額（相続税評価額によって計算した金額）」の計算に当たり，同通達186－2により計算した評価差額に対する法人税額等に相当する金額は控除しないこと。

なお，特例方式として純資産価額を採用する場合，一般的には直前期末の決算に基づきその価額を算定することが多いが，以下のような場合には，ストック・オプションの付与に係る契約時点で仮決算を組んで算定をする必要がある。
　①　ストック・オプションの付与契約日が直前期末から6か月を経過し，か

つ，その日の純資産価額が直前期末の純資産価額の2倍に相当する額を超えている場合
② 直前期末からストック・オプションの付与契約日までの間に，株式を発行している場合（①に該当する場合を除く。また，仮決算ではなく，直前期末の純資産価額に株式の発行の際に払い込みを受けた金額を資産の額に加算して算定することも可能）

また，ストック・オプションを発行する際には，税務面だけではなく会計面や法務面，特に以下の項目については留意を要する。
- 会計上の時価よりも低い権利行使価額を設定した場合（本源的価値が生じた場合）の会計上の費用処理（詳細は第Ⅳ章　ディスクロージャー　12【純資産】ストック・オプションを参照）
- 有価証券届出書の提出義務（詳細は応用 Q&A　Q6を参照）
- 取締役の報酬規制（詳細は応用 Q&A　Q7を参照）
- ストック・オプションと公開前規則（詳細は応用 Q&A　Q8を参照）

◇　IPO 準備実務でのよくあるケース

　ストック・オプションは，IPO をする会社の多くが発行しており，実務上非常に多くみられるインセンティブプランである。また，1回の発行に限られず，IPO を目指すタイミングから直前期にかけて複数回発行しているケースが多い。なお，付与対象者は，税制適格の要件を満たす関係上，取締役や従業員（子会社含む）を対象としているケースがほとんどで，外部協力者をはじめ，取締役・従業員以外に発行しているケースは少ない。

▶▶　**ケーススタディ**

　A社は3年後を目標に IPO を目指す会社（3月決算）であるが，2024年12月に新たに経営幹部となる優秀な従業員を採用したため，そのインセンティブプランとしてストック・オプションの付与を検討している。ちょうど半年前の6月に，

株主総会で第1回ストック・オプションの枠取り決議を行い，まだ1,000株ほど発行枠が残っているため，その範囲内での付与を検討している。

半年前に発行・付与したストック・オプションは，税制適格ストック・オプションの要件（サマリー説明参照）を満たしていたため，今回も同様に要件を満たすものと考えていたが，顧問税理士に相談したところ，「今回追加で発行するストック・オプションが税制適格要件を満たすためには，権利行使期間の見直しが必要である」との指摘があった。

なお，前回および今回の発行決議日，権利行使期間などは以下のとおりとなっている。

■前回のストック・オプション
- 株主総会および取締役会付与決議日：2024年6月30日
- 発行要項における権利行使期間：2026年7月1日～2034年6月30日

■今回付与予定のストック・オプション
- 取締役会付与決議日（予定）：2024年12月20日

問題の所在

税制適格ストック・オプションの要件の1つである権利行使期間については，「当該新株予約権の行使は，当該新株予約権に係る付与決議の日後2年を経過した日から当該付与決議の日後10年を経過する日までの間に行わなければならないこと」と定められている（租税特別措置法29条の2）。そのため，前回のストック・オプションの発行要項で定められている権利行使期間のまま付与決議を行った場合，付与決議日である2024年12月20日より2年未満の2026年7月1日に権利行使が可能となり，税制適格ストック・オプションの要件を満たさなくなることとなり，税制非適格ストック・オプションとなる。

税制適格ストック・オプションと税制非適格ストック・オプションでは，前述のとおり付与を受けた者の税金負担額が異なるため，取締役や従業員にストック・オプションを付与する場合，税制適格ストック・オプションとなるように設計する。そのため今回のストック・オプションでは，顧問税理士の指摘のとおり，税制適格ストック・オプションの要件を満たすように改めて設計する必要がある。

改善ポイント

　前述のとおり，税制適格ストック・オプションとなるよう，権利行使期間を見直す必要があるが，6月の株主総会で決議をした新株予約権の内容（発行要項）は変更できないため，会社と付与を受けた者との間で締結する，新株予約権割当契約書の中で，見直しをした権利行使期間を定めることとなる。
　具体的には，発行要項上の権利行使期間を超えないように，付与決議日である2024年12月20日を起算日とし，権利行使期間を2026年12月21日〜2034年6月30日と定めることで，税制適格要件を満たすこととなる。

▶▶ 応用Q&A

Q1　【有償ストック・オプション】
　当社の代表取締役社長は株式を40％保有しており大口株主に該当するため，税制適格ストック・オプションの要件は満たさないが，税制適格ストック・オプションと同様の課税関係になるようなストック・オプションを付与することはできないか。

A1　有償ストック・オプション（新株予約権の付与に伴い，取締役や従業員等の付与対象者が一定の額の金銭を企業に払い込むストック・オプション）を発行することが考えられる。有償ストック・オプションは，権利付与時に公正な評価額を払い込み対価として新株予約権を発行することから，付与対象者側では有価証券を取得したことに過ぎず，権利行使時に給与等の課税事由は生じないこととなる（譲渡時には譲渡所得に対して20.315％が課税される）。
　なお，有償ストック・オプションを発行する際には，有償ストック・オプションの公正な評価額を適切に算定する必要があるため，留意が必要である。

Q2　【ベスティング】
　事業を牽引する幹部クラスには，そのインセンティブとなるように，将来まとまった金額の収入が見込まれる程度のストック・オプションを

付与したい，と考えている。しかし一方で，一度の権利行使により多額の資金を得てしまうと，会社を退職してしまうのではないか，との不安もある。この場合，ストック・オプションの設計に際し，何か良い手法はないだろうか。

A2　会社を退職する可能性を高めるのは，一度に多額の資金が得られるからであろうから，一度に権利行使できないように設計する，ベスティングという手法が考えられる。具体的には，新株予約権割当契約書上などで例えば以下のような条項を設けることで，IPO後も一定期間在籍しなければすべてのストック・オプションを権利行使できないように設計することができる。

＜ベスティング条項（例）＞

新株予約権の行使にあたっては，以下の区分に従って，割り当てられた権利の一部又は全部を行使することができる。

(i) 上場日以降，割り当てられた権利の3分の1について行使することができる。

(ii) 上場日から1年が経過する日以降，割り当てられた権利の3分の2について行使することができる。

(iii) 上場日から2年が経過する日以降，割り当てられた権利の全部について行使することができる。

(iv) 上記各期間における行使可能な権利の累計数は，当該期間以前の期間にすでに行使した部分を含むものとする。

Q3　【ストック・オプションの付与割合】

役員・従業員のモチベーションを高めるために，ストック・オプションを多く発行したいと考えているが，際限なく発行することは可能か。

A3　ストック・オプションは役員・従業員のインセンティブプランとして有効な制度であるが，一方で，IPO後に権利行使された場合，既存の株主の持分が希薄化されるため，役員・従業員が多い場合には株価の乱高下や低迷が懸念される。そのため一般的には，IPO直前の発行済株式総数に対し10％前後が上限の目安であり，最大でも20％まで，といわれて

いる。

Q4 【特例方式】
　直近の資金調達で株価が上昇したため，当該株価を権利行使価額とする税制適格ストック・オプションでは役員・従業員へのインセンティブ効果が低くなってしまう。何かインセンティブ効果を高める方法はないか。

A4　未上場会社で一定の条件を満たした場合，権利行使価額について特例方式を採用することができる。これにより，資金調達などで株価が上昇していたとしても，純資産価額などの低い価額で権利行使価額を設定し，税制適格ストック・オプションを付与することができる。
　なお，特例方式でストック・オプションを発行する際には，一般的に会計上費用処理が必要となるため，留意が必要である。

Q5 【信託型ストック・オプション】
　信託型ストック・オプションについて，これまでの税務上の解釈とは異なりその取扱いが明確になったと聞いたが，具体的にどのようになったのか。

A5　スタートアップ企業などを中心に活用が進んだ信託型ストック・オプション。従来は役員や従業員等の給与所得としては課税されず，株式を譲渡した時点で課税される，との考え方が主流であった。しかし2023年5月に国税庁は，「信託型ストック・オプションは，実質的には会社が役職員にストック・オプションを付与していること，役職員に金銭等の負担がないことなどの理由から，ストック・オプションに伴う経済的利益は労務の対価に当たり，給与として課税される」との見解を正式に示し，発行企業やその関係者などに多くの波紋と混乱をもたらした。これにより，税制適格要件を満たす信託型ストック・オプションを除き，大きな導入メリットの1つでもあった税効果がなくなったことや，一定の発行コストも必要であることなどから，今後信託型ストック・オプションを導入する企業は限定的になるものと考えられる。

Q6 【有価証券届出書の提出義務】
　外部のコンサルタント3名と従業員100名に行使価額と発行価額の総額が1億円以上となるストック・オプションを発行する場合，金融商品取引法上の開示（有価証券届出書の提出）は必要となるか？　従業員100名にストック・オプションを発行した2か月後に外部コンサルタント3名に発行する場合と比較して違いはあるか。

A6　未上場企業の場合，有価証券報告書を提出したことがなく，勧誘対象者が50名未満で転売制限を付した少人数私募（金商法2条3項1号・2号ハ，金商法施行令1条の5，1条の7第1号）に該当する場合は「募集」とならない。

　しかしながら，これに該当しない場合は「募集」となり，行使価額と発行価額の総額が1億円以上になると有価証券届出書の提出が必要となる（1億円未満の場合では有価証券通知書の提出が必要である）。「募集」に該当しても当該会社，子会社，孫会社の取締役，会計参与，監査役，執行役および使用人のみ（以下，これらの者を「開示免除の者」という）を対象とする場合には，有価証券届出書の提出は免れる（金商法4条1項1号，金商法施行令2条の12第2号，開示府令2条3項）が，これら以外の人物を1名でも含めると開示免除の者も勧誘対象者の人数にカウントされ，50名以上だと有価証券届出書の提出は免除されない。

　したがって，設問前段は，外部のコンサルタント3名が含まれ，かつ50名以上にストック・オプションを発行するため，有価証券届出書の提出が必要である。

　また，勧誘対象者の人数には，3か月以内に発行した際の勧誘対象者も通算されるが，開示免除の者は除かれるので，従業員100名に発行した2か月後に外部コンサルタント3名にストック・オプションを発行する際には従業員100名は勧誘対象者の人数にはカウントされず，有価証券届出書の提出は免除される。

　したがって，設問後段は，有価証券届出書の提出が不要となるため，前段の場合と違いがある。

　実務的には，いかに有価証券届出書を提出せずにストック・オプショ

ンを発行するかが重要だが，ベンチャー・スタートアップでうまく回避できなかった（無届募集をしてしまった）事例も出てきているので，専門の弁護士に相談すべきである。

Q7 【取締役の報酬規制】
IPO準備会社で，取締役と従業員にストック・オプションを発行する場合，株主総会決議事項として異なる点はあるか。

A7 IPO準備会社であれば，通常は非公開会社であるので，ストック・オプション発行にあたって株主総会特別決議が必要であるのは共通している。

取締役は，その報酬について株主総会決議を経なければならない（会社法361条1項）。ストック・オプションも「職務執行の対価として株式会社から受ける財産上の利益」すなわち「報酬等」に該当するため，株主総会決議が必要である。この点が従業員にストック・オプションを発行する場合と異なる点である。

ストック・オプションの発行決議と報酬決議とを同一の議案で行うことは可能であるが，その報酬枠を数年にわたって利用する場合にはそれぞれの決議内容を一体として活用しない実務が多くなるので，別議案で行うことも考えられる。

Q8 【ストック・オプションと公開前規制】
直前期に従業員にストック・オプションを発行したが，申請期に従業員が退職したため，当社が取得することになった。その取得したストック・オプションを別の従業員に付与することはできるか。

A8 IPO準備会社が，上場申請日の直前事業年度の末日の1年前の日以後において，第三者割当等による募集株式の割当てを行っている場合には，当該申請会社および割当てを受けた者の二者が当該募集株式の継続所有等の確約書を取り交わし，その写しを東京証券取引所に提出する必要がある。これがないと東京証券取引所は上場申請の不受理または受理の取消しの措置をとることになる。これを公開前規制という。

ストック・オプションにも同様の公開前規制があり，「割当てを受けた者は，…新株予約権…を，原則として，割当てを受けた日から上場日の前日または新株予約権の行使を行う日のいずれか早い日まで所有すること。」（有価証券上場規程施行規則272条1項1号a）とされている。

従業員の退職に伴う取得条項により会社が取得する場合も，これに該当すると考えられている。

ただし，この公開前規制違反に該当するが，東京証券取引所が上場申請の不受理・受理取消の措置をとらない場合として，「確約に基づく所有を行っていた者が当該確約の対象となっている新株予約権を譲渡した後，新規上場申請者が当該譲渡に係る新株予約権を速やかに適正な手続により失効させており，かつ，当該新株予約権の行使が行われていない場合を除く。」（有価証券上場規程施行規則272条1項柱書括弧内）とあるため，取得条項により会社が退職従業員から自己新株予約権を取得した後，速やかに消却を行えば問題ない。

逆にいうと，直前期に発行し，申請期に退職従業員から取得したストック・オプションを別の従業員に割り当てることにより再利用することはできない，すなわち会社は取得した自己新株予約権の処分をIPOの一定期間は自由に行うことはできない。

▶▶ 確認テスト

問1：従業員に付与した税制適格ストック・オプションを，同時期に同条件で監査役にも付与した場合，税制非適格ストック・オプションとなる。

問2：従業員に付与した税制適格ストック・オプションを，同条件で従業員として入社予定の人材にも同時期に付与した。当該人材はストック・オプション付与後に予定通り入社し，権利行使時（行使期間における税制適格要件を満たす）も従業員であったため，当該ストック・オプションは税制適格ストック・オプションである。

問3：税制適格ストック・オプションの権利行使価額について，純資産価額（特例方式）を採用する場合には，直前期末の決算に基づきその価額を算定すれば全く問題はない。

問4：申請期において，直前々期中に発行・付与したストック・オプションの一部に退職者が出たため，会社が取得し新たに入社した従業員に当該ストック・オプションを付与した。直前々期に発行したストック・オプションを申請期において譲渡（付与）したこととなるため，公開前規制違反である。

解答1：〇 税制適格ストック・オプションの要件を満たす付与対象者は取締役または使用人（従業員）であり，監査役は対象とならない。

解答2：× 税制適格ストック・オプションの要件を満たす付与対象者は，付与時点において取締役または使用人（従業員）である必要があるため，権利行使時点で従業員であったとしても，付与時点で取締役または使用人ではなかったため，税制非適格ストック・オプションとなる。

解答3：× 直前期末からストック・オプションの付与契約日まで6か月を経過し，かつ，その日の純資産価額が直前期末の純資産価額の2倍に相当する額を超えている場合や，直前期末からストック・オプションの付与契約日までの間に新株を発行している場合には，仮決算を行い算定を行う必要がある（新株発行の場合，仮決算ではなく，直前期末の純資産価額に株式の発行の際に払い込みを受けた金額を資産の額に加算して算定することも可能）。

解答4：× 公開前規制の対象となるのは，上場申請日の直前事業年度の末日の1年前の日以後において募集新株予約権の割当てを行った場合であり，上場申請日の直前事業年度の末日の1年前の日よりも前である直前々期中での募集新株予約権の割当ては，公開前規制の対象とはならない。なお，当該ストック・オプションが当初付与時に税制適格ストック・オプションの要件を満たしていたとしても，退職に伴い別の従業員に再度付与した場合には，契約締結時の時価以上とする権利行使価額の要件をはじめとした，税制適格ストック・オプションの要件は通常は満たさないため，税制非適格ストック・オプションとなる。そのため，ストック・オプショ

ンの付与対象者を切り替えて再利用することは実務上はほとんどみられない。

5 【インセンティブプラン】 従業員持株会制度

サマリー説明

◇　ガイドライン

　日本証券業協会は「持株制度に関するガイドライン」を定めており，IPO に際して従業員持株制度を設ける場合は，このガイドラインに沿って運用される必要がある。従業員持株会の運営は証券会社に委託する必要がある。

　https://www.jsda.or.jp/shijyo/minasama/motikabu_motitousiguti.html

◇　組織と会員

　従業員持株会は，従業員（子会社の従業員を含む）が勤務する会社の株式の取得を主たる目的とする，民法上の組合である。なお，執行役員制度を導入している場合，取締役または執行役を兼任していない執行役員については規約の定めにより会員資格を認めることができる。

　従業員持株会への拠出金を給与から控除するために，労働組合または労働者の過半数代表者との労使協定が必要である。

◇　運営

　従業員持株会が取得した株式は，理事長名義とし，会員を共同委託者，理事長を受託者とする管理信託財産として保管される。

　実際の運営は証券会社に委託するが，証券会社とのやり取りと会員への諸連絡を行う事務局を設ける必要がある。

◇　株式の取得

　上場後は，会員からの拠出金をもとに株式市場で定期的に株式を取得する。

　非上場の間は，株式の供給（大株主からの譲渡，第三者割当増資）が行われた段階で株式を取得するが，株式の供給がなければ拠出金がプールされる。

　退会に際して持分があった場合は，非上場の間は単元株であっても株式市場

で売却できないので，従業員持株会で定める価格により，従業員持株会がその持分を買い取る。

株式の供給が売出し・公募に該当しないためには，従業員持株会が一人株主として認められる必要があり，次の要件を満たさなければならない。

① 取得株式は持株会（理事長）名義とすること
② 議決権は持株会（理事長）が行使すること（不統一行使を妨げない）
③ 配当金は，これを受領する権利が確定する日における会員の持分に応じて拠出されるものとし，理事長が一括して受領し，管理すること。

◇ 奨励金

実施会社は会員に対し，福利厚生制度の一環として取り扱われる範囲内において，定時拠出金に関して奨励金を付与することができる。

◇ メリット

従業員の福利厚生の増進および経営への参加意識の向上を図ることが期待されている。資本政策の一環としては，会員の顔ぶれが変わっていったとしても，継続して株式を保有する安定的な株主と位置付けることが可能である。

IPOに際してはキャピタルゲインが期待され，従業員の財産形成に関する有力な手段である。また，奨励金や配当金も魅力の1つといえる。

◇ IPO準備実務でのよくあるケース

上場前に従業員に株式を保有してもらう場合，退職等の取扱い（退職しても株式を保有し続けるかどうか等）が問題となることがある。ガイドラインに沿った従業員持株制度を採用することは，そのようなトラブルの防止にもつながる。

5 【インセンティブプラン】従業員持株会制度

▶▶ **ケーススタディ**

　証券会社の法人営業部門に所属するH氏は，業績好調なJ社を訪問し社長のK氏に対しIPOを提案した。
　H氏とK氏の以下の会話の内容に関し，問題点を抽出し改善策を提示しなさい。

H：IPOに向けて資本政策を考えなければいけません。J社で従業員持株会の設立を検討したらいかがでしょうか。
K：持株会は作ってあるよ。人事部が取りまとめて株券を預かっている。
H：従業員持株会は証券会社に事務を委託しないといけないのですよ。
K：事務を委託するということは，手数料を払わないといけないのだろう？　それに従業員だけでなく，役員にも株式を持たせたい。

問題の所在

　「持株制度に関するガイドライン」に従わない形で独自の持株会を組成しているケースと思われる。どのように運営されているのか（拠出金は給与から控除されているのか，会員の範囲はどのように定められているのか等）を確認する必要がある。

改善ポイント

　IPOに向けて，従業員持株会は日本証券業協会のガイドラインに沿って運営されるように変更を行う必要がある。単に従業員等が株式を保有しているだけなのであれば，持株会としてではなく，各人での保有であることを明確にしなければならない。
　役員は従業員持株会に加入できないので，各人での保有になる。役員持株会を組成することも考えられるが，一般には加入者数が少ないことが見込まれるため，上場後に定期的に株式を買い付けることが難しい場合も多い。

▶▶ **応用Q&A**

Q1　（上場後）従業員持株会による株式買付とインサイダー取引規制の関係を説明せよ。

A1　従業員持株会は，一定の計画に従い，個別の投資判断に基づかず，継続的に買付けを行うことが原則となっており，会員は定時定額で買い付けている限りにおいては，インサイダー取引規制（金商法166条）の適用を受けない。

Q2　IPO時の従業員持株会への「親引け」について説明せよ。
A2　ファイナンスに際しては，（IPOに限らず）その配分の公正性を担保するために，親引け（発行者が指定する先への売付け）は原則として禁止されている。そのひとつの例外として，従業員持株会を対象とする親引けは，募集株式数の10％を限度として行うことができる。

▶▶ 確認テスト

問1：従業員持株会のメリットの1つは，従業員の財産形成である。

解答1：○　非上場の時点もしくはIPOのタイミングで持株会を通じて株式を保有することで，IPOによる株式価値向上のメリットを従業員が享受することができる。上場後は，少額でも無理のない拠出を長く続けていくと知らず知らずのうちに持株数が増えていくことが期待される。また，従業員持株会では会社が奨励金を付与することが認められている。一定の金額で，かつ時間を分散して定期的に買い続ける方法をドルコスト平均法と呼ぶ。もちろん株価変動リスクは存在するが，価格が低いときの購入量は多くなり，価格が高いときの購入量は少なくなる。

6 【種類株式の活用】
種類株式

サマリー説明

◇ 実務で用いられる種類株式

会社法上，内容の異なる2以上の種類の株式を発行することが認められ（会社法108条1項），一般的には，普通株式以外の株式を種類株式という。種類株式の類型は以下のとおりである（会社法108条2項）。

種　類	内　容
剰余金配当	剰余金配当について異なる定めをした株式
残余財産分配	残余財産分配について異なる定めをした株式
議決権制限	議決権を行使することができる事項について異なる定めをした株式
譲渡制限	株式譲渡に際して，会社の承認が必要な株式
取得請求権	株主が会社に対して，株式の取得を請求することができる株式
取得条項	会社が一定の事由が生じた場合に株式を取得することができる株式
全部取得条項	株主総会特別決議により会社が株式を取得することができる株式
拒否権	株主総会や取締役会で決議すべき事項のうち，その決議のほか，種類株主総会の決議が必要な株式
役員選任権	種類株主総会において取締役または監査役を選任することができる株式

上記のうちで，ベンチャー・スタートアップ投資の際に用いられることが多い種類株式は，以下の内容を普通株式と異なるものにしている。

① （優先）剰余金の配当
② （優先）残余財産分配
③ 取得請求権付株式
④ 取得条項付株式

①の剰余金の配当を優先する種類株式は，ベンチャー・スタートアップが剰余金の配当をしないことが多いことから実効性があるとはあまり考えられないが，資金調達する際のバリュエーションアップのために用いられることが多い。

それに対して，②の残余財産分配を優先する種類株式は，後述するとおり，非常に重要かつ有用である。優先残余財産分配には，(i)最初に優先株主に優先

残余財産が分配された後に，優先株主と普通株主それぞれに対して余った残余財産が分配される参加型と(ii)優先株主には優先残余財産のみが分配される非参加型とがある。わが国のベンチャー・スタートアップ投資では，投資額の1倍（すなわち投資した金額そのもの[1]）での参加型が多い。

また，優先残余財産分配が単体で機能することはなく，みなし清算条項[2]と合わせて機能が発揮されるのが通常である。

③の取得請求権付株式は，株主が株式を会社に強制的に取得させるという権利であり，IPO前に普通株式に転換する際に用いられることもあれば，会社がダウンラウンドにより資金調達する際に自らの持株比率を希釈化することを防止するために（以下「希釈化防止条項」という）用いられることもある。

希釈化防止条項とは，投資家が取得請求権を行使した際に普通株式の割当数を増加させる調整条項である。その方法として，(i)フルラチェット方式，(ii)ナローベース加重平均方式，(iii)ブロードベース加重平均方式の類型がある。

(i) フルラチェット方式

　　フルラチェット方式とは，種類株式の払込金額を下回る払込金額により新株発行等がされた場合に，発行数にかかわらず，当該下回った新株発行等の1株当たり払込金額を転換価額として置き換えることにより，割り当てられる普通株式数を増加させる方式であり，投資家に最も有利な方式である。

(ii) ナローベース加重平均方式

　　ナローベース加重平均方式とブロードベース加重平均方式は，いずれも加重平均方式により調整するものであり，種類株式の払込金額を下回る払込金額により株式の発行等がされた場合に，すでに発行されている株式数も考慮し，普通株式の割当数を増加させる方式である。

---

[1] 数年前までは，投資額の1.5倍や2倍という設計のものもあったが，最近では1倍が多く，時々，1.X倍という設計のものを見かけることがあるくらいである。

[2] みなし清算条項とは，発行会社にM&Aが生じた場合に，発行会社を清算したものとみなして投資家に対して分配を行うことを内容とする定めをいう（経済産業省「我が国における健全なベンチャー投資に係る契約の主たる留意事項」（平成30年3月・令和4年3月改訂）13頁）。

(iii) ブロードベース加重平均方式

　　ブロードベース加重平均方式は，ナローベース加重平均方式における「既発行株式数」に新株予約権等の潜在株式を含めて調整後転換価額を算定する。このブロードベース加重平均方式がベンチャー・スタートアップに最も有利な方式である。

　種類株式の取得価額を下回る払込金額により株式の発行がされた場合には，希釈化防止条項による調整は，フルラチェット方式，ナローベース加重平均方式，ブロードベース加重平均方式の順に，普通株式の割当数が多くなる。

　取得対価を金銭とする設計も可能であるが，通常の自己株式取得と同様に分配可能額規制を受けるため（会社法166条1項但書），わが国のベンチャー・スタートアップ投資では少数である。

　④の取得条項付株式は，わが国において種類株式を発行したままのIPOが実務上はほとんどないため，IPO直前に普通株式に転換する際に用いられる。そのほか，役職員に株式を保有させたいが，退任・退職の際に当該役職員から強制的に株式を取得したいというニーズにも対応可能である。

◇　種類株式によるIPO準備会社への投資の増加

　ベンチャーやスタートアップへの投資は，かつては普通株式が主流であったが，アメリカのようにExitがIPOだけではなく，M&Aによるケースも増加してきたこと，VCやCVC等投資家が多岐にわたり，その数も増加してきたことから，最近では，シードラウンドを経て，VC等が出資するラウンド（シリーズAまたはB）以降は種類株式（その中心は優先残余財産分配）による投資が主流になりつつある。

　その目的は，ExitにおいてM&A（バイアウト）を選択した場合，清算したとみなし（みなし清算），残余財産を優先的に分配することを定めておくことによってVC等が投資メリットを得られるスキームといえる。これは，万一，当該ベンチャーないしはスタートアップが成長しきれず，投資した時よりも低い金額でバイアウトすることになった場合（ダウンラウンド）に，普通株式であれば出資比率に応じて分配されることになるところ，リスクを負って投資したVC等に投資額の1～1.5倍（約定による）の分配を保証する効果がある。

◇ IPO準備実務でのよくあるケース

M&AではなくIPOをする場合には、現状のIPO実務では、種類株式を発行したままのIPOは実務上ほとんどないため、上場申請直前に、普通株式に転換（法的には、優先株式取得に引き換えて普通株式を割り当てる）して、上場申請を行うことになる。

また、特定の株主に特別な権利を付与する契約の存在は、その他の株主の権利を損なうものとなる懸念が高いことから、申請前に解消されていることが必要である[3]ため、投資契約や株主間契約も上場申請前に解消しておく必要がある。

▶▶ ケーススタディ

> A社は、IPO準備中のバイオ関連サービスを提供しているベンチャー企業であり、優れた技術を持っているが創業以来赤字続きである。
> この度、研究開発費として、VCであるB社から5億円を新株発行により調達することになった。普通株式を発行するものとし、プレ・バリュエーション（資金調達前の企業価値）は15億円であったが、ポスト・バリュエーション（資金調達後の企業価値）は20億円となった。その他の株式は、A社の創業者かつ代表取締役であるC氏が保有し、それ以降の資金調達はないものとして、以下の各ケースを検討せよ。
> ① A社が、D社にバリュエーション10億円でM&Aを行わざるを得なくなった場合、B社の回収金額はどうなるか。
> ② A社がIPOを行う場合、優先株式の取扱いはどのようにすればよいか。

問題の所在

B社は、普通株式による投資であるため、A社の25％の株式を保有することになる。仮に、100億円で株式売却を行うことができれば、単純計算で、25億円の回収となり、A社もB社もWin-Winであるが、10億円で株式売却を行わざるを得ないような事態（B社が応じることが前提である。）に至った場合、

---

[3] 東京証券取引所「2024新規上場ガイドブック（グロース市場編）」135頁

B社の取り分は2.5億円となる。

すなわち，5億円というリスクマネーを提供したB社が損をすることになる。投資とはそういうものだと言われればそうかもしれないが，実務的には，後述の改善ポイント(2)のとおり，種類株式（優先剰余金の配当および優先残余財産分配）を発行し，みなし清算条項を約定することにより解決できる。

また，投資の段階でも，バリュエーションを上げられれば，C氏の保有比率は相対的に下げられずに済む。金融工学的に，優先株式は普通株式よりも高いバリュエーションを正当化しやすいと考えられているため，優先株式（剰余金の配当および残余財産分配）を発行して，保有比率を下げられすぎないようにする。

改善ポイント

(1) ケーススタディへの対応

①では，これまで述べてきたような，B社に残余財産優先株式を発行し，全株主間の契約でみなし清算条項を定めれば解決できる。

②は，後述する応用Q&AのQ3のように，原則として，上場申請前に普通株式に転換させる必要がある。

(2) ベンチャー・スタートアップ投資における契約

ベンチャー・スタートアップに対して投資を行う際の3つの契約（P.340参照）のうち，財産分配契約については，財産分配契約書という独立した契約書を作成するケースはまだまだ少数で，株主間契約書に財産分配に関する約定を入れ込むことが多い。財産分配契約は，IPOに至らずにM&AによるExit（事業譲渡等の場合は，その先の会社清算）に関する内容を取り決めるもので，具体的には，残余財産分配に関する「優先分配」の定めをしている種類株式を発行し，財産分配契約書で，「みなし清算条項」と「同時売却請求権」と呼ばれるM&AによるExit時の規定を設ける。

財産分配契約は，優先分配の機能を有効なものとするためには，株主間契約の当事者には入っていない少額投資の個人株主（例えば，エンジェルや従業員株主等），その他の普通株主も含めた全株主が原則として締結する必要がある。

また，その契約の効力は株主間契約以上に広範に及ぶものであるため，株主間契約と別途契約するのが合理的である。投資ラウンドが進めば，従前の財産分配契約や財産分配に関する約定が入れられている株主間契約を合意解除して，まき直すことが必要である。

　本来，優先残余財産分配を内容とする種類株式は，発行会社が事業を停止し清算を行う場合に適用される。一方，M&Aは株式譲渡等により行われるため，清算に該当するものではない。そこで，経営支配権の変更が伴うようなM&Aが生じた場合に，発行会社が清算した状態になったものとみなして，優先残余財産の分配を行う旨を規定しているのが，みなし清算条項である。M&Aの対価が金銭の場合は特段問題ないが，金銭以外の財産（特に株式）の場合には，その評価方法を定める必要がある。なお，ハイバリュエーションによるM&Aが行われる場合には，みなし清算条項を適用しない旨定めることもある。

　また，同時売却請求権とは，ドラッグ・アロング・ライトや強制売却権ともいわれ，多数の投資家の賛成等の任意に設定された一定の要件を満たした場合，発行会社，経営株主に限らず他の株主に対しても買収に応じるべきことを請求できる権利である。

　このように，財産分配契約において事前にM&Aの発動に関する合意とM&Aが生じた際の株主間の分配方針を定めることにより，投資家および経営株主のExitを円滑化するための重要な役割を果たしている。

　この財産分配契約は，複数の株主を当事者として締結する点で株主間契約の一種ではあるものの，株主間契約には会社経営に関する事項や情報開示に関する事項が含められるのに対し，財産分配契約にはそのような事項は定められず，M&A時の事前合意や売却代金の分配方法を中心に定めており，内容は大きく異なる。

　なお，同時売却請求権は，普通株式のみでの投資事例においても用いられることがあり，財産分配契約ではなく株主間契約の中で合意することもあるが，全株主の合意が必要という点では，みなし清算条項と同様である。

応用 Q&A

Q1 【種類株主総会】
A種優先株式，B種優先株式，C種優先株式を発行していくことを計画している場合，それぞれの種類株主総会を開催することは必要になるか。多数開催すると煩雑になるので，開催しないようにすることはできるか。

A1 ①株式の種類の追加，株式の内容の変更，発行可能株式総数または発行可能種類株式総数の増加についての定款の変更，②株式の併合または株式の分割，③合併，会社分割等の組織再編等を行うような，特定の種類株主に損害を及ぼすおそれがある場合には，種類株主総会の特別決議が必要である（会社法322条1項，324条2項4号）。
　ただし，①を除いて，発行時に，種類株主総会を開催しないことを定めることは可能であり（会社法322条2項・3項），種類株式総会の開催を排除している実例も多い。

Q2 【普通株式転換後の上場申請取下げ】
優先株式を普通株式に転換して上場申請したところ，上場承認が得られず，上場申請を取り下げた。この場合，どのようになるか。

A2 上場申請を行った場合であっても，上場承認が得られないことや上場承認後に上場承認を取り消されることによりIPOに至らないこともある。このような場合，投資契約等については上場申請時に遡って有効とし，さらに，普通株式に転換された株式についても，上場申請前の種類株式を再交付すべきことを定めておくことで従前の状態に戻すことが可能となる。

Q3 【種類株式発行会社のIPO】
種類株式を発行したまま（普通株式に転換せずに）普通株式をIPOできるか？

A3 基本的に，上場申請する前に種類株式を普通株式に転換した後，上場

申請を行う。しかし，これまでに例外が1社だけ存在し，CYBERDYNE株式会社が，普通株式の10倍の議決権を有するB種類株式を発行したまま，普通株式を2014年3月26日にIPOしている。

会社法上，1株について複数議決権を有する種類株式の発行は認められていない。そこで，同社は，単元株式数の設定が株式の種類ごとに別個に定められることに着目して，単元株式数が100株で100株について1個の議決権を有する普通株式と単元株式数が10株で10株について1個の議決権を有するB種類株式を発行し，CYBERDYNE社の技術を軍事転用されないようにB種類株主である同社の代表取締役等に議決権を集中させ，普通株式をIPOさせたのである。

海外では，GAFAをはじめとするIT企業などはIPOする際に創業者たちに対して類似の種類株式がIPO前に割当てられ，少ない資金で大半の支配権を持つスキームが多用されるが，わが国のベンチャー・スタートアップの中では，かなり例外的な事例である。

▶▶ 確認テスト

問1：会社法に定められた9つの種類株式以外の内容の種類株式を発行することは可能か？

問2：ベンチャー・スタートアップの資金調達で用いられる優先残余財産分配を内容とする種類株式を発行するだけでよいか？

解答1：× 会社法で発行することが可能な種類株式は，上記の9つの内容の全部または一部を定めた株式である。これ以外の内容の種類株式を発行することはできない。

解答2：× 優先残余財産分配を内容とする種類株式を発行するだけでは足りず，株主間契約書や財産分配契約書で，みなし清算条項を規定する必要がある。

7 【財産保全会社】
資産管理会社の活用

サマリー説明

◇ 資産管理会社の概要

　近年，IPOする会社の半数程度の会社において，オーナー家の資産管理会社が活用されている。資産管理会社とは，オーナー株主がその所有する事業会社株式を資産管理会社というオーナー家の資産管理を目的とする会社に持たせることで，オーナー個人で株式を所有する場合に比べていくつかのメリットを享受しようとするものである。

　資産管理会社の一番大きなメリットは，経営権の安定を図ることができる点にある。相続による株式分散を避けることができるためIPO後も安定的に経営権を確保することができる。また，オーナー家の相続税が結果として節税できるという副次的な効果ももたらす。この相続税の節税効果は，必ずしもオーナー家だけの問題ではない。IPOしたからといって，相続税の支払いのために大量の株式を市場で一度に売却することができるわけではないため，オーナー家の株式相続においては株式担保による銀行借入やファンド・大手企業等への株式売却，自社株買い等による相続税の納税資金捻出策が検討されることになる。これらはいずれも会社の経営権や財務面において非常に大きな問題となる。オーナー家の相続を契機に，会社にとって良からぬ大株主がある日突然登場するということがあり得る。事前に相続に関する対策を施しておくことで，ある程度のリスクヘッジが可能となるのである。

　資産管理会社の活用はIPO準備の中で必ず検討すべき事項である。

◇ IPO準備実務でのよくあるケース

　資産管理会社はオーナー家の問題であるとして，ついつい検討が後手に回り，いざ実行という段になってさまざまな理由で時すでに遅しということが非常に多い。オーナー会社の資本政策で真っ先に検討すべきは資産管理会社である。

▶▶ ケーススタディ

> A社は来期を直前々期としてIPO準備を進めている。創業以来着実に利益を積み上げてきており，直近の決算書ベースの純資産価額は約3億円である。IPOに向けてベンチャー・キャピタルからの出資受入れを検討しており，時価総額10億円程度で交渉中である。IPOまでの具体的な資本政策は資金調達後にVCとも相談をして決めていこうと考えている。
>
> 同社は10年前にB氏が1人で創業し現在も株式はB氏が個人で100％所有している。B氏には来年大学を卒業する一人息子がいるが会社を継がせることはまったく考えていない。

問題の所在

A社は資金調達後に資本政策を検討するとのことであるが，資金調達前にIPOまでの資本政策を策定すべきである。A社株式はB氏が100％所有しているとのことであるから資産管理会社の検討は必須である。資産管理会社の活用においては株価がいくらなのかが極めて重要であり，株価が上がりすぎていると実行に伴う税金の支払いができずにあきらめざるを得ないケースが多い。

資産管理会社は主に経営権の安定を図って実行されるものである。また，税務面からの慎重な検討が必要になると同時に，上場審査や監査の視点からの検討も欠かせないため，これらを総合勘案して進める必要がある。

改善ポイント

(1) ケーススタディへの対応

A社は時価総額10億円での資金調達の交渉中とのことである。来期を直前々期としてIPO準備中とのことであり，来期以降はいわゆる開示対象期間に入ることから資金調達後の資本政策は最低でも時価総額10億円での実行が求められる。一方，現在のA社の純資産価額は3億円とのことであり，資金調達前であればこの3億円を株価として資本政策を実行することが可能であろう。

B氏は，資金調達前に株価3億円ベースでの資産管理会社の実行を検討すべきである。

(2) 資産管理会社の概要とメリット

資産管理会社とは，IPO 準備会社の株式を保有するためだけのオーナー家が支配する会社である。財産保全会社ともいう。資産管理会社用の会社（株式会社または合同会社が用いられる）をオーナー家出資で新たに設立し，その新設した資産管理会社にオーナーが個人で所有する IPO 準備会社の株式を売却する。ここでの売却価格はその時点での株価（時価）となるため，株価が高くなっている場合には，オーナー個人に IPO 準備会社株式の売却益が発生し，その売却益の約20％の税金の支払いが必要となる。したがって，株価が比較的安いタイミングで実行しないと税金の支払いがネックとなり資産管理会社への株式売却ができないという事態になる。

オーナー個人所有と資産管理会社所有の違いは下記のとおりである。

		オーナー個人所有	資産管理会社所有
①	経営権の安定	▷相続が発生する度に株式が散逸する可能性がある	▷相続が発生しても，上場会社への議決権は原則として変動しない（資産管理会社株式の遺産分割となる）
②	相続税の節税	▷IPO で株価が大幅に上昇し，多額の相続税がかかる	▷資産管理会社経由の所有とすることで，相続税を節税できる
③	配当金課税の節税	▷オーナーの持株割合が3％以上の場合，配当金は総合課税（最高税率55％）の対象 ▷配当金額の約50％しか手元に残らない →配当金の約50％が税金	▷資産管理会社が受け取る配当金には約30％の税金がかかる（法人税率約30％） ▷さらに，資産管理会社の株式保有割合に応じて受け取る配当の全部または一部が非課税になる ● 3分の1超で100％非課税 ● 5％超3分の1以下で50％非課税 ● 5％以下で20％非課税
④	売出し時の株式売却益への課税	▷株式売却益（売却金額－取得価額）の約20％の税金 ▷売却益が他の所得の損失と相殺できない	▷株式売却益の約30％の税金（法定実効税率） ▷株式売却益を他のジャンルの損失とも相殺できる

① 経営権の安定

資産管理会社にある程度の株式をまとめておくことで，オーナー家の相続による上場会社株式の分散を回避することができる。オーナーに相続が発生しても，相続対象となる株式は上場会社の株式そのものではなく，あくまでも資産

管理会社の株式となり，資産管理会社が安定株主として機能するのである。

② 相続税の節税

　資産管理会社のメリットの1つには，相続税の節税メリットがある。将来オーナーに万が一のことがあった時の相続税を軽減することができる。オーナー家の相続問題は，会社にとっても非常に大きな問題となり得る。相続税の納税資金を確保するために，オーナーの相続人が会社にとって良からぬ相手に株式を売却するかもしれず，ある日突然大株主が現れるということがあり得るのである。

③ 配当金課税の節税

　発行済株式の3％以上の株式を所有する大口株主が受け取る配当金は一律20％の分離課税の対象とはされず，給与などと合算して累進税率で課税される（総合課税）。したがって，オーナー株主が受け取る配当金について多くの場合，最高税率55％で所得税・住民税が課税される。

　一方，資産管理会社が受け取る配当金は，通常の法人課税と同様に30％程度で課税され，かつ資産管理会社が持つその上場会社株式の比率に応じて配当金の一部もしくは全部が非課税となる。具体的には，資産管理会社が上場会社の発行済株式の3分の1を超えて所有する場合には，配当金は100％非課税，5％超3分の1以下の場合には50％非課税，5％以下であっても20％非課税となる。仮に資産管理会社の上場会社株式所有比率が20％程度だとした場合には，受け取る配当金の50％が非課税とされ，残りの50％部分に対して30％程度の税率で課税されるために実質の税率は15％程度で完結することになる。

④ 売出し時の株式売却益への課税

　IPO時に既存株主が所有株式を売却する売出しにおいて，オーナー個人が所有株式を売却した場合には売却益の約20％の税金，一方資産管理会社が所有株式を売却した場合には，通常の法人課税と同様30％程度の税率で課税される。したがって，売出しはオーナー個人所有の株式から行った方が手残りは多くなるので，税務面のみを考えた場合，すべての保有株式を資産管理会社に移すのは得策とはいえない。資産管理会社へ移す株式数は，税務面以外の効果もふまえ，総合的に検討するとともに，IPO時の売出しまでシミュレーションしたうえで決定する必要がある。一般的には，資産管理会社へ移した株式を売却する

ケースは少ない。

(3) 資産管理会社の実行スキーム

　資産管理会社の実行にあたっては，まず資産管理会社となるべき会社の設立手続が必要になる。資本金相当を払い込む金銭出資により設立するケースが大半であり，オーナー本人もしくはオーナーの親族を株主として設立される。この会社は株式会社であっても合同会社であっても構わないが，オーナーの親族を出資者として種類株式を活用するケースにおいては株式会社が用いられる。資産管理会社の設立後，オーナーがその所有するIPO準備会社の株式を資産管理会社にその時点における株価で売却する。株価が上昇していればオーナー個人に株式売却益が生じ，その売却益に対して約20％の税金がかかることになる。この税金は株式売却の翌年の確定申告時に現金で支払う必要があるため，この税金が支払えるかどうかが資産管理会社を実行できるかどうかの分かれ道になる。検討が遅すぎたためにすでに株価が高くなってしまっており，税金の支払予定を立てられずに資産管理会社を断念するケースは非常に多い。

▶▶ 応用Q&A

Q1 【株主の海外転出】
　資産管理会社の株主の一人が海外に転勤となり，一定期間居住を海外に移す予定である。税務面において何か留意すべき事項はあるか。

A1 　国外転出時課税制度に留意する必要がある。国外転出時課税制度とは，時価1億円以上の有価証券等を所有している居住者が国外転出（国内に住所および居所を有しないこととなること）をする場合に，その有価証券等を譲渡したものとみなして，その有価証券等の含み益に所得税を課税する制度である。そのため，転勤となる株主が保有する資産管理会社の株式時価が1億円以上の場合には，①転出時に申告・納税するか，②所定の納税猶予の手続を行うか，いずれかの対応を行う必要がある。
　なお，資産管理会社の株式を子供等家族が保有し，その家族が国外転出をする場合には，検討や手続を失念しがちになるため，特に留意をする必要がある。

Q2 【監査上の留意点】
資産管理会社がIPO準備会社株式の20％以上を所有する場合（または15％以上所有し，一定の要件を満たす場合）には，連結財務諸表において連結の範囲となる関係会社に該当するものとして会計監査や上場審査の対象になるのか？

A2 資産管理会社がIPO準備会社のオーナーの純粋な資産管理会社であり，事業を営まず，そのIPO準備会社との間に特段の取引がないなど，そのIPO準備会社に対して支配または影響力行使の実態がないと判断できる場合には，資産管理会社＝オーナーであり，資産管理会社はその他の関係会社に該当しないとされる。定性的な判断のため事前に監査法人との協議は必要であるが，一般的な資産管理会社はおおむねその他の関係会社に該当せず，会計監査の対象にはならない。

> 【参考】
> **連結財務諸表における子会社及び関連会社の範囲の決定に関する監査上の留意点についてのQ&A10(2)**
> 役員の個人的な資産管理会社が，会社の過半数の株式を所有している場合でも，資産管理会社が会社を支配している実態がないと監査上判断できる場合には，会社は役員に支配されているものと考え，資産管理会社は親会社に該当しないと判断することが認められる。

▶▶ 確認テスト

問1：資産管理会社はオーナー家の問題であり，その有無はIPO準備会社には一切の影響を及ぼさない。
問2：資産管理会社を活用することで得られる主なメリットを3つ挙げよ。
問3：資産管理会社の実行時期は直前々期に入る前が最適である。

解答1：× 資産管理会社は一義的にはオーナー家の問題であるが，特にオーナー家の相続問題は，会社の経営・財務面に極めて大きな影響を及ぼす可能性がある。

解答2：経営権の安定と相続税及び配当金の節税メリット
解答3：✕　資産管理会社は株価が低いうちに実行すべきである。特に，資金調達を予定している会社では，IPOまでの期間にかかわらずできるだけ早く実行すべきである。

8 【その他】特殊な資本政策

サマリー説明

◇ 自己株式の取得と分配可能利益

自己株式の取得とは，会社が自ら発行した株式を株主から取得することをいう。自己株式の取得は，実質的には資本の払戻しに類似するため，分配可能額（会社法461条2項）の範囲内でしか取得することはできない。

分配可能額

分配可能額は下記（※）のように計算されるが，簡略化して説明すると，（おおむね）期末剰余金の額（その他資本剰余金＋その他利益剰余金）となる。

```
分配可能額（※）＝
 分配時点の剰余金の額
 －）自己株式の簿価
 －）期末後に自己株式を処分した場合の
     自己株式の対価の額
 －）控除すべきのれん等調整額
 －）期末のその他有価証券評価差額金・
     土地再評価差額金がマイナスの場合
     の絶対値
```

```
分配時点の剰余金の額＝
 ＋）期末剰余金の額（その他資本剰余金＋
     その他利益剰余金）
 ＋）自己株式処分差額（対価－簿価）
 ＋）資本金・準備金から剰余金への振替額
 －）消却した自己株式の簿価
 －）剰余金の配当をした場合の下記の金額
    ・配当財産の簿価
    ・準備金の積立額
 －）剰余金から資本金・準備金への振替額
```

◇ デット・エクイティ・スワップ（DES）

DESとは，会社に対して金銭債権を有している債権者が，その債権をその会社の株式に振り替えることをいう。IPO準備会社と役員との貸し借り（会社が借入側）を解消する手法として行われるケースがある。詳細は応用Q&AのQ3を参照のこと。

◇ 株式交換

株式交換とは，2つの会社を完全親子関係にする組織再編手法であり，IPO準備の局面においては，グループ内の組織再編や資本関係の整理などの際に行われる手法の1つである。詳細は応用Q&AのQ3を参照のこと。

◇ IPO準備実務でのよくあるケース

自己株式の取得やDES，株式交換などは，資本政策とは別の目的をもって実行されるケースが多いので，実務上，資本政策の一般的な手法とはいえない。ただし，経営者の比率を高めたいなど，株主構成の是正を検討しているケースや，株式を第三者に分散させたくないケースなどでは，その検討手法の1つとしてあがってくることもあるため，その概要やポイントを押さえておくことも有用である。

▶▶ ケーススタディ

5年後にIPOを目指しているX社の株主構成は以下のとおりであるが，元取締役Cより，株式を現金化したいため買い取ってほしい，とAに相談があった。

株　主	持株数	持株比率
代表取締役社長A	700株	70％
取締役B	200株	20％
個人C（元取締役）	100株	10％

Cは取締役を退任し外部株主となっているため，代表取締役社長のAは前々より株式を買い取りたい，と考えていた。そのため今回の買取要請は良い機会と考え，株式を買取る方向で検討しているが，AはX社の事業資金として手持ちの金銭を多く投入していたため，買取額の調達に難航していた。そこで，他にCから株式を買取る方法がないか顧問税理士に相談したところ，「前期末時点でのその他利益剰余金は25,000千円計上されているため，会社でCの保有株式を買い取ってみてはどうか」とアドバイスがあった。

なお，前期末時点での純資産の部の内訳は下記のとおりであり，株式の買取りは，1株当たり純資産価額で買い取ることが想定されている。

前期末時点での純資産の部

(単位：千円)

資本金	20,000
資本準備金	10,000
その他利益剰余金	25,000
純資産合計	55,000
（1株当たり純資産）	(55,000円)

※監査法人の監査は受けていない

問題の所在

　Cの保有する株式をAが買い取ることができれば，代表者であるAが持分比率を高めることができ，また外部株主の比率を下げることができるため最善の結果となる。しかし，今回のケースではAに資金の余裕がないため，別の方法を検討することになる。

　いくつか方法が考えられるが，外部株主の比率を増やさない方法として考えられるのは，会社自らが株式を取得する，いわゆる自己株式の取得である。

　自己株式の取得は，実質的には資本の払戻しに類似するため，無制限に行うことができず，分配可能額（サマリー説明参照）の範囲内でしか取得することができない。そのため，何も検討せずに自己株式を取得した場合，分配可能額を超えて取得してしまい，会社法違反となりIPOに大きく支障をきたす可能性があるため，慎重に検討する必要がある。

　また，直前々期よりも前の期であるなど，監査法人の監査を受けていない場合には，後日監査法人の監査によって過年度遡及修正が必要となり，自己株式を取得した時点では分配可能額の範囲内であったとしても，遡及修正によって実は範囲を上回っていた場合には，結果として会社法違反となってしまうこともあるので，監査法人の監査を受けていない場合には，特に注意が必要である。

改善ポイント

　今回の自己株式取得の検討にあたり，上述のとおり，取得額が分配可能額の範囲内かどうかを確認する必要がある。買取価額は1株当たり純資産価額55,000円，買取株数は100株のため，買取総額5,500千円となる。X社の分配可

能額は，（おおむね）期末剰余金，すなわち，その他資本剰余金0円＋その他利益剰余金25,000千円の計25,000千円＞5,500千円となり，分配可能額の範囲内となる。

　今回は分配可能額上限まである程度余裕があるため，問題となる可能性は高くはないと考えられるが，引当金の計上をはじめとした過年度遡及修正により，分配可能額が小さくなり，自己株式の取得総額を下回る可能性も否定はできないため，実行する場合には，会計士等の専門家に相談することを推奨する。

　なお，今回は元取締役からの株式買取のケースであるが，元取締役のように創業株主などが退任・退社する際に，そのまま外部に株式を持ち出すケースも多く，後々資本政策上のトラブルとなるケースもあるため，退任・退社する際の株式の取扱いなどについても，事前に株主間で決めておくことは大切である。

▶▶ 応用Q&A

Q1　自己株式を取得する際，取得する法人側と売却する株主側（個人）の課税関係はどのようになるか？

A1　1．法人側

　自己株式の取得は，税務上も株主に対する資本の払戻しと整理されており，取得する法人には損益は発生せず，特に課税関係は生じない。

　具体的な処理としては，取得する株式数に対応する「資本金等の額」(※)を減少させるとともに，取得価額が当該「資本金等の額」を上回る部分については，「利益積立金額」の減少，すなわち配当があったものとして処理される（いわゆるみなし配当）。このみなし配当相当額については，未上場会社の場合，源泉徴収義務が生じるため，忘れずに源泉徴収を行う必要がある（源泉徴収税率20.42％。復興特別所得税含む）。

　　(※)資本金等の額：法人が株主等から出資を受けた金額として政令で定める金額
　　　　　　　　　（法人税法2条16項，法人税法施行令8条）

2．株主側（個人）

　株式を発行法人に売却した場合（自己株式として売却した場合），通常の株式の売却と異なり，①株式の売却という行為と②みなし配当という行為に分類され，それぞれ適用される税率は異なる。

例えば，1株10,000円で取得した株式を50,000円で発行法人に売却し，対応する資本金等の額が20,000円の場合，①売却益は20,000（資本金等の額）－10,000（取得原価）＝10,000円，②みなし配当額は50,000（売却額）－20,000（資本金等の額）＝30,000円となり，①は20.315％（復興特別所得税含む）の申告分離課税となり，②は最大55％の累進税率による総合課税となる。そのため，みなし配当がある場合には，売却株主にとっては通常の株式売却（発行法人以外への株式売却）に比べ税率的に不利となる可能性が高いため，留意する必要がある。

Q2 IPOを目指している当社は，設立当時に資金が不足した場合には，社長が会社に貸付をして資金を確保していた。現在貸付金残高は15百万円ほどあるが，直前々期に入る前に会社と社長の取引を解消すべき，との主幹事証券会社からのアドバイスがあり，その解消を検討していた。現在会社に資金は十分あるため返済することも問題ないが，なるべくなら投資資金として会社に残しておきたいと社長は考えている。

この場合考えられる方法として何があるか？

A2 デット・エクイティ・スワップ（以下「DES」という）が考えられる。

DESとは，会社に対して金銭債権を有している債権者が，その債権をその会社の株式に振り替えることをいう。今回のケースでは，社長の貸付金をA社の株式（資本）に振り替えることで，会社の資金はそのままに，貸付金の解消ができるとともに，社長の保有比率も高めることが可能である。

なお，税務上は，会社の財務内容を反映した債権評価額で新株式の発行価額を評価すべき，という考え方をとっているため，会社の財務内容が悪く，「債権の額面額＞DES時の評価額」の場合には，債務消滅益が生じ課税される点に留意が必要である。

債務消滅益が生じる可能性がある場合には，先に債権者が会社に出資をし，その資金にて債務を返済する（債務消滅益は生じない），いわゆる疑似DESを行うことも考えられるが，租税回避行為として否認される可能性もゼロではない。そのため，DESを行う場合も疑似DESを行

う場合も，適切な専門家に相談すべきである。

Q3　社長が100％株式を保有するD社（E社製品を販売）は，同じく社長が100％株式を保有するE社（製造会社）と兄弟会社関係にある。D社でIPOを目指すことを考えた社長は，兄弟関係のままではIPOはできず，合併するか子会社化する必要がある，と主幹事証券会社からアドバイスをもらった。社長は，販売会社と製造会社の2社体制でIPOを目指したいと考えていたため，E社を子会社化する方向で検討した。しかしE社は安定的に利益を計上していたため，想定以上に株価が高く，D社の資金負担や社長の売却益に対する所得税（20.315％）が課されることなどから，他に何か良い方法がないか検討している。
　この場合考えられる方法として何があるか？

A3　組織再編手法の1つである，株式交換が考えられる。
　株式交換とは，2つの会社を完全親子関係にする組織再編手法であり，完全子会社となる会社の発行済株式すべてを完全親会社となる会社が取得する。Q3のケースでは，社長が保有するE社株式をD社が取得する交換対価として，D社株式を交換比率に応じて交付することとなる。
　なお，株式交換をはじめ組織再編手法を行う場合，組織再編税制により課税関係が整理されているが，しっかり検討をしない場合には想定外の課税が生じる可能性があるため，顧問税理士など適切な専門家に相談すべきである。

[株式交換等における課税関係]

(1)	子会社の株主（株式交換等完全子法人株主）
	➤ **適格組織再編に該当する場合** 株主における課税なし ➤ **非適格組織再編に該当する場合** 株式交換等完全子法人株主に，株式交換等の交付資産として完全親法人株式以外の資産（金銭等）の交付がある場合には，株式交換等完全子法人株式の譲渡損益を認識
(2)	子会社（株式交換等完全子法人）
	➤ **適格組織再編に該当する場合** 特に処理がなく，課税なし ➤ **非適格組織再編に該当する場合** 株式交換等完全子法人が有する時価評価資産（固定資産，土地，有価証券など）について時価評価をし，その帳簿価額と時価との差額に相当する金額がその株式交換等が行われた日の属する事業年度の益金の額または損金の額に算入され，課税される

[参考：企業グループ内における株式交換等の税制適格要件]

	適格要件	交換前の支配関係	
		100%	50%超
①	**株式等の交付要件** 株式交換等の対価として株式交換等完全親法人株式以外の資産が交付されないこと	○	○
②	**支配関係継続要件** 株式交換等後に株式交換等完全親法人と株式交換等完全子法人との間に完全支配関係が継続することが見込まれていること	○	○
③	**従業員引継要件** 株式交換等完全子法人の株式交換等直前の従業者のうち，その総数のおおむね80%以上に相当する数の者がその業務に引き続き従事することが見込まれていること		○
④	**事業継続要件** 株式交換等完全子法人の事業が，株式交換等後も引き続き行われることが見込まれていること		○

※上記企業グループ内における株式交換等のほか，共同事業を営むための株式交換等においても適格要件がある

▶▶ 確認テスト

問1：設立5年目のベンチャー企業であるが，創業以来積極的な資金調達と事

業への投資を行っており，欠損金（利益剰余金のマイナス）はあるものの，売上も伸びてきておりIPOを目指している。そのような中で，既存株主から株式買取の相談があったため，自己株式として取得することを検討しており，現在は下表の純資産の状況にあるが，取得することは可能であるか？

前期末時点での純資産内訳　　（単位：千円）

資本金	70,000
資本準備金	50,000
利益剰余金	△80,000
純資産合計	40,000

問2：IPOを目指す当社の利益剰余金期末残高は十分であったため，社長が保有している株式の資金化を目的に，当社に自己株式として売却した。社長にかかる税金としては，売却益に対して20.315％（申告分離課税）のみである。

問3：適格組織再編に該当する（適格要件を満たす）株式交換を実施する場合，100％となる子会社（株式交換等完全子法人）の資産は時価評価は行われない。

解答1：× 利益剰余金はマイナスであり，またその他資本剰余金もないため，分配可能額はないと考えられる。そのため自己株式の取得はできない。

解答2：× 自己株式として発行会社に株式を売却した場合，当該売却株主には，①株式の売却という行為（売却益に対して課税）と②みなし配当という行為（みなし配当課税）に分類され，それぞれ課税される。

解答3：○ 適格組織再編に該当する場合には，子会社では時価評価等の処理は特になく，課税関係は生じない。

【編者紹介】

日本IPO実務検定協会

上場（IPO＝Initial Public Offering）準備に必要な実務能力を認定するわが国初の試験であるIPO実務検定試験®，上場後の開示（ディスクロージャー）や連結決算の能力を認定する財務報告実務検定®（開示様式理解編，連結実務演習編），およびこれらに付随する研修制度の運営等を通じ，上場準備実務担当者や上場企業の財務報告担当者の育成・教育を担っています。

EY新日本有限責任監査法人

EY | Building a better working world

EY新日本有限責任監査法人について
EY新日本有限責任監査法人は，EYの日本におけるメンバーファームであり，監査および保証業務を中心に，アドバイザリーサービスなどを提供しています。

EYについて
EYは，「Building a better working world（より良い社会の構築を目指して）」をパーパスとしています。クライアント，人々，そして社会のために長期的価値を創出し，資本市場における信頼の構築に貢献します。
150カ国以上に展開するEYのチームは，データとテクノロジーの実現により信頼を提供し，クライアントの成長，変革および事業を支援します。
アシュアランス，コンサルティング，法務，ストラテジー，税務およびトランザクションの全サービスを通して，世界が直面する複雑な問題に対し優れた課題提起（better question）をすることで，新たな解決策を導きます。
EYとは，アーンスト・アンド・ヤング・グローバル・リミテッドのグローバルネットワークであり，単体，もしくは複数のメンバーファームを指し，各メンバーファームは法的に独立した組織です。アーンスト・アンド・ヤング・グローバル・リミテッドは，英国の保証有限責任会社であり，顧客サービスは提供していません。EYによる個人情報の取得・利用の方法や，データ保護に関する法令により個人情報の主体が有する権利については，ey.com/privacyをご確認ください。EYのメンバーファームは，現地の法令により禁止されている場合，法務サービスを提供することはありません。EYについて詳しくは，ey.comをご覧ください。

本書は一般的な参考情報の提供のみを目的に作成されており，会計，税務およびその他の専門的なアドバイスを行うものではありません。EY新日本有限責任監査法人および他のEYメンバーファームは，皆様が本書を利用したことにより被ったいかなる損害についても，一切の責任を負いません。具体的なアドバイスが必要な場合は，個別に専門家にご相談ください。

ey.com/ja_jp

フォーサイト総合法律事務所

2011年1月に開設され，ベンチャー・スタートアップの資金調達（種類株式やストック・オプションの発行を含む），コーポレートガバナンスやコンプライアンス（事業に関する適法性調査・検証，労務管理，知財管理等）を含むIPO準備・IPO審査対応から上場会社法務（開示関連を含む）・M&A（スキーム策定・法務デューデリジェンス，組織再編等）までをシームレスに対応しています。

顧問先や社外役員関与先等の継続的なクライアント（以下「顧問先等」）の業種は，IT，AI・IoT，ロボット，セキュリティ，VR/AR・エンターテインメント，バイオ・ヘルスケア・医療・介護，HR，不動産，外食，エネルギー，宇宙等多岐にわたります。直近約12年間で，80社以上の顧問先等がIPOを果たしています。上場会社からの依頼を中心に，毎年数十件のM&A案件を手掛けています。

詳しくは，当事務所ウェブサイト（https://www.foresight-law.gr.jp）をご覧ください。

あいわ税理士法人・あいわAdvisory株式会社

2002年11月，藍和共同事務所を母体として設立された税理士法人グループ。多くの公認会計士・税理士を擁し，会計・税務コンサルティングをはじめ，株式公開支援，事業承継・相続コンサルティングや企業買収におけるファイナンシャルアドバイザー業務・デューデリジェンス業務・バリュエーション業務，組織再編・連結納税支援サービスなどを提供しています。各種セミナーの開催・専門誌への情報提供なども積極的に行っています。IPO準備クライアント約200社，上場クライアント約300社（グループ会社含む）。

代表社員　杉山康弘

宝印刷株式会社

証券取引法（現：金融商品取引法）が制定された4年後の1952年に創業した日本初のディスクロージャー専門の印刷会社です。ディスクロージャーサービスのパイオニアとして，有価証券報告書，事業報告書，招集通知等の法定書類の作成支援を行っています。また，株式上場申請書類などのIPO関連サービスから，IR（インベスター・リレーションズ），事業報告書や株主通信などのSR（シェアホルダー・リレーションズ）などの任意開示関連サービスも手掛けています。

M'sGAパートナーズ事務所

当事務所は，顧客[※]のガバナンス促進を深く考え，顧客の成長および経営課題の解決を支援し，持続可能な繁栄を顧客と共に実現します。主に，経営顧問先や社外役員関与先に対して，企業価値向上に資する貢献・助言サポートを行うために，公認会計士，税理士，弁護士，社会保険労務士などの外部専門家と随時連携しながら，企業統治，M&A，IPOを中心に取締役会，事業計画・資本政策，経営改善，幹部人材育成等に関するアドバイスを実施しています。

実務上の貢献・助言サポート，顧問・役員就任依頼などは，個別に以下ご相談ください。

Info@msga.group

※　M&A/IPOをグループ成長に活用したい上場企業およびスタートアップ・ベンチャー

【監修・執筆代表略歴】

三浦　太（みうら　まさる）
[担当] 全体監修，第Ⅴ章
公認会計士　M'sGAパートナーズ事務所　代表パートナー
上場会社グループやIPO準備企業の経営顧問・社外役員に複数社就任。経営者に対するコーポレートガバナンス・業務改善・中計・事業計画・資本政策・M&A・IPOなどの助言・支援業務を中心に従事。大手金融機関，大手監査法人，東京証券取引所，日本弁護士連合会，日本公認会計士協会，大学・大学院などでの講演実績多数。上場会社役員ガバナンスフォーラム（govforum.jp）・代表幹事。日本公認会計士協会・社外役員会計士協議会委員兼社外役員研修研究専門委員会専門委員兼IPO監査推進協議会構成員。日本公認会計士協会東京会・役員兼公認会計士たる役員支援委員会委員長兼公認会計士によるIPO関連業務支援PT構成委員長。日本IPO実務検定協会・試験委員長。一般財団法人会計教育研修機構（JFAEL）フェロー。大手監査法人・元パートナー。日本ベンチャー学会・元理事。中小企業基盤整備機構・元ファンド審査専門委員などを歴任。
著書は，『スタートアップ／ベンチャーの経営強化書』，『A3一枚でつくる 事業計画の教科書』，『成功へのストーリーが見える，伝わる！ 事業計画書のつくり方』，『IPO実務用語辞典』，『株式上場マニュアル』，『わが社が株式上場するときの基準がわかる本』，『金融マンのための「IPO支援」業界別ガイドブック』，『実践 事業計画書の作成手順』，『資本政策の考え方と実務の手順』，『内部統制の実務がよくわかる本』，『いちばんわかりやすい内部統制のポイント』，『社会に期待されつづける経営』，『M&Aを成功させる デューデリジェンスのことがよくわかる本』ほか多数。

【執筆者略歴】〈五十音順〉

大滝智尋（おおたき　ともひろ）
[担当] 第Ⅳ章4〜12
公認会計士　EY新日本有限責任監査法人　シニアマネージャー
大学卒業後，小売業のシステム子会社へ入社し，約4年システム・エンジニアとして情報系システムの保守及び基幹系システムの再構築などに携わり，その後監査法人に入所。監査部門において，製造業（化学，ゴム製品），情報・通信業（SaaS）を中心に監査に従事し，上場準備会社や上場後のグロース期にある会社を中心に担当。

大村　健（おおむら　たけし）
[担当] 第Ⅱ章，第Ⅲ章，第Ⅳ章1，第Ⅵ章2・3・4・6
弁護士　フォーサイト総合法律事務所　代表パートナー
1999年弁護士登録（第二東京弁護士会）以来，一貫してベンチャー・スタートアップを中心とする上場会社およびIPO準備会社の法務（IPO審査対応やM&Aを含む）を取り扱い，2011年フォーサイト総合法律事務所を開設し，代表パートナー弁護士就任。2018年経済産業省「我が国における健全なベンチャー投資に係る契約の主たる留意事項」アドバイザリー

ボード委員，上場会社複数社の社外役員を歴任。
（共）著書は，『まるわかり！起業＆IPO』，『IPO（新規株式公開）を目指す経営』，『新株予約権・種類株式の実務』，『事例検証上場ベンチャー企業の粉飾・不公正ファイナンス―上場廃止事例に学ぶ』，『ベンチャー企業のための使える会社法』ほか多数。

大村法生（おおむら　のりみ）
[担当] 第Ⅰ章，第Ⅳ章2・3，第Ⅵ章5
宝印刷株式会社　取締役常務執行役員　企業成長支援部長
1986年に東京大学法学部を卒業後，野村證券株式会社に入社。20年以上にわたりIPO関連業務に携わる。2005年に公開引受部次長，2011年から同部東京エリアヘッドを歴任。2018年に宝印刷株式会社へ常勤顧問として入社。同年7月執行役員，2019年7月常務執行役員企業成長支援部長に就任。2021年8月より現職。2020年9月から日本IPO実務検定協会の試験委員。

杉山康弘（すぎやま　やすひろ）
[担当] 第Ⅵ章1・2・4・7・8
税理士　あいわ税理士法人　代表社員
起業家からの資本政策相談件数は毎年100件超。IPO準備会社への資本政策立案コンサルティングや各種上場準備支援業務に多数従事するほか，連結納税や組織再編，海外進出企業への税務コンサルティング業務にも明るい。
主な著書に『経営者のためのIPOバイブル』，『国際税務をマスターしたい！と思ったとき最初に読む本』，『海外勤務者・来日外国人の給与実務ダブルガイド』，『グループ法人税制の実務詳解Q&A』，『グループ子会社整理・再建の税務』（共著，中央経済社），『グループ内組織再編』（共著，東洋経済新報社），『成功した経営者の「次の戦略」』（共著，日本経済新聞出版社）があるほか，税務専門誌への寄稿など多数。

砂押優樹（すなおし　ゆうき）
[担当] 第Ⅳ章4～12
公認会計士　EY新日本有限責任監査法人　マネージャー
製造業，小売業などの会計監査および内部統制監査に従事。IPOに関しては，モバイル通信業，電力業などのIPO準備会社への助言や監査を中心に業務を実施。

関　和彦（せき　かずひこ）
[担当] 第Ⅳ章4～12
公認会計士　EY新日本有限責任監査法人　シニアマネージャー
主として，製造業，建設業，小売，商社，サービス等幅広い業種での上場会社監査に従事するとともに，ショートレビュー，IPO準備会社監査，法人内のIPOナレッジ共有活動，IPO助言業務にも従事。数年間，大手証券会社に出向し，引受審査部において，IPO準備会社，上場会社への引受審査，上場適格性審査業務などを手掛け，企業公開室への異動も経験し，ベンチャー企業の発掘業務，IPO準備会社のIPOおよび上場会社の市場変更・一部指定のアドバイザリー業務において，組織整備，内部統制構築，資本政策，事業計画策定，労務管理，

上場審査対応等の指導業務などにも従事。

土屋　憲（つちや　けん）
［担当］第Ⅵ章1・2・4・7・8
公認会計士・税理士　あいわ税理士法人　シニアパートナー　IPO支援室長
1999年より監査法人業界にて上場会社の監査や株式上場支援業務などに従事。また，金融機関へも出向し，上場支援をはじめ多くの企業支援業務なども経験。2015年にあいわ税理士法人に入所。株式上場や企業会計に関する相談業務を担当し，現在に至る。IPOや企業会計に関連するセミナー講師多数。
『経営者のためのIPOバイブル』（共著，中央経済社），『株式上場マニュアル』（共著，税務研究会），『ケーススタディ・データ分析による資本政策の実務』（共著，税務研究会）などを執筆。

深町周輔（ふかまち　しゅうすけ）
［担当］第Ⅱ章
弁護士　フォーサイト総合法律事務所　パートナー
2004年弁護士登録（東京弁護士会）。2011年フォーサイト総合法律事務所に参画し，2013年にパートナー弁護士就任。ベンチャー・スタートアップを中心とするIPO準備会社の法務（IPO審査対応やM&Aを含む）および上場会社の法務を取り扱うほか，上場会社等の社外役員も歴任。（共）著書は，『まるわかり！起業＆IPO』，『IPO（新規株式公開）を目指す経営』，『新株予約権・種類株式の実務』，「法務デューデリジェンスで押さえておくべきポイント」（『銀行法務21』2017年1月号）ほか。

益井大輔（ますい　だいすけ）
［担当］第Ⅳ章4～12
公認会計士　EY新日本有限責任監査法人　マネージャー
監査部門において，製造業，商社，情報・通信業，電力，リース業，国立大学法人等の監査に従事するとともに，IPO準備会社のショートレビュー，監査などに従事。2022年より，雑誌『旬刊経理情報』通巻No.1642, 1653, 1665, 1679, 1692, 1708「ビジネス実務相談室」に寄稿。

由木竜太（ゆぎ　りゅうた）
［担当］第Ⅲ章1～11
弁護士　フォーサイト総合法律事務所　パートナー
2000年弁護士登録（東京弁護士会）。2011年フォーサイト総合法律事務所を開設し，パートナー弁護士就任。ベンチャー・スタートアップを中心とする上場会社およびIPO準備会社の法務（IPO審査対応やM&Aを含む）を取り扱うほか，上場会社等の社外役員を歴任。
（共）著書は，『まるわかり！起業＆IPO』，『IPO（新規株式公開）を目指す経営』，『新株予約権・種類株式の実務』，『新労働事件実務マニュアル＜第6版＞』，『労使双方の視点で考える　27のケースから学ぶ労働事件解決の実務』ほか。

IPO実践ケーススタディ〈第2版〉
――IPO実務検定上級レベル試験［記述式問題］公式テキスト

2022年1月5日　第1版第1刷発行	
2023年7月10日　第1版第2刷発行	
2024年12月1日　第2版第1刷発行	

編　者　　日本IPO実務検定協会
　　　　　EY新日本有限責任監査法人
　　　　　フォーサイト総合法律事務所
　　　　　あいわ税理士法人
　　　　　宝印刷株式会社
　　　　　M'sGAパートナーズ事務所

発行者　　山　本　　　　継

発行所　　㈱中央経済社

発売元　　㈱中央経済グループ
　　　　　パブリッシング

〒101-0051　東京都千代田区神田神保町1-35
電話　03（3293）3371（編集代表）
　　　03（3293）3381（営業代表）
https://www.chuokeizai.co.jp
印刷／昭和情報プロセス㈱
製本／誠　製　本㈱

©2024
Printed in Japan

＊頁の「欠落」や「順序違い」などがありましたらお取り替えいたしますので発売元までご送付ください。（送料小社負担）

ISBN978-4-502-51981-9　C3034

JCOPY〈出版者著作権管理機構委託出版物〉本書を無断で複写複製（コピー）することは，著作権法上の例外を除き，禁じられています。本書をコピーされる場合は事前に出版者著作権管理機構（JCOPY）の許諾を受けてください。
JCOPY〈https://www.jcopy.or.jp　eメール：info@jcopy.or.jp〉

好評発売中

IPO実務検定試験® 公式テキスト 第8版

日本IPO実務検定協会 編

検定合格に向け効率的な学習が可能になるとともに，短期間で体系的・実践的知識が身につく，実務担当者必携の1冊。東証市場再編後の状況を踏まえ改訂。

（A5判・676頁）

［CONTENTS］

第1編　倫理・社会的責任
倫理・社会的責任
第2編　制度・コンプライアンス
上場の意義，メリット・デメリット／市場の種類／市場別上場審査基準／プレイヤー／会社法概論／金融商品取引法概論／コンプライアンス
第3編　上場準備実務
上場準備のスケジュール／戦略とリスク／コーポレート・ガバナンス／内部管理体制／ディスクロージャー／証券会社対応／証券取引所対応／資本政策

中央経済社